Living
FRE

A CONVERSATIONAL
APPROACH TO VERBS

The Living Language™ Series

Living Language™ Complete Courses, Revised & Updated

Spanish* Hebrew
French* Russian
German* Portuguese (Brazilian)
Italian* Portuguese (Continental)
Japanese* Inglés/English for Spanish Speakers

Living Language™ Intermediate Courses

Spanish German
French Italian

Living Language™ Advanced Courses

Spanish French

Living Language All the Way™

Spanish* Spanish 2*
French* French 2*
German* German 2*
Italian* Japanese*
Inglés/English for Spanish Speakers*

Living Language™ Children's Courses

Spanish French

Living Language™ Conversational English

for Chinese Speakers for Korean Speakers
for Japanese Speakers for Spanish Speakers
for Russian Speakers

Living Language™ Fast & Easy

Spanish Inglés/English for Spanish Speakers
French Portuguese
Italian Korean
German Mandarin Chinese
Japanese Hungarian
Hebrew Arabic
Russian Czech
Polish

Living Language™ Speak Up!® Accent Elimination Courses

American Regional
Spanish
Asian, Indian and Middle Eastern

Living Language Traveltalk™

Spanish Russian
French Japanese
German Portuguese
Italian

Living Language Multimedia™ TriplePlay Plus!

Spanish German
French English
Italian Hebrew
Japanese

Living Language Multimedia™ Your Way

Spanish French

Living Language Multimedia™ Let's Talk

Spanish, French, German, and Italian

*Available on Cassette and Compact Disc

Living Language™
FRENCH 2

A CONVERSATIONAL
APPROACH TO VERBS

Conversation Manual by
Francesca Sautman, Ph.D.
Hunter College, CUNY

Verb charts by
Michel Sitruk
New York University

CROWN PUBLISHERS, INC.
NEW YORK

Copyright © 1996 by Crown Publishers, Inc.

All rights reserved. No part of this book may be reproduced or transmitted in any form or by any means, electronic or mechanical, including photocopying, recording, or by any information storage and retrieval system, without permission in writing from the publisher.

Published by Crown Publishers, Inc., 201 East 50th Street, New York, New York 10022. Member of the Crown Publishing Group.

Random House, Inc. New York, Toronto, London, Sydney, Auckland

Living Language and colophon are trademarks of Crown Publishers, Inc.

Printed in the United States of America
Design by Lenny Henderson

Library of Congress Cataloging-in-Publication is available upon request.

ISBN 0-517-88528-X

10 9 8 7 6 5 4 3 2 1

First Edition

ACKNOWLEDGMENTS

Thanks to Crown Publishers' Living Language™ staff: Kathy Mintz, Helga Schier, Ana Suffredini, Jessica Frankel, Christopher Warnasch, Julie Lewis, Camille Smith, John Sharp, and Lenny Henderson. Special thanks to Annie Heminway and Susan Husserl-Kapit.

Contents

Living Language™

FRENCH 2

A CONVERSATIONAL
APPROACH TO VERBS

INTRODUCTION

Welcome to *Living Language™ French 2: A Conversational Approach to Verbs*. If you have already mastered the basics of French grammar and usage in school, while traveling abroad, or with other *Living Language™* courses, then *French 2* is right for you. This intermediate–advanced program features an enjoyable conversational approach to learning one of the most troublesome aspects of any language—verbs and their conjugations. The complete program consists of this text and four hours of recordings. However, if you are already comfortable with your French pronunciation, this manual may also be used on its own.

Living Language™ French 2 focuses on more than 150 of the most useful French verbs. The recordings introduce more than 75 essential verbs in a conversational context. With dialogues, explanations, and exercises that let you check your progress, you will master the verb forms quickly and easily and learn new vocabulary and idiomatic expressions along the way. This *French 2* manual includes the complete 40 lessons featured on the recordings, verb charts with the full conjugations of more than 150 verbs, and a reference section that includes a pronunciation chart, a guide to conjugating regular verbs, a comprehensive survey of French grammar, and a glossary of grammatical terms. After studying with *Living Language™ French 2* for only half an hour a day, you'll be speaking with confidence and ease in six weeks!

COURSE MATERIAL

THE MANUAL

The manual is divided into a Reference Section, Verb Charts, and a Conversation Manual and comprises the following components:

Pronunciation Chart This chart serves as a quick reference guide to the pronunciation of French consonants and vowels.

Glossary of Grammatical Terms To ensure that you have no difficulty with the terminology used in the program, the glossary provides an easy explanation of the most important grammatical terms and their French translations. If you come across an unfamiliar term, the definition can easily be found in this section.

Grammar Summary The grammar summary provides information on aspects of French grammar that are not related to verbs, such as articles, nouns, pronouns, and adjectives.

Tense Formation Guide This guide shows you the endings and formation rules in any tense or mood. It provides the key to conjugating thousands of regular verbs on your own.

Impersonal Expressions that Require the Subjunctive This list will prove an invaluable reference when you're unsure whether an expression requires the subjunctive or not.

Verb Charts More than 150 of the most common verbs, including those introduced throughout the course, are fully conjugated in the verb charts. In addition, they feature words and expressions related to the verbs. These charts offer the opportunity to focus on a particular verb in detail.

Conversation Manual The conversation manual provides a guided tour of French verbs and their usage in everyday conversation. The forty lessons give in-depth explanations while offering conversational practice and correspond to the lessons on the recordings that accompany this textbook.

Index Every verb used in the program is listed alphabetically and translated. The entries beginning with the letter C refer to the chart where the verb is fully conjugated; the entries beginning with the letter M refer to the lessons in the conversation manual where the verb is featured. The verb index is particularly helpful when reviewing specific verbs.

THE RECORDINGS

This manual accompanies four 60-minute cassettes. Because the recordings are in English and French, you can study anywhere, anytime—at home and on the go. An English narrator leads you through the program, while native French speakers demonstrate the relevant forms. This manual contains the complete transcript of the recordings, allowing you to read along if you wish. All English text appears in regular type; French phrases to be repeated appear in **boldface** type, and French phrases for listening only appear in *italic* type. The ☞ symbol indicates the expected response to a question.

Each of the forty lessons is divided into three sections. Section A begins with an English introduction to the verb or verb group and an explanation of the tense or mood the lesson focuses on. Native French speakers conjugate a model verb that illustrates the key points of the explanation, and sample sentences show you the verb in several different contexts. To practice, simply repeat after the native speakers during the pauses provided.

Section B features the verbs "in action" in the form of a dialogue. You will first hear the entire dialogue in French only, at normal conversational speed. All you have to do is listen in and you'll improve your comprehension. You will then hear the dialogue a second time, repeated phrase by phrase, with English translations and pauses for you to repeat after the native speakers.

The interactive exercises in section C will help you integrate what you've learned by asking you to generate French sentences on your own. You will transform sentences (e.g., from the present to the past tense), answer questions, and occasionally translate from English into French. You will hear the correct answer after you respond.

The interactive approach of the recordings and textbook will help you master the essentials of French verbs and improve your fluency. With *Living Language*™ *French 2: A Conversational Approach to Verbs,* you will learn to understand, speak, and even think in French.

Reference Section

Pronunciation Chart

CONSONANTS

French Spelling	Approximate Sound	Example
b, d, k, l, m, n, p, s, t, v, z	same as in English	
c (before *e, i, y*)	<u>s</u>	ci<u>n</u>éma
c (before *a, o, u*)	<u>k</u>	<u>c</u>ave
ç (appears only before *a, o, u*)	<u>s</u>	fran<u>ç</u>ais
ch	<u>sh</u>	<u>ch</u>aud
g (before *e, i, y*)	<u>s</u> as in measure	â<u>g</u>e
g (before *a, o, u*)	<u>g</u> in game	<u>g</u>âteau
gn	<u>ny</u> in onion	a<u>gn</u>eau
h	always silent	<u>h</u>omme
j	<u>s</u> in measure	<u>J</u>acques
qu, final *q*	<u>k</u>	<u>qu</u>i
r	pronounced in back of mouth, rolled like light gargling sound	Pa<u>r</u>is
ss	<u>s</u>	ta<u>ss</u>e
s (beginning of word or before consonant)	<u>s</u>	<u>s</u>alle di<u>s</u>que
s (between vowels)	<u>z</u> in Zelda	mai<u>s</u>on
th	<u>t</u>	<u>th</u>é
x	<u>x</u> in exact	e<u>x</u>act
x	<u>x</u> in excellent	e<u>x</u>cellent
ll	<u>y</u> in yes	volai<u>ll</u>e
ll	as in ill	e<u>ll</u>e

VOWELS

French Spelling	Approximate Sound	Example
a, à, â	<u>a</u> in father	*la*
é, er, ez (end of word)	<u>ay</u> in lay	*thé*
		parler
		allez
e plus final pronounced consonant	<u>e</u> in met	*belle* (l is the final pronounced consonant)
è, ai, aî	<u>e</u> in met	*père*
		chaîne
e, eu	<u>u</u> in put	*le*
i	<u>ee</u> in beet	*ici*
i plus vowel	<u>y</u> in yesterday	*lion*
o, au, eau, ô	<u>o</u> in both	*mot*
		chaud
		beau
		hôte
ou	<u>oo</u> in toot	*vous*
oi, oy	<u>wa</u> in watt	*moi*
u	no equivalent in English —say <u>ee</u>, then round your lips	*fumeurs*
ui	<u>wee</u> as in week with rounded lips	*lui*
euille	no equivalent in English —say <u>uh</u> and follow it with y	*feuille*
eille	<u>ay</u> as in hay	*merveilleux*

NASAL VOWELS

Nasal vowels are sounds produced when air is expelled from both the mouth and the nose. In French, a conso-

8

nant that follows a nasal vowel is not fully pronounced. For example, the French word *on:* We pronounce the nasal vowel *o* through the mouth and nose, but we do not sound the following consonant *n* or *m*. That is, we do not touch the roof of our mouth with the tip of the tongue.

French Spelling	Approximate Sound	Example
an, en	vowel in balm	*France*
em	vowel in balm	*emmener*
in, ain, ein	vowel in man	*fin*
im, aim	vowel in man	*faim*
ien	y + vowel in men	*bien*
ion	$\overline{y}$ + vowel in song	*station*
oin	$\overline{w}$ + vowel in man	*loin*
on	vowel in song	*bon*
om	vowel in song	*tomber*
un	vowel in lung	*un*

GLOSSARY OF
GRAMMATICAL TERMS

active voice—*voix active:* a verbal form in which the agent of an action is expressed as the grammatical subject; e.g., *Mon auteur préféré a écrit ce livre.* (My favorite author wrote this book.)

adjective—*adjectif:* a word that describes a noun; e.g., *grand* (large).

adverb—*adverbe:* a word that describes verbs, adjectives, or other adverbs; e.g., *rapidement* (quickly).

agreement—*accord:* the modification of a word according to the person, gender, or number of another word that it describes or to which it relates, e.g., *le grand village* (m.), *la grande ville* (f.).

auxiliary verb—*verbe auxiliaire:* a helping verb used with another verb to express some facet of tense or mood.

compound—*composé:* when used in reference to verbal forms, it indicates a tense composed of two parts: an auxiliary and a main verb.

conditional—*conditionnel:* the mood used for hypothetical statements and questions (depending on a possible condition or circumstance); e.g., *Je mangerais si . . .* (I would eat if . . .).

conjugation—*conjugaison:* the modification of a verb according to person and tense or mood.

conjunction—*conjonction:* a word that connects words and phrases; e.g., *et* (and) and *mais* (but).

definite article—*article défini:* a word linked to a noun; generally used to indicate that the noun is a specific instance of a general category. In French, the definite articles (meaning "the") are: *le, la,* and *les,* and they agree with the noun in gender and number.

demonstrative—*démonstratif:* a word used to indicate the position of a noun in relation to the speaker. Demonstrative adjectives are used together with a noun (*J'aime cette ville.*—I like this city.), and demonstrative pronouns replace the noun (*J'aime celle-ci.*—I like this one.).

direct object—*complément d'objet direct:* the person or thing undergoing the action of a verb. For example, in the sentence "I wrote a letter to John," the direct object is "a letter."

ending—*terminaison:* the suffixes added to the stem that indicate gender, number, tense, mood, or part of speech.

gender—*genre:* grammatical categories for nouns, generally unrelated to physical gender and often determined by word ending. French has two genders—masculine and feminine—that refer to both animate and inanimate nouns; e.g., *le village* (m.), *la ville* (f.).

imperative—*impératif:* the command form, e.g., *Donnez-moi le livre.* (Give me the book.)

imperfect—*imparfait:* the past tense used to describe ongoing or habitual actions or states of being without a specified time frame; often referred to as the descriptive past tense.

impersonal verb—*verbe impersonnel:* a verb for which the subject is the impersonal pronoun *il* and for which there is no real subject. Impersonal verbs are often used to indicate natural phenomena, such as weather, climate, or time (*Il fait froid en hiver.*—It's cold in winter.), as well as in various set expressions such as *il y a* (there is/are) and *il faut que* (it is necessary that).

indefinite article—*article indéfini:* a word linked to a noun; used when referring to a noun or class of nouns in a general way. In French the indefinite articles (meaning "a," or "an," and "some") are: *un, une,* and *des,* and they agree with the noun in gender and number.

indicative—*indicatif:* the mood used for factual or objective statements and questions.

indirect object—*complément d'objet indirect:* the ultimate recipient of the action of a verb; often introduced by a preposition. For example, in the sentence "I wrote a letter to John," the indirect object is "John."

infinitive—*infinitif:* the basic, uninflected form of a verb found in the dictionary, i.e., before the person, number, tense, or mood has been specified; e.g., *parler* (to speak).

intransitive—*intransitif:* a verb that cannot take a direct object.

inversion—*inversion:* reversing the order of subject and verb, often used in question formation.

mood—*mode:* a reflection of the speaker's attitude toward what is expressed by the verb. The major moods in French are the Indicative, Subjunctive, and the Imperative.

noun—*nom:* a word referring to a person, place, thing, or abstract idea; e.g., *ville* (city) and *amour* (love).

number—*nombre:* the distinction between singular and plural.

participle—*participe:* a verbal form that often has the function of an adjective or adverb but may have the verbal features of tense and voice; often used in the formation of compound tenses; e.g., present and past participles: *mangeant/mangé* (eating/eaten).

passive voice—*voix passive:* a verbal form in which the recipient of the action is expressed as the grammatical subject; e.g., *Ce livre a été écrit par mon auteur préféré.* (This book was written by my favorite author.)

person—*personne:* the grammatical category that distinguishes between the speaker (first person—I, we), the person spoken to (second person—you), and the people and things spoken about (third person—he, she, it, they). It is often used in reference to pronouns and verbs.

pluperfect—*plus-que-parfait:* the tense used to describe an event that occurred prior to another past event; also known as the past perfect.

possessive—*possessif:* indicating ownership; e.g., *mon* (my) is a possessive adjective.

predicate—*attribut:* the part of a clause that expresses the state of the subject; it usually contains the verb with or without objects and complements.

preposition—*préposition:* a word used to express spatial, temporal, or other relationships; e.g., *à* (to), *sur* (on).

13

present perfect—*passé composé:* the past tense used to describe actions that began and were completed in the past, usually at a single moment or during a specific period, useful for narration of events.

pronominal verb—*verbe pronominal:* a verb conjugated with a pronoun in addition to the subject. The two major groups of pronominal verbs are reflexive, where the action reflects back to the subject: *se laver* (to wash oneself) and reciprocal, where the subjects, always plural, act upon each other: *se rencontrer* (to meet each other).

pronoun—*pronom:* a word that replaces a noun; e.g., *je* (I), *le* (him/it), *cela* (this).

reciprocal—*réciproque:* see pronominal.

reflexive—*réfléchi:* see pronominal.

simple—*simple:* one-word verbal forms conjugated by adding endings to a stem.

stem—*radical:* in conjugation, the part of a verb used as the base to which endings are added. The stem used to form most simple tenses of French regular verbs is derived by simply dropping the infinitive endings (*-er, -ir,* or *-re*); e.g., *parler* >> *parl-* >> *je parle.*

subject—*sujet:* the agent of an action or the entity experiencing the state described by a verb. For example, in the sentence "I wrote a letter to John," the subject is "I."

subjunctive—*subjonctif:* the mood used for nonfactual or subjective statements or questions.

tense—*temps:* the time of an action or state, i.e., past, present, future.

transitive—*transitif:* a verb that may take a direct object.

verb—*verbe:* a word expressing an action or state; e.g., *écrire* (to write).

GRAMMAR SUMMARY

1. SUBJECT PRONOUNS

SINGULAR		PLURAL	
je	I	*nous*	we
tu	you (fam.)	*vous*	you (pl. or polite sing.)
il, elle	he, she, it	*ils*	they (m. or m. + f.)
on	one	*elles*	they (f.)

2. STRESSED PRONOUNS

SINGULAR		PLURAL	
moi	me	*nous*	us
toi	you (fam.)	*vous*	you (pl. or polite sing.)
lui	him	*eux*	them (m. or m. + f.)
elle	her	*elles*	them (f.)

3. REFLEXIVE PRONOUNS

SINGULAR		PLURAL	
me	myself	*nous*	ourselves
te	yourself (fam.)	*vous*	yourself (polite), yourselves
se	him- / her- / it- / oneself	*se*	themselves

4. DIRECT OBJECT PRONOUNS

	SINGULAR		PLURAL
me	me	*nous*	us
te	you (fam.)	*vous*	you (pl. or polite sing.)
le, l'	him, it	*les*	them
la , l'	her, it		

5. INDIRECT OBJECT PRONOUNS

	SINGULAR		PLURAL
me	to me	*nous*	to us
te	to you (fam.)	*vous*	to you (pl. or polite sing.)
lui	to him, to her, to it	*leur*	to them

6. DOUBLE OBJECT PRONOUNS—GENERAL PLACEMENT GUIDELINES

FIRST	SECOND	THIRD
me		
te	*le*	*lui*
se	*la*	*leur*
nous	*les*	
vous		

For example:

Je <u>vous les</u> donne.
Elle <u>les leur</u> a envoyé.

16

7. DEMONSTRATIVE PRONOUNS

	MASCULINE	FEMININE
SINGULAR	*celui*	*celle*
PLURAL	*ceux*	*celles*

8. POSSESSIVE PRONOUNS

	MASCULINE SINGULAR	MASCULINE PLURAL	FEMININE SINGULAR	FEMININE PLURAL
my	*le mien*	*les miens*	*la mienne*	*les miennes*
your (fam.)	*le tien*	*les tiens*	*la tienne*	*les tiennes*
his, her, its	*le sien*	*les siens*	*la sienne*	*les siennes*
your (polite)	*le vôtre*	*les vôtres*	*la vôtre*	*les vôtres*
our	*le nôtre*	*les nôtres*	*la nôtre*	*les nôtres*
your (pl.)	*le vôtre*	*les vôtres*	*la vôtre*	*les vôtres*
their	*le leur*	*les leurs*	*la leur*	*les leurs*

9. INTERROGATIVE PRONOUNS

	MASCULINE	FEMININE
SINGULAR	*lequel*	*laquelle*
PLURAL	*lesquels*	*lesquelles*

10. PREPOSITIONS + INTERROGATIVE PRONOUNS

PRONOUN	AFTER *DE*	AFTER *À*
lequel	*duquel*	*auquel*
laquelle	*de laquelle*	*à laquelle*
lesquels	*desquels*	*auxquels*
lesquelles	*desquelles*	*auxquelles*

11. PLURAL OF NOUNS—GENERAL GUIDELINES

SINGULAR ENDING	PLURAL ENDING	SINGULAR EXAMPLE	PLURAL EXAMPLE
Regular	-s	*le livre*	*les livres*
-s, -x, -z	no change	*le choix*	*les choix*
-al or -ail	-aux	*le cheval*	*les chevaux*
-au or -eu	-aux or -eux	*l'oiseau*	*les oiseaux*

12. ARTICLES

	DEFINITE	INDEFINITE
MASCULINE	*le*	*un*
FEMININE	*la*	*une*
MASCULINE or FEMININE before vowel or silent "h"	*l'*	*un / une*
PLURAL	*les*	—

13. PREPOSITIONS + DEFINITE ARTICLES

PREPOSITION	+ LE	+ LA	+ LES
de	*du*	*de la*	*des*
à	*au*	*à la*	*aux*

14. POSSESSIVE ADJECTIVES

	MASCULINE	FEMININE	PLURAL
my	*mon*	*ma*	*mes*
your	*ton*	*ta*	*tes*
his, her, its	*son*	*sa*	*ses*
our	*notre*	*notre*	*nos*
your	*votre*	*votre*	*vos*
their	*leur*	*leur*	*leurs*

15. INTERROGATIVE ADJECTIVES

	MASCULINE	FEMININE
SINGULAR	*quel*	*quelle*
PLURAL	*quels*	*quelles*

16. DEMONSTRATIVE ADJECTIVES

	MASCULINE	FEMININE
SINGULAR	*ce, cet*	*cette*
PLURAL	*ces*	*ces*

17. IRREGULAR ADJECTIVES

MASCULINE	MASCULINE BEFORE VOWEL OR SILENT H	EXAMPLE
beau	*bel*	*un bel hôtel*
nouveau	*nouvel*	*le nouvel ordinateur*
vieux	*vieil*	*un vieil homme*
ce	*cet*	*cet arbre*

18. IRREGULAR COMPARATIVES AND SUPERLATIVES

POSITIVE	COMPARATIVE	SUPERLATIVE
bon	*meilleur*	*le meilleur*
mauvais	*plus mauvais* *pire*	*le plus mauvais* *le pire*
petit	*plus petit* *moindre*	*le plus petit* *le moindre*

TENSE FORMATION GUIDE

The following charts show the endings for regular verbs ending in *-er, -ir,* and *-re.* The endings for each tense represent the following persons:

je	*nous*
tu	*vous*
il, elle, on	*ils, elles*

The simple tenses (in the left column) are formed by adding the given endings to the verb stem. The infinitive stem, formed by simply removing the infinitive endings *-er, -ir,* or *-re* from the infinitive, is used to form most tenses. In the Imperfect, Present Subjunctive, and Imperfect Subjunctive, however, the *nous* stem, formed by removing the *-ons* ending from the *nous* form in the Present Indicative, is used.

The compound tenses (in the right column) are formed with the auxiliary verb, *avoir* or *être,* conjugated in the corresponding simple tense and the past participle (p.p.) of the main verb. Although most verbs take *avoir* as their auxiliary, certain verbs, including all pronominal verbs and many intransitive verbs expressing movement or change of state, take *être.* Remember that the past participle of verbs conjugated with *être* generally agrees with the subject of the verb.

1 Regular Verbs Ending in *-ER*

je   nous
tu   vous
il/elle/on   ils/elles

Indicatif

Présent

-e	-ons
-es	-ez
-e	-ent

Passé composé

ai/suis + p.p.	avons/sommes + p.p.
as/es + p.p.	avez/êtes + p.p.
a/est + p.p.	ont/sont + p.p.

Imparfait

-ais	-ions
-ais	-iez
-ait	-aient

Plus-que-parfait

avais/étais + p.p.	avions/étions + p.p.
avais/étais + p.p.	aviez/étiez + p.p.
avait/était + p.p.	avaient/étaient + p.p.

Passé simple

-ai	-âmes
-as	-âtes
-a	-èrent

Passé antérieur

eus/fus + p.p.	eûmes/fûmes + p.p.
eus/fus + p.p.	eûtes/fûtes + p.p.
eut/fut + p.p.	eurent/furent + p.p.

Futur simple

-erai	-erons
-eras	-erez
-era	-eront

Futur antérieur

aurai/serai + p.p.	aurons/serons + p.p.
auras/seras + p.p.	aurez/serez + p.p.
aura/sera + p.p.	auront/seront + p.p.

Subjonctif

Présent

-e	-ions
-es	-iez
-e	-ent

Passé

aie/sois + p.p.	ayons/soyons + p.p.
aies/sois + p.p.	ayez/soyez + p.p.
ait/soit + p.p.	aient/soient + p.p.

Imparfait

-asse	-assions
-asses	-assiez
-ât	-assent

Plus-que-parfait

eusse/fusse + p.p.	eussions/fussions + p.p.
eusses/fusses + p.p.	eussiez/fussiez + p.p.
eût/fût + p.p.	eussent/fussent + p.p.

Conditionnel

Présent

-erais	-erions
-erais	-eriez
-erait	-eraient

Passé

aurais/serais + p.p.	aurions/serions + p.p.
aurais/serais + p.p.	auriez/seriez + p.p.
aurait/serait + p.p.	auraient/seraient + p.p.

Impératif

-e
-ons
-ez

Participes

Présent

-ant

Passé

-é

2 Regular Verbs Ending in -*IR*

je	nous
tu	vous
il/elle/on	ils/elles

Indicatif

Présent
-is	-issons
-is	-issez
-it	-issent

Passé composé
ai/suis + p.p.	avons/sommes + p.p.
as/es + p.p.	avez/êtes + p.p.
a/est + p.p.	ont/sont + p.p.

Imparfait
-issais	-issions
-issais	-issiez
-issait	-issaient

Plus-que-parfait
avais/étais + p.p.	avions/étions + p.p.
avais/étais + p.p.	aviez/étiez + p.p.
avait/était + p.p.	avaient/étaient + p.p.

Passé simple
-is	-îmes
-is	-îtes
-it	-irent

Passé antérieur
eus/fus + p.p.	eûmes/fûmes + p.p.
eus/fus + p.p.	eûtes/fûtes + p.p.
eut/fut + p.p.	eurent/furent + p.p.

Futur simple
-irai	-irons
-iras	-irez
-ira	-iront

Futur antérieur
aurai/serai + p.p.	aurons/serons + p.p.
auras/seras + p.p.	aurez/serez + p.p.
aura/sera + p.p.	auront/seront + p.p.

Subjonctif

Présent
-isse	-issions
-isses	-issiez
-isse	-issent

Passé
aie/sois + p.p.	ayons/soyons + p.p.
aies/sois + p.p.	ayez/soyez + p.p.
ait/soit + p.p.	aient/soient + p.p.

Imparfait
-isse	-issions
-isses	-issiez
-ît	-issent

Plus-que-parfait
eusse/fusse + p.p.	eussions/fussions + p.p.
eusses/fusses + p.p.	eussiez/fussiez + p.p.
eût/fût + p.p.	eussent/fussent + p.p.

Conditionnel

Présent
-irais	-irions
-irais	-iriez
-irait	-iraient

Passé
aurais/serais + p.p.	aurions/serions + p.p.
aurais/serais + p.p.	auriez/seriez + p.p.
aurait/serait + p.p.	auraient/seraient + p.p.

Impératif
-is
-issons
-issez

Participes

Présent
-issant

Passé
-i

3 Regular Verbs Ending in *-RE*

<table>
<tr><td></td><td>je</td><td>nous</td></tr>
<tr><td></td><td>tu</td><td>vous</td></tr>
<tr><td></td><td>il/elle/on</td><td>ils/elles</td></tr>
</table>

Indicatif

Présent

-s	-ons
-s	-ez
- / -t	-ent

Passé composé

ai/suis + p.p.	avons/sommes + p.p.
as/es + p.p.	avez/êtes + p.p.
a/est + p.p.	ont/sont + p.p.

Imparfait

-ais	-ions
-ais	-iez
-ait	-aient

Plus-que-parfait

avais/étais + p.p.	avions/étions + p.p.
avais/étais + p.p.	aviez/étiez + p.p.
avait/était + p.p.	avaient/étaient + p.p.

Passé simple

-is/-us	-îmes/-ûmes
-is/-us	-îtes/-ûtes
-it/-ut	-irent/-urent

Passé antérieur

eus/fus + p.p.	eûmes/fûmes + p.p.
eus/fus + p.p.	eûtes/fûtes + p.p.
eut/fut + p.p.	eurent/furent + p.p.

Futur simple

-rai	-rons
-ras	-rez
-ra	-ront

Futur antérieur

aurai/serai + p.p.	aurons/serons + p.p.
auras/seras + p.p.	aurez/serez + p.p.
aura/sera + p.p.	auront/seront + p.p.

Subjonctif

Présent

-e	-ions
-es	-iez
-e	-ent

Passé

aie/sois + p.p.	ayons/soyons + p.p.
aies/sois + p.p.	ayez/soyez + p.p.
ait/soit + p.p.	aient/soient + p.p.

Imparfait

-isse/-usse	-issions/-ussions
-isses/-usses	-issiez/-ussiez
-ît/-ût	-issent/-ussent

Plus-que-parfait

eusse/fusse + p.p.	eussions/fussions + p.p.
eusses/fusses + p.p.	eussiez/fussiez + p.p.
eût/fût + p.p.	eussent/fussent + p.p.

Conditionnel

Présent

-rais	-rions
-rais	-riez
-rait	-raient

Passé

aurais/serais + p.p.	aurions/serions + p.p.
aurais/serais + p.p.	auriez/seriez + p.p.
aurait/serait + p.p.	auraient/seraient + p.p.

Impératif

| -s |
| -ons |
| -ez |

Participes

| Présent | Passé |
| -ant | -u |

IMPERSONAL EXPRESSIONS
THAT REQUIRE THE
SUBJUNCTIVE

cela ne sert à rien	it is pointless
cela vaut la peine	it is worth the trouble
comment se fait-il	how come
il arrive	it happens
il est acceptable	it is acceptable
il est anormal	it is abnormal
il est bon	it is good
il est commun	it is common
il est concevable	it is conceivable
il est courant	it is usual
il est dommage	it is a shame
il est essentiel	it is essential
il est étrange	it is strange
il est fâcheux	it is unfortunate
il est honteux	it is a shame
il est impensable	it is unthinkable
il est impératif	it is imperative
il est impossible	it is impossible
ilest inadmissible	it is inadmissible
il est inconcevable	it is inconceivable
il est inutile	it is useless
il est inutile d'espérer	it is hopeless
il est juste	it is just
il est naturel	it is natural
il est nécessaire	it is necessary
il est normal	it is normal
il est possible	it is possible
il est préférable	it is preferable
il est rare	it is rare
il est rassurant	it is comforting
il est regrettable	it is regrettable

il est surprenant	it is surprising
il est temps	it is time
il faut	one must
il se peut	it may be
il semble	it seems
il suffit	it is enough
il vaut mieux	it is better

Verb Charts

1 **abattre** to knock down, to cut down

		je	nous
transitive		tu	vous
		il/elle/on	ils/elles

Indicatif

Présent
		Passé composé	
abats	abattons	ai abattu	avons abattu
abats	abattez	as abattu	avez abattu
abat	abattent	a abattu	ont abattu

Imparfait
		Plus-que-parfait	
abattais	abattions	avais abattu	avions abattu
abattais	abattiez	avais abattu	aviez abattu
abattait	abattaient	avait abattu	avaient abattu

Passé simple
		Passé antérieur	
abattis	abattîmes	eus abattu	eûmes abattu
abattis	abattîtes	eus abattu	eûtes abattu
abattit	abattirent	eut abattu	eurent abattu

Futur simple
		Futur antérieur	
abattrai	abattrons	aurai abattu	aurons abattu
abattras	abattrez	auras abattu	aurez abattu
abattra	abattront	aura abattu	auront abattu

Subjonctif

Présent
		Passé	
abatte	abattions	aie abattu	ayons abattu
abattes	abattiez	aies abattu	ayez abattu
abatte	abattent	ait abattu	aient abattu

Imparfait
		Plus-que-parfait	
abattisse	abattissions	eusse abattu	eussions abattu
abattisses	abattissiez	eusses abattu	eussiez abattu
abattît	abattissent	eût abattu	eussent abattu

Conditionnel

Présent
		Passé	
abattrais	abattrions	aurais abattu	aurions abattu
abattrais	abattriez	aurais abattu	auriez abattu
abattrait	abattraient	aurait abattu	auraient abattu

Impératif
abats
abattons
abattez

Participes
Présent	Passé
abattant	abattu

Related Words

abattu	*depressed*	abattre du travail	*to work a great deal*
l'abattement (m.)	*discount*	le rabat	*flap*

2 **aborder** to begin, to approach, to tackle

transitive

	je	nous
	tu	vous
	il/elle/on	ils/elles

Indicatif

Présent

aborde	abordons
abordes	abordez
aborde	abordent

Passé composé

ai abordé	avons abordé
as abordé	avez abordé
a abordé	ont abordé

Imparfait

abordais	abordions
abordais	abordiez
abordait	abordaient

Plus-que-parfait

avais abordé	avions abordé
avais abordé	aviez abordé
avait abordé	avaient abordé

Passé simple

abordai	abordâmes
abordas	abordâtes
aborda	abordèrent

Passé antérieur

eus abordé	eûmes abordé
eus abordé	eûtes abordé
eut abordé	eurent abordé

Futur simple

aborderai	aborderons
aborderas	aborderez
abordera	aborderont

Futur antérieur

aurai abordé	aurons abordé
auras abordé	aurez abordé
aura abordé	auront abordé

Subjonctif

Présent

aborde	abordions
abordes	abordiez
aborde	abordent

Passé

aie abordé	ayons abordé
aies abordé	ayez abordé
ait abordé	aient abordé

Imparfait

abordasse	abordassions
abordasses	abordassiez
abordât	abordassent

Plus-que-parfait

eusse abordé	eussions abordé
eusses abordé	eussiez abordé
eût abordé	eussent abordé

Conditionnel

Présent

aborderais	aborderions
aborderais	aborderiez
aborderait	aborderaient

Passé

aurais abordé	aurions abordé
aurais abordé	auriez abordé
aurait abordé	auraient abordé

Impératif

aborde
abordons
abordez

Participes

Présent

abordant

Passé

abordé

Related Words

au premier abord	*at first glance*	déborder	*to overflow*
le débordement	*overflowing, outburst*		

3 aboutir to end, to lead into

intransitive

	je	nous
	tu	vous
	il/elle/on	ils/elles

Indicatif

Présent

aboutis	aboutissons
aboutis	aboutissez
aboutit	aboutissent

Passé composé

ai abouti	avons abouti
as abouti	avez abouti
a abouti	ont abouti

Imparfait

aboutissais	aboutissions
aboutissais	aboutissiez
aboutissait	aboutissaient

Plus-que-parfait

avais abouti	avions abouti
avais abouti	aviez abouti
avait abouti	avaient abouti

Passé simple

aboutis	aboutîmes
aboutis	aboutîtes
aboutit	aboutirent

Passé antérieur

eus abouti	eûmes abouti
eus abouti	eûtes abouti
eut abouti	eurent abouti

Futur simple

aboutirai	aboutirons
aboutiras	aboutirez
aboutira	aboutiront

Futur antérieur

aurai abouti	aurons abouti
auras abouti	aurez abouti
aura abouti	auront abouti

Subjonctif

Présent

aboutisse	aboutissions
aboutisses	aboutissiez
aboutisse	aboutissent

Passé

aie abouti	ayons abouti
aies abouti	ayez abouti
ait abouti	aient abouti

Imparfait

aboutisse	aboutissions
aboutisses	aboutissiez
aboutît	aboutissent

Plus-que-parfait

eusse abouti	eussions abouti
eusses abouti	eussiez abouti
eût abouti	eussent abouti

Conditionnel

Présent

aboutirais	aboutirions
aboutirais	aboutiriez
aboutirait	aboutiraient

Passé

aurais abouti	aurions abouti
aurais abouti	auriez abouti
aurait abouti	auraient abouti

Impératif

aboutis
aboutissons
aboutissez

Participes

Présent	**Passé**
aboutissant	abouti

Related Words

aboutir à quelque chose	*to come to something*	tenants et aboutissants	*ins and outs*
		l'aboutissement (m.)	*result*

4 **acheter** to buy

transitive

	je	nous
	tu	vous
	il/elle/on	ils/elles

Indicatif

Présent
achète	achetons
achètes	achetez
achète	achètent

Passé composé
ai acheté	avons acheté
as acheté	avez acheté
a acheté	ont acheté

Imparfait
achetais	achetions
achetais	achetiez
achetait	achetaient

Plus-que-parfait
avais acheté	avions acheté
avais acheté	aviez acheté
avait acheté	avaient acheté

Passé simple
achetai	achetâmes
achetas	achetâtes
acheta	achetèrent

Passé antérieur
eus acheté	eûmes acheté
eus acheté	eûtes acheté
eut acheté	eurent acheté

Futur simple
achèterai	achèterons
achèteras	achèterez
achètera	achèteront

Futur antérieur
aurai acheté	aurons acheté
auras acheté	aurez acheté
aura acheté	auront acheté

Subjonctif

Présent
achète	achetions
achètes	achetiez
achète	achètent

Passé
aie acheté	ayons acheté
aies acheté	ayez acheté
ait acheté	aient acheté

Imparfait
achetasse	achetassions
achetasses	achetassiez
achetât	achetassent

Plus-que-parfait
eusse acheté	eussions acheté
eusses acheté	eussiez acheté
eût acheté	eussent acheté

Conditionnel

Présent
achèterais	achèterions
achèterais	achèteriez
achèterait	achèteraient

Passé
aurais acheté	aurions acheté
aurais acheté	auriez acheté
aurait acheté	auraient acheté

Impératif
achète
achetons
achetez

Participes

Présent
achetant

Passé
acheté

Related Words
l'achat (m.)	*purchase*	l'acheteur (m.)	*buyer*

5 aimer to like, to love

je   nous
transitive   tu   vous
il/elle/on   ils/elles

Indicatif

Présent
aime	aimons
aimes	aimez
aime	aiment

Passé composé
ai aimé	avons aimé
as aimé	avez aimé
a aimé	ont aimé

Imparfait
aimais	aimions
aimais	aimiez
aimait	aimaient

Plus-que-parfait
avais aimé	avions aimé
avais aimé	aviez aimé
avait aimé	avaient aimé

Passé simple
aimai	aimâmes
aimas	aimâtes
aima	aimèrent

Passé antérieur
eus aimé	eûmes aimé
eus aimé	eûtes aimé
eut aimé	eurent aimé

Futur simple
aimerai	aimerons
aimeras	aimerez
aimera	aimeront

Futur antérieur
aurai aimé	aurons aimé
auras aimé	aurez aimé
aura aimé	auront aimé

Subjonctif

Présent
aime	aimions
aimes	aimiez
aime	aiment

Passé
aie aimé	ayons aimé
aies aimé	ayez aimé
ait aimé	aient aimé

Imparfait
aimasse	aimassions
aimasses	aimassiez
aimât	aimassent

Plus-que-parfait
eusse aimé	eussions aimé
eusses aimé	eussiez aimé
eût aimé	eussent aimé

Conditionnel

Présent
aimerais	aimerions
aimerais	aimeriez
aimerait	aimeraient

Passé
aurais aimé	aurions aimé
aurais aimé	auriez aimé
aurait aimé	auraient aimé

Impératif
aime
aimons
aimez

Participes

Présent
aimant

Passé
aimé

Related Words
l'amour (m.)	*love*	aimable	*pleasant*
aimer bien	*to like*	l'amant/e (m./f.)	*lover*

6 aller to go

intransitive

Indicatif

Présent
vais	allons
vas	allez
va	vont

Passé composé
suis allé(e)	sommes allé(e)s
es allé(e)	êtes allé(e)(s)
est allé(e)	sont allé(e)s

Imparfait
allais	allions
allais	alliez
allait	allaient

Plus-que-parfait
étais allé(e)	étions allé(e)s
étais allé(e)	étiez allé(e)(s)
était allé(e)	étaient allé(e)s

Passé simple
allai	allâmes
allas	allâtes
alla	allèrent

Passé antérieur
fus allé(e)	fûmes allé(e)s
fus allé(e)	fûtes allé(e)(s)
fut allé(e)	furent allé(e)s

Futur simple
irai	irons
iras	irez
ira	iront

Futur antérieur
serai allé(e)	serons allé(e)s
seras allé(e)	serez allé(e)(s)
sera allé(e)	seront allé(e)s

Subjonctif

Présent
aille	allions
ailles	alliez
aille	aillent

Passé
sois allé(e)	soyons allé(e)s
sois allé(e)	soyez allé(e)(s)
soit allé(e)	soient allé(e)s

Imparfait
allasse	allassions
allasses	allassiez
allât	allassent

Plus-que-parfait
fusse allé(e)	fussions allé(e)s
fusses allé(e)	fussiez allé(e)(s)
fût allé(e)	fussent allé(e)s

Conditionnel

Présent
irais	irions
irais	iriez
irait	iraient

Passé
serais allé(e)	serions allé(e)s
serais allé(e)	seriez allé(e)(s)
serait allé(e)	seraient allé(e)s

Impératif
va
allons
allez

Participes

Présent
allant

Passé
allé(e)

Related Words

s'en aller	*to go away*	l'allée (f.)	*an alley*
l'allure (f.)	*speed*		

34

7 **appeler** to call

transitive

je nous
tu vous
il/elle/on ils/elles

Indicatif

Présent
appelle	appelons		
appelles	appelez		
appelle	appellent		

Passé composé
ai appelé	avons appelé		
as appelé	avez appelé		
a appelé	ont appelé		

Imparfait
appelais	appelions
appelais	appeliez
appelait	appelaient

Plus-que-parfait
avais appelé	avions appelé
avais appelé	aviez appelé
avait appelé	avaient appelé

Passé simple
appelai	appelâmes
appelas	appelâtes
appela	appelèrent

Passé antérieur
eus appelé	eûmes appelé
eus appelé	eûtes appelé
eut appelé	eurent appelé

Futur simple
appellerai	appellerons
appelleras	appellerez
appellera	appelleront

Futur antérieur
aurai appelé	aurons appelé
auras appelé	aurez appelé
aura appelé	auront appelé

Subjonctif

Présent
appelle	appelions
appelles	appeliez
appelle	appellent

Passé
aie appelé	ayons appelé
aies appelé	ayez appelé
ait appelé	aient appelé

Imparfait
appelasse	appelassions
appelasses	appelassiez
appelât	appelassent

Plus-que-parfait
eusse appelé	eussions appelé
eusses appelé	eussiez appelé
eût appelé	eussent appelé

Conditionnel

Présent
appellerais	appellerions
appellerais	appelleriez
appellerait	appelleraient

Passé
aurais appelé	aurions appelé
aurais appelé	auriez appelé
aurait appelé	auraient appelé

Impératif
appelle
appelons
appelez

Participes
Présent
appelant

Passé
appelé

Related Words
s'appeler	*to be named*	faire un appel	*to make a phone call*
l'appel (m.)	*a call*	lancer un appel	*to call out*
l'appellation (f.)	*designation, name*		

8 **apprécier** to appreciate

transitive

Indicatif

Présent

apprécie	apprécions
apprécies	appréciez
apprécie	apprécient

Passé composé

ai apprécié	avons apprécié
as apprécié	avez apprécié
a apprécié	ont apprécié

Imparfait

appréciais	appréciions
appréciais	appréciiez
appréciait	appréciaient

Plus-que-parfait

avais apprécié	avions apprécié
avais apprécié	aviez apprécié
avait apprécié	avaient apprécié

Passé simple

appréciai	appréciâmes
apprécias	appréciâtes
apprécia	apprécièrent

Passé antérieur

eus apprécié	eûmes apprécié
eus apprécié	eûtes apprécié
eut apprécié	eurent apprécié

Futur simple

apprécierai	apprécierons
apprécieras	apprécierez
appréciera	apprécieront

Futur antérieur

aurai apprécié	aurons apprécié
auras apprécié	aurez apprécié
aura apprécié	auront apprécié

Subjonctif

Présent

apprécie	appréciions
apprécies	appréciiez
apprécie	apprécient

Passé

aie apprécié	ayons apprécié
aies apprécié	ayez apprécié
ait apprécié	aient apprécié

Imparfait

appréciasse	appréciassions
appréciasses	appréciassiez
appréciât	appréciassent

Plus-que-parfait

eusse apprécié	eussions apprécié
eusses apprécié	eussiez apprécié
eût apprécié	eussent apprécié

Conditionnel

Présent

apprécierais	apprécierions
apprécierais	apprécieriez
apprécierait	apprécieraient

Passé

aurais apprécié	aurions apprécié
aurais apprécié	auriez apprécié
aurait apprécié	auraient apprécié

Impératif

apprécie
apprécions
appréciez

Participes

Présent

appréciant

Passé

apprécié

Related Words

l'appréciation (f.)	*appreciation*	appréciable	*appreciable*

9 **apprendre** to learn

transitive

je   nous
tu   vous
il/elle/on   ils/elles

Indicatif

Présent
apprends	apprenons
apprends	apprenez
apprend	apprennent

Passé composé
ai appris	avons appris
as appris	avez appris
a appris	ont appris

Imparfait
apprenais	apprenions
apprenais	appreniez
apprenait	apprenaient

Plus-que-parfait
avais appris	avions appris
avais appris	aviez appris
avait appris	avaient appris

Passé simple
appris	apprîmes
appris	apprîtes
apprit	apprirent

Passé antérieur
eus appris	eûmes appris
eus appris	eûtes appris
eut appris	eurent appris

Futur simple
apprendrai	apprendrons
apprendras	apprendrez
apprendra	apprendront

Futur antérieur
aurai appris	aurons appris
auras appris	aurez appris
aura appris	auront appris

Subjonctif

Présent
apprenne	apprenions
apprennes	appreniez
apprenne	apprennent

Passé
aie appris	ayons appris
aies appris	ayez appris
ait appris	aient appris

Imparfait
apprisse	apprissions
apprisses	apprissiez
apprît	apprissent

Plus-que-parfait
eusse appris	eussions appris
eusses appris	eussiez appris
eût appris	eussent appris

Conditionnel

Présent
apprendrais	apprendrions
apprendrais	apprendriez
apprendrait	apprendraient

Passé
aurais appris	aurions appris
aurais appris	auriez appris
aurait appris	auraient appris

Impératif
apprends
apprenons
apprenez

Participes
Présent
apprenant

Passé
appris

Related Words
| bien appris | *well learned* | apprendre à | *to learn how to* |
| l'apprenti/e (m./f.) | *apprentice, novice* | l'apprentissage (m.) | *apprenticeship* |

10 **arriver** to arrive

		je	nous
intransitive		tu	vous
		il/elle/on	ils/elles

Indicatif

Présent
		Passé composé	
arrive	arrivons	suis arrivé(e)	sommes arrivé(e)s
arrives	arrivez	es arrivé(e)	êtes arrivé(e)(s)
arrive	arrivent	est arrivé(e)	sont arrivé(e)s

Imparfait
		Plus-que-parfait	
arrivais	arrivions	étais arrivé(e)	étions arrivé(e)s
arrivais	arriviez	étais arrivé(e)	étiez arrivé(e)(s)
arrivait	arrivaient	était arrivé(e)	étaient arrivé(e)s

Passé simple
		Passé antérieur	
arrivai	arrivâmes	fus arrivé(e)	fûmes arrivé(e)s
arrivas	arrivâtes	fus arrivé(e)	fûtes arrivé(e)(s)
arriva	arrivèrent	fut arrivé(e)	furent arrivé(e)s

Futur simple
		Futur antérieur	
arriverai	arriverons	serai arrivé(e)	serons arrivé(e)s
arriveras	arriverez	seras arrivé(e)	serez arrivé(e)(s)
arrivera	arriveront	sera arrivé(e)	seront arrivé(e)s

Subjonctif

Présent
		Passé	
arrive	arrivions	sois arrivé(e)	soyons arrivé(e)s
arrives	arriviez	sois arrivé(e)	soyez arrivé(e)(s)
arrive	arrivent	soit arrivé(e)	soient arrivé(e)s

Imparfait
		Plus-que-parfait	
arrivasse	arrivassions	fusse arrivé(e)	fussions arrivé(e)s
arrivasses	arrivassiez	fusses arrivé(e)	fussiez arrivé(e)(s)
arrivât	arrivassent	fût arrivé(e)	fussent arrivé(e)s

Conditionnel

Présent
		Passé	
arriverais	arriverions	serais arrivé(e)	serions arrivé(e)s
arriverais	arriveriez	serais arrivé(e)	seriez arrivé(e)(s)
arriverait	arriveraient	serait arrivé(e)	seraient arrivé(e)s

Impératif

arrive
arrivons
arrivez

Participes

Présent	**Passé**
arrivant	arrivé(e)

Related Words

l'arrivée (f.)	*arrival*	l'arrivage (m.)	*delivery*
l'arrivant (m.)	*newcomer*	arriver à faire quelque chose	*to manage to do something*

11a s'asseoir* to sit down

	je	nous
reflexive	tu	vous
	il/elle/on	ils/elles

Indicatif

Présent
m'assieds	nous asseyons
t'assieds	vous asseyez
s'assied	s'asseyent

Passé composé
me suis assis(e)	nous sommes assis(es)
t'es assis(e)	vous êtes assis(e)(s)
s'est assis(e)	se sont assis(es)

Imparfait
m'asseyais	nous asseyions
t'asseyais	vous asseyiez
s'asseyait	s'asseyaient

Plus-que-parfait
m'étais assis(e)	nous étions assis(es)
t'étais assis(e)	vous étiez assis(e)(s)
s'était assis(e)	s'étaient assis(es)

Passé simple
m'assis	nous assîmes
t'assis	vous assîtes
s'assit	s'assirent

Passé antérieur
me fus assis(e)	nous fûmes assis(es)
te fus assis(e)	vous fûtes assis(e)(s)
se fut assis(e)	se furent assis(es)

Futur simple
m'assiérai	nous assiérons
t'assiéras	vous assiérez
s'assiéra	s'assiéront

Futur antérieur
me serai assis(e)	nous serons assis(es)
te seras assis(e)	vous serez assis(e)(s)
se sera assis(e)	se seront assis(es)

Subjonctif

Présent
m'asseye	nous asseyions
t'asseyes	vous asseyiez
s'asseye	s'asseyent

Passé
me sois assis(e)	nous soyons assis(es)
te sois assis(e)	vous soyez assis(e)(s)
se soit assis(e)	se soient assis(es)

Imparfait
m'assisse	nous assissions
t'assisses	vous assissiez
s'assît	s'assissent

Plus-que-parfait
me fusse assis(e)	nous fussions assis(es)
te fusses assis(e)	vous fussiez assis(e)(s)
se fût assis(e)	se fussent assis(es)

Conditionnel

Présent
m'assiérais	nous assiérions
t'assiérais	vous assiériez
s'assiérait	s'assiéraient

Passé
me serais assis(e)	nous serions assis(es)
te serais assis(e)	vous seriez assis(e)(s)
se serait assis(e)	se seraient assis(es)

Impératif

assieds-toi
asseyons-nous
asseyez-vous

Participes

Présent
m'asseyant, etc.

Passé
assis(e)

Related Words

veuillez vous asseoir	*please sit down*	places assises	*seats*
assises	*court of justice*	l'assise (f.)	*a foundation*

* The verb *asseoir* has two accepted conjugations. See next page for alternative conjugation.

11b s'asseoir to sit down

	je	nous
reflexive	tu	vous
(Alternate Conjugation)	il/elle/on	ils/elles

Indicatif

Présent

m'assois	nous assoyons
t'assois	vous assoyez
s'assoit	s'assoient

Passé composé

me suis assis(e)	nous sommes assis(es)
t'es assis(e)	vous êtes assis(e)(s)
s'est assis(e)	se sont assis(es)

Imparfait

m'assoyais	nous assoyions
t'assoyais	vous assoyiez
s'assoyait	s'assoyaient

Plus-que-parfait

m'étais assis(e)	nous étions assis(es)
t'étais assis(e)	vous étiez assis(e)(s)
s'était assis(e)	s'étaient assis(es)

Passé simple

m'assis	nous assîmes
t'assis	vous assîtes
s'assit	s'assirent

Passé antérieur

me fus assis(e)	nous fûmes assis(es)
te fus assis(e)	vous fûtes assis(e)(s)
se fut assis(e)	se furent assis(es)

Futur simple

m'assoirai	nous assoirons
t'assoiras	vous assoirez
s'assoira	s'assoiront

Futur antérieur

me serai assis(e)	nous serons assis(es)
te seras assis(e)	vous serez assis(e)(s)
se sera assis(e)	se seront assis(es)

Subjonctif

Présent

m'assoie	nous assoyions
t'asseoies	vous assoyiez
s'assoie	s'assoient

Passé

me sois assis(e)	nous soyons assis(es)
te sois assis(e)	vous soyez assis(e)(s)
se soit assis(e)	se soient assis(es)

Imparfait

m'assisse	nous assissions
t'assisses	vous assissiez
s'assît	s'assissent

Plus-que-parfait

me fusse assis(e)	nous fussions assis(es)
te fusses assis(e)	vous fussiez assis(e)(s)
se fût assis(e)	se fussent assis(es)

Conditionnel

Présent

m'assoirais	nous assoirions
t'assoirais	vous assoiriez
s'assoirait	s'assoiraient

Passé

me serais assis(e)	nous serions assis(es)
te serais assis(e)	vous seriez assis(e)(s)
se serait assis(e)	se seraient assis(es)

Impératif

assois-toi
assoyons-nous
assoyez-vous

Participes

Présent	Passé
m'assoyant, etc.	assis(e)

40

12 avoir to have

transitive
auxiliary

	je	nous
	tu	vous
	il/elle/on	ils/elles

Indicatif

Présent
ai	avons
as	avez
a	ont

Passé composé
ai eu	avons eu
as eu	avez eu
a eu	ont eu

Imparfait
avais	avions
avais	aviez
avait	avaient

Plus-que-parfait
avais eu	avions eu
avais eu	aviez eu
avait eu	avaient eu

Passé simple
eus	eûmes
eus	eûtes
eut	eurent

Passé antérieur
eus eu	eûmes eu
eus eu	eûtes eu
eut eu	eurent eu

Futur simple
aurai	aurons
auras	aurez
aura	auront

Futur antérieur
aurai eu	aurons eu
auras eu	aurez eu
aura eu	auront eu

Subjonctif

Présent
aie	ayons
aies	ayez
ait	aient

Passé
aie eu	ayons eu
aies eu	ayez eu
ait eu	aient eu

Imparfait
eusse	eussions
eusses	eussiez
eût	eussent

Plus-que-parfait
eusse eu	eussions eu
eusses eu	eussiez eu
eût eu	eussent eu

Conditionnel

Présent
aurais	aurions
aurais	auriez
aurait	auraient

Passé
aurais eu	aurions eu
aurais eu	auriez eu
aurait eu	auraient eu

Impératif
aie
ayons
ayez

Participes

Présent
ayant

Passé
eu

Related Words

l'avoir (m.)	*assets, holdings*	avoir faim	*to be hungry*
avoir froid	*to be cold*	avoir chaud	*to be hot*
avoir peur	*to be afraid*	avoir soif	*to be thirsty*
avoir sommeil	*to be sleepy*	avoir . . . ans	*to be . . . years old*
avoir raison	*to be right*	avoir tort	*to be wrong*

13 blanchir to turn white; to launder

transitive

Indicatif

Présent
blanchis	blanchissons
blanchis	blanchissez
blanchit	blanchissent

Passé composé
ai blanchi	avons blanchi
as blanchi	avez blanchi
a blanchi	ont blanchi

Imparfait
blanchissais	blanchissions
blanchissais	blanchissiez
blanchissait	blanchissaient

Plus-que-parfait
avais blanchi	avions blanchi
avais blanchi	aviez blanchi
avait blanchi	avaient blanchi

Passé simple
blanchis	blanchîmes
blanchis	blanchîtes
blanchit	blanchirent

Passé antérieur
eus blanchi	eûmes blanchi
eus blanchi	eûtes blanchi
eut blanchi	eurent blanchi

Futur simple
blanchirai	blanchirons
blanchiras	blanchirez
blanchira	blanchiront

Futur antérieur
aurai blanchi	aurons blanchi
auras blanchi	aurez blanchi
aura blanchi	auront blanchi

Subjonctif

Présent
blanchisse	blanchissions
blanchisses	blanchissiez
blanchisse	blanchissent

Passé
aie blanchi	ayons blanchi
aies blanchi	ayez blanchi
ait blanchi	aient blanchi

Imparfait
blanchisse	blanchissions
blanchisses	blanchissiez
blanchît	blanchissent

Plus-que-parfait
eusse blanchi	eussions blanchi
eusses blanchi	eussiez blanchi
eût blanchi	eussent blanchi

Conditionnel

Présent
blanchirais	blanchirions
blanchirais	blanchiriez
blanchirait	blanchiraient

Passé
aurais blanchi	aurions blanchi
aurais blanchi	auriez blanchi
aurait blanchi	auraient blanchi

Impératif
blanchis
blanchissons
blanchissez

Participes

Présent
blanchissant

Passé
blanchi

Related Words

blanc	*white*	l'argent blanchi	*laundered money*
la blanchisserie	*laundry*	le blanchisseur	*launderer*
L'accusé est blanchi.	*The accused is acquitted.*		

14 **boire** to drink

transitive

	je	nous
	tu	vous
	il/elle/on	ils/elles

Indicatif

Présent
bois	buvons
bois	buvez
boit	boivent

Passé composé
ai bu	avons bu
as bu	avez bu
a bu	ont bu

Imparfait
buvais	buvions
buvais	buviez
buvait	buvaient

Plus-que-parfait
avais bu	avions bu
avais bu	aviez bu
avait bu	avaient bu

Passé simple
bus	bûmes
bus	bûtes
but	burent

Passé antérieur
eus bu	eûmes bu
eus bu	eûtes bu
eut bu	eurent bu

Futur simple
boirai	boirons
boiras	boirez
boira	boiront

Futur antérieur
aurai bu	aurons bu
auras bu	aurez bu
aura bu	auront bu

Subjonctif

Présent
boive	buvions
boives	buviez
boive	boivent

Passé
aie bu	ayons bu
aies bu	ayez bu
ait bu	aient bu

Imparfait
busse	bussions
busses	bussiez
bût	bussent

Plus-que-parfait
eusse bu	eussions bu
eusses bu	eussiez bu
eût bu	eussent bu

Conditionnel

Présent
boirais	boirions
boirais	boiriez
boirait	boiraient

Passé
aurais bu	aurions bu
aurais bu	auriez bu
aurait bu	auraient bu

Impératif
bois
buvons
buvez

Participes

Présent
buvant

Passé
bu

Related Words

la boisson	*drink*	le grand buveur	*big drinker*

15 **briller** to shine

intransitive

Indicatif

Présent
brille	brillons		
brilles	brillez		
brille	brillent		

Passé composé
ai brillé	avons brillé
as brillé	avez brillé
a brillé	ont brillé

Imparfait
brillais	brillions
brillais	brilliez
brillait	brillaient

Plus-que-parfait
avais brillé	avions brillé
avais brillé	aviez brillé
avait brillé	avaient brillé

Passé simple
brillai	brillâmes
brillas	brillâtes
brilla	brillèrent

Passé antérieur
eus brillé	eûmes brillé
eus brillé	eûtes brillé
eut brillé	eurent brillé

Futur simple
brillerai	brillerons
brilleras	brillerez
brillera	brilleront

Futur antérieur
aurai brillé	aurons brillé
auras brillé	aurez brillé
aura brillé	auront brillé

Subjonctif

Présent
brille	brillions
brilles	brilliez
brille	brillent

Passé
aie brillé	ayons brillé
aies brillé	ayez brillé
ait brillé	aient brillé

Imparfait
brillasse	brillassions
brillasses	brillassiez
brillât	brillassent

Plus-que-parfait
eusse brillé	eussions brillé
eusses brillé	eussiez brillé
eût brillé	eussent brillé

Conditionnel

Présent
brillerais	brillerions
brillerais	brilleriez
brillerait	brilleraient

Passé
aurais brillé	aurions brillé
aurais brillé	auriez brillé
aurait brillé	auraient brillé

Impératif
brille
brillons
brillez

Participes

Présent
brillant

Passé
brillé

Related Words
brillant	*brilliant*	brillamment	*with gusto*
le brillant	*shine, diamond*	faire briller	*to polish*

16 célébrer to celebrate

transitive			je	nous
		—	tu	vous
			il/elle/on	ils/elles

Indicatif

Présent
		Passé composé	
célèbre	célébrons	ai célébré	avons célébré
célèbres	célébrez	as célébré	avez célébré
célèbre	célèbrent	a célébré	ont célébré

Imparfait
		Plus-que-parfait	
célébrais	célébrions	avais célébré	avions célébré
célébrais	célébriez	avais célébré	aviez célébré
célébrait	célébraient	avait célébré	avaient célébré

Passé simple
		Passé antérieur	
célébrai	célébrâmes	eus célébré	eûmes célébré
célébras	célébrâtes	eus célébré	eûtes célébré
célébra	célébrèrent	eut célébré	eurent célébré

Futur simple
		Futur antérieur	
célébrerai	célébrerons	aurai célébré	aurons célébré
célébreras	célébrerez	auras célébré	aurez célébré
célébrera	célébreront	aura célébré	auront célébré

Subjonctif

Présent
		Passé	
célèbre	célébrions	aie célébré	ayons célébré
célèbres	célébriez	aies célébré	ayez célébré
célèbre	célèbrent	ait célébré	aient célébré

Imparfait
		Plus-que-parfait	
célébrasse	célébrassions	eusse célébré	eussions célébré
célébrasses	célébrassiez	eusses célébré	eussiez célébré
célébrât	célébrassent	eût célébré	eussent célébré

Conditionnel

Présent
		Passé	
célébrerais	célébrerions	aurais célébré	aurions célébré
célébrerais	célébreriez	aurais célébré	auriez célébré
célébrerait	célébreraient	aurait célébré	auraient célébré

Impératif

	Participes	
célèbre	**Présent**	**Passé**
célébrez	célébrant	célébré
célébrons		

Related Words

la célébration	*celebration*	la célébrité	*celebrity*
célèbre	*famous*		

17 choisir to choose

transitive

Indicatif

Présent
choisis	choisissons
choisis	choisissez
choisit	choisissent

Passé composé
ai choisi	avons choisi
as choisi	avez choisi
a choisi	ont choisi

Imparfait
choisissais	choisissions
choisissais	choisissiez
choisissait	choisissaient

Plus-que-parfait
avais choisi	avions choisi
avais choisi	aviez choisi
avait choisi	avaient choisi

Passé simple
choisis	choisîmes
choisis	choisîtes
choisit	choisirent

Passé antérieur
eus choisi	eûmes choisi
eus choisi	eûtes choisi
eut choisi	eurent choisi

Futur simple
choisirai	choisirons
choisiras	choisirez
choisira	choisiront

Futur antérieur
aurai choisi	aurons choisi
auras choisi	aurez choisi
aura choisi	auront choisi

Subjonctif

Présent
choisisse	choisissions
choisisses	choisissiez
choisisse	choisissent

Passé
aie choisi	ayons choisi
aies choisi	ayez choisi
ait choisi	aient choisi

Imparfait
choisisse	choisissions
choisisses	choisissiez
choisit	choisissent

Plus-que-parfait
eusse choisi	eussions choisi
eusses choisi	eussiez choisi
eût choisi	eussent choisi

Conditionnel

Présent
choisirais	choisirions
choisirais	choisiriez
choisirait	choisiraient

Passé
aurais choisi	aurions choisi
aurais choisi	auriez choisi
aurait choisi	auraient choisi

Impératif
choisis
choisissons
choisissez

Participes

Présent
choisissant

Passé
choisi

Related Words
le choix	*choice*	faire un choix	*to make a choice*
choisi(e)	*carefully chosen*	morceaux choisis	*selections*
au choix	*a choice of*		

18 commencer to begin, to start

	je	nous
transitive	tu	vous
	il/elle/on	ils/elles

Indicatif

Présent
commence	commençons
commences	commencez
commence	commencent

Passé composé
ai commencé	avons commencé
as commencé	avez commencé
a commencé	ont commencé

Imparfait
commençais	commencions
commençais	commenciez
commençait	commençaient

Plus-que-parfait
avais commencé	avions commencé
avais commencé	aviez commencé
avait commencé	avaient commencé

Passé simple
commençai	commençâmes
commenças	commençâtes
commença	commencèrent

Passé antérieur
eus commencé	eûmes commencé
eus commencé	eûtes commencé
eut commencé	eurent commencé

Futur simple
commencerai	commencerons
commenceras	commencerez
commencera	commenceront

Futur antérieur
aurai commencé	aurons commencé
auras commencé	aurez commencé
aura commencé	auront commencé

Subjonctif

Présent
commence	commencions
commences	commenciez
commence	commencent

Passé
aie commencé	ayons commencé
aies commencé	ayez commencé
ait commencé	aient commencé

Imparfait
commençasse	commençassions
commençasses	commençassiez
commençât	commençassent

Plus-que-parfait
eusse commencé	eussions commencé
eusses commencé	eussiez commencé
eût commencé	eussent commencé

Conditionnel

Présent
commencerais	commencerions
commencerais	commenceriez
commencerait	commenceraient

Passé
aurais commencé	aurions commencé
aurais commencé	auriez commencé
aurait commencé	auraient commencé

Impératif
commence
commençons
commencez

Participes

Présent
commençant

Passé
commencé

Related Words
le commencement	*beginning*	recommencer	*to begin again*
le commençant	*beginner*		

19 **comprendre** to understand; to comprise

transitive

	je	nous
	tu	vous
	il/elle/on	ils/elles

Indicatif

Présent
comprends	comprenons
comprends	comprenez
comprend	comprennent

Passé composé
ai compris	avons compris
as compris	avez compris
a compris	ont compris

Imparfait
comprenais	comprenions
comprenais	compreniez
comprenait	comprenaient

Plus-que-parfait
avais compris	avions compris
avais compris	aviez compris
avait compris	avaient compris

Passé simple
compris	comprîmes
compris	comprîtes
comprit	comprirent

Passé antérieur
eus compris	eûmes compris
eus compris	eûtes compris
eut compris	eurent compris

Futur simple
comprendrai	comprendrons
comprendras	comprendrez
comprendra	comprendront

Futur antérieur
aurai compris	aurons compris
auras compris	aurez compris
aura compris	auront compris

Subjonctif

Présent
comprenne	comprenions
comprennes	compreniez
comprenne	comprennent

Passé
aie compris	ayons compris
aies compris	ayez compris
ait compris	aient compris

Imparfait
comprisse	comprissions
comprisses	comprissiez
comprît	comprissent

Plus-que-parfait
eusse compris	eussions compris
eusses compris	eussiez compris
eût compris	eussent compris

Conditionnel

Présent
comprendrais	comprendrions
comprendrais	comprendriez
comprendrait	comprendraient

Passé
aurais compris	aurions compris
aurais compris	auriez compris
aurait compris	auraient compris

Impératif

| comprends |
| comprenons |
| comprenez |

Participes

Présent
comprenant

Passé
compris

Related Words

| la compréhension | *comprehension* | service compris | *service included* |
| compréhensif | *understanding* | | |

20 conduire to drive, to lead

transitive

Indicatif

Présent
conduis	conduisons
conduis	conduisez
conduit	conduisent

Passé composé
ai conduit	avons conduit
as conduit	avez conduit
a conduit	ont conduit

Imparfait
conduisais	conduisions
conduisais	conduisiez
conduisait	conduisaient

Plus-que-parfait
avais conduit	avions conduit
avais conduit	aviez conduit
avait conduit	avaient conduit

Passé simple
conduisis	conduisîmes
conduisis	conduisîtes
conduisit	conduisirent

Passé antérieur
eus conduit	eûmes conduit
eus conduit	eûtes conduit
eut conduit	eurent conduit

Futur simple
conduirai	conduirons
conduiras	conduirez
conduira	conduiront

Futur antérieur
aurai conduit	aurons conduit
auras conduit	aurez conduit
aura conduit	auront conduit

Subjonctif

Présent
conduise	conduisions
conduises	conduisiez
conduise	conduisent

Passé
aie conduit	ayons conduit
aies conduit	ayez conduit
ait conduit	aient conduit

Imparfait
conduisisse	conduisissions
conduisisses	conduisissiez
conduisît	conduisissent

Plus-que-parfait
eusse conduit	eussions conduit
eusses conduit	eussiez conduit
eût conduit	eussent conduit

Conditionnel

Présent
conduirais	conduirions
conduirais	conduiriez
conduirait	conduiraient

Passé
aurais conduit	aurions conduit
aurais conduit	auriez conduit
aurait conduit	auraient conduit

Impératif

conduis
conduisons
conduisez

Participes

Présent
conduisant

Passé
conduit

Related Words

la conduite	behavior	conduire une enquête	lead an inquiry
le conducteur	driver		

21 connaître to know, to be familiar with

Indicatif

Présent

connais	connaissons
connais	connaissez
connaît	connaissent

Passé composé

ai connu	avons connu
as connu	avez connu
a connu	ont connu

Imparfait

connaissais	connaissions
connaissais	connaissiez
connaissait	connaissaient

Plus-que-parfait

avais connu	avions connu
avais connu	aviez connu
avait connu	avaient connu

Passé simple

connus	connûmes
connus	connûtes
connut	connurent

Passé antérieur

eus connu	eûmes connu
eus connu	eûtes connu
eut connu	eurent connu

Futur simple

connaîtrai	connaîtrons
connaîtras	connaîtrez
connaîtra	connaîtront

Futur antérieur

aurai connu	aurons connu
auras connu	aurez connu
aura connu	auront connu

Subjonctif

Présent

connaisse	connaissions
connaisses	connaissiez
connaisse	connaissent

Passé

aie connu	ayons connu
aies connu	ayez connu
ait connu	aient connu

Imparfait

connusse	connussions
connusses	connussiez
connût	connussent

Plus-que-parfait

eusse connu	eussions connu
eusses connu	eussiez connu
eût connu	eussent connu

Conditionnel

Présent

connaîtrais	connaîtrions
connaîtrais	connaîtriez
connaîtrait	connaîtraient

Passé

aurais connu	aurions connu
aurais connu	auriez connu
aurait connu	auraient connu

Impératif

connais
connaissons
connaissez

Participes

Présent

connaissant

Passé

connu

Related Words

la connaissance	*knowledge; acquaintance*	connu	*well known, famous*
reconnaître	*to recognize*	reconnaissant	*grateful*

22 consacrer to dedicate, to consecrate

	je	nous
transitive	tu	vous
	il/elle/on	ils/elles

Indicatif

Présent
		Passé composé	
consacre	consacrons	ai consacré	avons consacré
consacres	consacrez	as consacré	avez consacré
consacre	consacrent	a consacré	ont consacré

Imparfait
		Plus-que-parfait	
consacrais	consacrions	avais consacré	avions consacré
consacrais	consacriez	avais consacré	aviez consacré
consacrait	consacraient	avait consacré	avaient consacré

Passé simple
		Passé antérieur	
consacrai	consacrâmes	eus consacré	eûmes consacré
consacras	consacrâtes	eus consacré	eûtes consacré
consacra	consacrèrent	eut consacré	eurent consacré

Futur simple
		Futur antérieur	
consacrerai	consacrerons	aurai consacré	aurons consacré
consacreras	consacrerez	auras consacré	aurez consacré
consacrera	consacreront	aura consacré	auront consacré

Subjonctif

Présent
		Passé	
consacre	consacrions	aie consacré	ayons consacré
consacres	consacriez	aies consacré	ayez consacré
consacre	consacrent	ait consacré	aient consacré

Imparfait
		Plus-que-parfait	
consacrasse	consacrassions	eusse consacré	eussions consacré
consacrasses	consacrassiez	eusses consacré	eussiez consacré
consacrât	consacrassent	eût consacré	eussent consacré

Conditionnel

Présent
		Passé	
consacrerais	consacrerions	aurais consacré	aurions consacré
consacrerais	consacreriez	aurais consacré	auriez consacré
consacrerait	consacreraient	aurait consacré	auraient consacré

Impératif

	Participes	
consacre	**Présent**	**Passé**
consacrons	consacrant	consacré
consacrez		

Related Words

la consécration	consecration	se consacrer à	to dedicate
sacré(e)	sacred		oneself to

51

23 **contribuer** to contribute

je   nous
tu   vous
il/elle/on   ils/elles

intransitive

Indicatif

Présent
contribue	contribuons
contribues	contribuez
contribue	contribuent

Passé composé
ai contribué	avons contribué
as contribué	avez contribué
a contribué	ont contribué

Imparfait
contribuais	contribuions
contribuais	contribuiez
contribuait	contribuaient

Plus-que-parfait
avais contribué	avions contribué
avais contribué	aviez contribué
avait contribué	avaient contribué

Passé simple
contribuai	contribuâmes
contribuas	contribuâtes
contribua	contribuèrent

Passé antérieur
eus contribué	eûmes contribué
eus contribué	eûtes contribué
eut contribué	eurent contribué

Futur simple
contribuerai	contribuerons
contribueras	contribuerez
contribuera	contribueront

Futur antérieur
aurai contribué	aurons contribué
auras contribué	aurez contribué
aura contribué	auront contribué

Subjonctif

Présent
contribue	contribuions
contribues	contribuiez
contribue	contribuent

Passé
aie contribué	ayons contribué
aies contribué	ayez contribué
ait contribué	aient contribué

Imparfait
contribuasse	contribuassions
contribuasses	contribuassiez
contribuât	contribuassent

Plus-que-parfait
eusse contribué	eussions contribué
eusses contribué	eussiez contribué
eût contribué	eussent contribué

Conditionnel

Présent
contribuerais	contribuerions
contribuerais	contribueriez
contribuerait	contribueraient

Passé
aurais contribué	aurions contribué
aurais contribué	auriez contribué
aurait contribué	auraient contribué

Impératif

contribue
contribuons
contribuez

Participes

Présent
contribuant

Passé
contribué

Related Words

la contribution	*contribution*	le/la contribuable	*taxpayer*
les contribu- tions (f. pl.)	*taxes*	contributions directes	*direct taxes*

24 **corriger** to correct

transitive

	je	nous
	tu	vous
	il/elle/on	ils/elles

Indicatif

Présent
corrige	corrigeons
corriges	corrigez
corrige	corrigent

Passé composé
ai corrigé	avons corrigé
as corrigé	avez corrigé
a corrigé	ont corrigé

Imparfait
corrigeais	corrigions
corrigeais	corrigiez
corrigeait	corrigeaient

Plus-que-parfait
avais corrigé	avions corrigé
avais corrigé	aviez corrigé
avait corrigé	avaient corrigé

Passé simple
corrigeai	corrigeâmes
corrigeas	corrigeâtes
corrigea	corrigèrent

Passé antérieur
eus corrigé	eûmes corrigé
eus corrigé	eûtes corrigé
eut corrigé	eurent corrigé

Futur simple
corrigerai	corrigerons
corrigeras	corrigerez
corrigera	corrigeront

Futur antérieur
aurai corrigé	aurons corrigé
auras corrigé	aurez corrigé
aura corrigé	auront corrigé

Subjonctif

Présent
corrige	corrigions
corriges	corrigiez
corrige	corrigent

Passé
aie corrigé	ayons corrigé
aies corrigé	ayez corrigé
ait corrigé	aient corrigé

Imparfait
corrigeasse	corrigeâmes
corrigeasses	corrigeâtes
corrigeât	corrigeassent

Plus-que-parfait
eusse corrigé	eussions corrigé
eusses corrigé	eussiez corrigé
eût corrigé	eussent corrigé

Conditionnel

Présent
corrigerais	corrigerions
corrigerais	corrigeriez
corrigerait	corrigeraient

Passé
aurais corrigé	aurions corrigé
aurais corrigé	auriez corrigé
aurait corrigé	auraient corrigé

Impératif
corrige
corrigeons
corrigez

Participes

Présent
corrigeant

Passé
corrigé

Related Words

la correction	*correction, grading, proofreading*	le tribunal correctionnel	*criminal court*
le/la correcteur/ -trice	*proofreader*		

25 courir to run

intransitive

Indicatif

Présent
cours	courons
cours	courez
court	courent

Passé composé
ai couru	avons couru
as couru	avez couru
a couru	ont couru

Imparfait
courais	courions
courais	couriez
courait	couraient

Plus-que-parfait
avais couru	avions couru
avais couru	aviez couru
avait couru	avaient couru

Passé simple
courus	courûmes
courus	courûtes
courut	coururent

Passé antérieur
eus couru	eûmes couru
eus couru	eûtes couru
eut couru	eurent couru

Futur simple
courrai	courrons
courras	courrez
courra	courront

Futur antérieur
aurai couru	aurons couru
auras couru	aurez couru
aura couru	auront couru

Subjonctif

Présent
coure	courions
coures	couriez
coure	courent

Passé
aie couru	ayons couru
aies couru	ayez couru
ait couru	aient couru

Imparfait
courusse	courussions
courusses	courussiez
courût	courussent

Plus-que-parfait
eusse couru	eussions couru
eusses couru	eussiez couru
eût couru	eussent couru

Conditionnel

Présent
courrais	courrions
courrais	courriez
courrait	courraient

Passé
aurais couru	aurions couru
aurais couru	auriez couru
aurait couru	auraient couru

Impératif
cours
courons
courez

Participes

Présent
courant

Passé
couru

Related Words

la course	*race*	faire des courses	*to shop, run errands*
courir sa chance	*to try one's luck*	faire courir un bruit	*to spread a rumor*
		être au courant	*to be informed*
le/la coureur/-euse	*runner*	le parcours	*distance*
parcourir	*to travel all over*		

26 couvrir to cover

Indicatif

Présent
couvre	couvrons		
couvres	couvrez		
couvre	couvrent		

Passé composé
ai couvert	avons couvert
as couvert	avez couvert
a couvert	ont couvert

Imparfait
couvrais	couvrions
couvrais	couvriez
couvrait	couvraient

Plus-que-parfait
avais couvert	avions couvert
avais couvert	aviez couvert
avait couvert	avaient couvert

Passé simple
couvris	couvrîmes
couvris	couvrites
couvrit	couvrirent

Passé antérieur
eus couvert	eûmes couvert
eus couvert	eûtes couvert
eut couvert	eurent couvert

Futur simple
couvrirai	couvrirons
couvriras	couvrirez
couvrira	couvriront

Futur antérieur
aurai couvert	aurons couvert
auras couvert	aurez couvert
aura couvert	auront couvert

Subjonctif

Présent
couvre	couvrions
couvres	couvriez
couvre	couvrent

Passé
aie couvert	ayons couvert
aies couvert	ayez couvert
ait couvert	aient couvert

Imparfait
couvrisse	couvrissions
couvrisses	couvrissiez
couvrît	couvrissent

Plus-que-parfait
eusse couvert	eussions couvert
eusses couvert	eussiez couvert
eût couvert	eussent couvert

Conditionnel

Présent
couvrirais	couvririons
couvrirais	couvririez
couvrirait	couvriraient

Passé
aurais couvert	aurions couvert
aurais couvert	auriez couvert
aurait couvert	auraient couvert

Impératif
couvre
couvrons
couvrez

Participes

Présent
couvrant

Passé
couvert

Related Words
la couverture	*blanket, cover*	découvrir	*to discover*
couvert(e)	*covered*		

27 **croire** to think, to believe

je   nous
tu   vous
il/elle/on   ils/elles

transitive

Indicatif

Présent
crois	croyons
crois	croyez
croit	croient

Passé composé
ai cru	avons cru
as cru	avez cru
a cru	ont cru

Imparfait
croyais	croyions
croyais	croyiez
croyait	croyaient

Plus-que-parfait
avais cru	avions cru
avais cru	aviez cru
avait cru	avaient cru

Passé simple
crus	crûmes
crus	crûtes
crut	crurent

Passé antérieur
eus cru	eûmes cru
eus cru	eûtes cru
eut cru	eurent cru

Futur simple
croirai	croirons
croiras	croirez
croira	croiront

Futur antérieur
aurai cru	aurons cru
auras cru	aurez cru
aura cru	auront cru

Subjonctif

Présent
croie	croyions
croies	croyiez
croie	croient

Passé
aie cru	ayons cru
aies cru	ayez cru
ait cru	aient cru

Imparfait
crusse	crussions
crusses	crussiez
crût	crussent

Plus-que-parfait
eusse cru	eussions cru
eusses cru	eussiez cru
eût cru	eussent cru

Conditionnel

Présent
croirais	croirions
croirais	croiriez
croirait	croiraient

Passé
aurais cru	aurions cru
aurais cru	auriez cru
aurait cru	auraient cru

Impératif
crois
croyons
croyez

Participes

Présent
croyant

Passé
cru

Related Words
la croyance	*belief*

28 débarrasser to clear, to rid

transitive

	je	nous
	tu	vous
	il/elle/on	ils/elles

Indicatif

Présent
débarrasse	débarrassons
débarrasses	débarrassez
débarrasse	débarrassent

Passé composé
ai débarrassé	avons débarrassé
as débarrassé	avez débarrassé
a débarrassé	ont débarrassé

Imparfait
débarrassais	débarrassions
débarrassais	débarrassiez
débarrassait	débarrassaient

Plus-que-parfait
avais débarrassé	avions débarrassé
avais débarrassé	aviez débarrassé
avait débarrassé	avaient débarrassé

Passé simple
débarrassai	débarrassâmes
débarrassas	débarrassâtes
débarrassa	débarrassèrent

Passé antérieur
eus débarrassé	eûmes débarrassé
eus débarrassé	eûtes débarrassé
eut débarrassé	eurent débarrassé

Futur simple
débarrasserai	débarrasserons
débarrasseras	débarrasserez
débarrassera	débarrasseront

Futur antérieur
aurai débarrassé	aurons débarrassé
auras débarrassé	aurez débarrassé
aura débarrassé	auront débarrassé

Subjonctif

Présent
débarrasse	débarrassions
débarrasses	débarrassiez
débarrasse	débarrassent

Passé
aie débarrassé	ayons débarrassé
aies débarrassé	ayez débarrassé
ait débarrassé	aient débarrassé

Imparfait
débarrassasse	débarrassassions
débarrassasses	débarrassassiez
débarrassât	débarrassassent

Plus-que-parfait
eusse débarrassé	eussions débarrassé
eusses débarrassé	eussiez débarrassé
eût débarrassé	eussent débarrassé

Conditionnel

Présent
débarrasserais	débarrasserions
débarrasserais	débarrasseriez
débarrasserait	débarrasseraient

Passé
aurais débarrassé	aurions débarrassé
aurais débarrassé	auriez débarrassé
aurait débarrassé	auraient débarrassé

Impératif

débarrasse
débarrassons
débarrassez

Participes

Présent
débarrassant

Passé
débarrassé

Related Words

se débarrasser de	*to get rid of*	le débarras	*storage room, "junk" room*
Bon débarras!	*Good riddance!*		

29 **décider** to decide, to settle

transitive

	je	nous
	tu	vous
	il/elle/on	ils/elles

Indicatif

Présent
décide	décidons
décides	décidez
décide	décident

Passé composé
ai décidé	avons décidé
as décidé	avez décidé
a décidé	ont décidé

Imparfait
décidais	décidions
décidais	décidiez
décidait	décidaient

Plus-que-parfait
avais décidé	avions décidé
avais décidé	aviez décidé
avait décidé	avaient décidé

Passé simple
décidai	décidâmes
décidas	décidâtes
décida	décidèrent

Passé antérieur
eus décidé	eûmes décidé
eus décidé	eûtes décidé
eut décidé	eurent décidé

Futur simple
déciderai	déciderons
décideras	déciderez
décidera	décideront

Futur antérieur
aurai décidé	aurons décidé
auras décidé	aurez décidé
aura décidé	auront décidé

Subjonctif

Présent
décide	décidions
décides	décidiez
décide	décident

Passé
aie décidé	ayons décidé
aies décidé	ayez décidé
ait décidé	aient décidé

Imparfait
décidasse	décidassions
décidasses	décidassiez
décidât	décidassent

Plus-que-parfait
eusse décidé	eussions décidé
eusses décidé	eussiez décidé
eût décidé	eussent décidé

Conditionnel

Présent
déciderais	déciderions
déciderais	décideriez
déciderait	décideraient

Passé
aurais décidé	aurions décidé
aurais décidé	auriez décidé
aurait décidé	auraient décidé

Impératif
décide
décidons
décidez

Participes

Présent
décidant

Passé
décidé

Related Words
la décision	*decision*	décisif	*decisive*
indécis	*undecided*	le décideur	*decision-maker*

30 **décrocher** to unhook, to lift, to pick up

transitive

Indicatif

Présent

		Passé composé	
décroche	décrochons	ai décroché	avons décroché
décroches	décrochez	as décroché	avez décroché
décroche	décrochent	a décroché	ont décroché

Imparfait

		Plus-que-parfait	
décrochais	décrochions	avais décroché	avions décroché
décrochais	décrochiez	avais décroché	aviez décroché
décrochait	décrochaient	avait décroché	avaient décroché

Passé simple

		Passé antérieur	
décrochai	décrochâmes	eus décroché	eûmes décroché
décrochas	décrochâtes	eus décroché	eûtes décroché
décrocha	décrochèrent	eut décroché	eurent décroché

Futur simple

		Futur antérieur	
décrocherai	décrocherons	aurai décroché	aurons décroché
décrocheras	décrocherez	auras décroché	aurez décroché
décrochera	décrocheront	aura décroché	auront décroché

Subjonctif

Présent

		Passé	
décroche	décrochions	aie décroché	ayons décroché
décroches	décrochiez	aies décroché	ayez décroché
décroche	décrochent	ait décroché	aient décroché

Imparfait

		Plus-que-parfait	
décrochasse	décrochassions	eusse décroché	eussions décroché
décrochasses	décrochassiez	eusses décroché	eussiez décroché
décrochât	décrochassent	eût décroché	eussent décroché

Conditionnel

Présent

		Passé	
décrocherais	décrocherions	aurais décroché	aurions décroché
décrocherais	décrocheriez	aurais décroché	auriez décroché
décrocherait	décrocheraient	aurait décroché	auraient décroché

Impératif

décroche	
décrochons	
décrochez	

Participes

Présent	**Passé**
décrochant	décroché

Related Words

décrocher le téléphone	*to pick up the phone*	raccrocher le téléphone	*hang up the phone*
décrocher le gros lot	*to hit the jackpot*	le crochet	*hook, fastener*

31 se dépêcher to hurry

reflexive

	je	nous
	tu	vous
	il/elle/on	ils/elles

Indicatif

Présent
me dépêche	nous dépêchons
te dépêches	vous dépêchez
se dépêche	se dépêchent

Passé composé
me suis dépêché(e)	nous sommes dépêché(e)s
t'es dépêché(e)	vous êtes dépêché(e)(s)
s'est dépêché(e)	se sont dépêché(e)s

Imparfait
me dépêchais	nous dépêchions
te dépêchais	vous dépêchiez
se dépêchait	se dépêchaient

Plus-que-parfait
m'étais dépêché(e)	nous étions dépêché(e)s
t'étais dépêché(e)	vous étiez dépêché(e)(s)
s'était dépêché(e)	s'étaient dépêché(e)s

Passé simple
me dépêchai	nous dépêchâmes
te dépêchas	vous dépêchâtes
se dépêcha	se dépêchèrent

Passé antérieur
me fus dépêché(e)	nous fûmes dépêché(e)s
te fus dépêché(e)	vous fûtes dépêché(e)(s)
se fut dépêché(e)	se furent dépêché(e)s

Futur simple
me dépêcherai	nous dépêcherons
te dépêcheras	vous dépêcherez
se dépêchera	se dépêcheront

Futur antérieur
me serai dépêché(e)	nous serons dépêché(e)s
te seras dépêché(e)	vous serez dépêché(e)(s)
se sera dépêché(e)	se seront dépêché(e)s

Subjonctif

Présent
me dépêche	nous dépêchions
te dépêches	vous dépêchiez
se dépêche	se dépêchent

Passé
me sois dépêché(e)	nous soyons dépêché(e)s
te sois dépêché(e)	vous soyez dépêché(e)(s)
se soit dépêché(e)	se soient dépêché(e)s

Imparfait
me dépêchasse	nous dépêchassions
te dépêchasses	vous dépêchassiez
se dépêchât	se dépêchassent

Plus-que-parfait
me fusse dépêché(e)	nous fussions dépêché(e)s
te fusses dépêché(e)	vous fussiez dépêché(e)(s)
se fût dépêché(e)	se fussent dépêché(e)s

Conditionnel

Présent
me dépêcherais	nous dépêcherions
te dépêcherais	vous dépêcheriez
se dépêcherait	se dépêcheraient

Passé
me serais dépêché(e)	nous serions dépêché(e)s
te serais dépêché(e)	vous seriez dépêché(e)(s)
se serait dépêché(e)	se seraient dépêché(e)s

Impératif
dépêche-toi
dépêchons-nous
dépêchez-vous

Participes
Présent
me dépêchant, etc.

Passé
dépêché(e)

Related Words
dépêcher	to dispatch, to send	la dépêche	dispatch

32 descendre to descend, to go down

		je	nous
transitive		tu	vous
intransitive		il/elle/on	ils/elles

Indicatif

Présent
descends	descendons
descends	descendez
descend	descendent

Passé composé
suis descendu(e)	sommes descendu(e)s
es descendu(e)	êtes descendu(e)(s)
est descendu(e)	sont descendu(e)s

Imparfait
descendais	descendions
descendais	descendiez
descendait	descendaient

Plus-que-parfait
étais descendu(e)	étions descendu(e)s
étais descendu(e)	étiez descendu(e)(s)
était descendu(e)	étaient descendu(e)s

Passé simple
descendis	descendîmes
descendis	descendîtes
descendit	descendirent

Passé antérieur
fus descendu(e)	fûmes descendu(e)s
fus descendu(e)	fûtes descendu(e)(s)
fut descendu(e)	furent descendu(e)s

Futur simple
descendrai	descendrons
descendras	descendrez
descendra	descendront

Futur antérieur
serai descendu(e)	serons descendu(e)s
seras descendu(e)	serez descendu(e)(s)
sera descendu(e)	seront descendu(e)s

Subjonctif

Présent
descende	descendions
descendes	descendiez
descende	descendent

Passé
sois descendu(e)	soyons descendu(e)s
sois descendu(e)	soyez descendu(e)(s)
soit descendu(e)	soient descendu(e)s

Imparfait
descendisse	descendissions
descendisses	descendissiez
descendît	descendissent

Plus-que-parfait
fusse descendu(e)	fussions descendu(e)s
fusses descendu(e)	fussiez descendu(e)(s)
fût descendu(e)	fussent descendu(e)s

Conditionnel

Présent
descendrais	descendrions
descendrais	descendriez
descendrait	descendraient

Passé
serais descendu(e)	serions descendu(e)s
serais descendu(e)	seriez descendu(e)(s)
serait descendu(e)	seraient descendu(e)s

Impératif
descends
descendons
descendez

Participes

Présent
descendant

Passé
descendu(e)

Related Words

la descente	*descent*	descendant	*downward, falling*
le/la descendant/e	*descendant*	la descendance	*descendants*

33 désirer to desire, to wish

transitive

	je	nous
	tu	vous
	il/elle/on	ils/elles

Indicatif

Présent

désire	désirons
désires	désirez
désire	désirent

Passé composé

ai désiré	avons désiré
as désiré	avez désiré
a désiré	ont désiré

Imparfait

désirais	désirions
désirais	désiriez
désirait	désiraient

Plus-que-parfait

avais désiré	avions désiré
avais désiré	aviez désiré
avait désiré	avaient désiré

Passé simple

désirai	désirâmes
désiras	désirâtes
désira	désirèrent

Passé antérieur

eus désiré	eûmes désiré
eus désiré	eûtes désiré
eut désiré	eurent désiré

Futur simple

désirerai	désirerons
désireras	désirerez
désirera	désireront

Futur antérieur

aurai désiré	aurons désiré
auras désiré	aurez désiré
aura désiré	auront désiré

Subjonctif

Présent

désire	désirions
désires	désiriez
désire	désirent

Passé

aie désiré	ayons désiré
aies désiré	ayez désiré
ait désiré	aient désiré

Imparfait

désirasse	désirassions
désirasses	désirassiez
désirât	désirassent

Plus-que-parfait

eusse désiré	eussions désiré
eusses désiré	eussiez désiré
eût désiré	eussent désiré

Conditionnel

Présent

désirerais	désirerions
désirerais	désireriez
désirerait	désireraient

Passé

aurais désiré	aurions désiré
aurais désiré	auriez désiré
aurait désiré	auraient désiré

Impératif

désire
désirons
désirez

Participes

Présent

désirant

Passé

désiré

Related Words

le désir	*desire*	désireux	*desirous*
désirable	*desirable*	peu désirable	*undesirable*

34 détester to hate, to detest

transitive

	je	nous
	tu	vous
	il/elle/on	ils/elles

Indicatif

Présent

déteste	détestons
détestes	détestez
déteste	détestent

Passé composé

ai détesté	avons détesté
as détesté	avez détesté
a détesté	ont détesté

Imparfait

détestais	détestions
détestais	détestiez
détestait	détestaient

Plus-que-parfait

avais détesté	avions détesté
avais détesté	aviez détesté
avait détesté	avaient détesté

Passé simple

détestai	détestâmes
détestas	détestâtes
détesta	détestèrent

Passé antérieur

eus détesté	eûmes détesté
eus détesté	eûtes détesté
eut détesté	eurent détesté

Futur simple

détesterai	détesterons
détesteras	détesterez
détestera	détesteront

Futur antérieur

aurai détesté	aurons détesté
auras détesté	aurez détesté
aura détesté	auront détesté

Subjonctif

Présent

déteste	détestions
détestes	détestiez
déteste	détestent

Passé

aie détesté	ayons détesté
aies détesté	ayez détesté
ait détesté	aient détesté

Imparfait

détestasse	détestassions
détestasses	détestassiez
détestât	détestassent

Plus-que-parfait

eusse détesté	eussions détesté
eusses détesté	eussiez détesté
eût détesté	eussent détesté

Conditionnel

Présent

détesterais	détesterions
détesterais	détesteriez
détesterait	détesteraient

Passé

aurais détesté	aurions détesté
aurais détesté	auriez détesté
aurait détesté	auraient détesté

Impératif

déteste
détestons
détestez

Participes

Présent

détestant

Passé

détesté

Related Words

détestable	*awful, detestable*

35 devoir to have to, must

je   nous
tu   vous
il/elle/on   ils/elles

transitive

Indicatif

Présent
dois	devons
dois	devez
doit	doivent

Passé composé
ai dû	avons dû
as dû	avez dû
a dû	ont dû

Imparfait
devais	devions
devais	deviez
devait	devaient

Plus-que-parfait
avais dû	avions dû
avais dû	aviez dû
avait dû	avaient dû

Passé simple
dus	dûmes
dus	dûtes
dut	durent

Passé antérieur
eus dû	eûmes dû
eus dû	eûtes dû
eut dû	eurent dû

Futur simple
devrai	devrons
devras	devrez
devra	devront

Futur antérieur
aurai dû	aurons dû
auras dû	aurez dû
aura dû	auront dû

Subjonctif

Présent
doive	devions
doives	deviez
doive	doivent

Passé
aie dû	ayons dû
aies dû	ayez dû
ait dû	aient dû

Imparfait
dusse	dussions
dusses	dussiez
dût	dussent

Plus-que-parfait
eusse dû	eussions dû
eusses dû	eussiez dû
eût dû	eussent dû

Conditionnel

Présent
devrais	devrions
devrais	devriez
devrait	devraient

Passé
aurais dû	aurions dû
aurais dû	auriez dû
aurait dû	auraient dû

Impératif
dois
devons
devez

Participes

Présent
devant

Passé
dû

Related Words

| le devoir | *duty, obligation* | dû | *due, owed* |
| les devoirs (m. pl.) | *homework* | | |

36 dîner to have dinner

intransitive

Indicatif

Présent

dîne	dînons
dînes	dînez
dîne	dînent

Passé composé

ai dîné	avons dîné
as dîné	avez dîné
a dîné	ont dîné

Imparfait

dînais	dînions
dînais	dîniez
dînait	dînaient

Plus-que-parfait

avais dîné	avions dîné
avais dîné	aviez dîné
avait dîné	avaient dîné

Passé simple

dînai	dînâmes
dînas	dînâtes
dîna	dînèrent

Passé antérieur

eus dîné	eûmes dîné
eus dîné	eûtes dîné
eut dîné	eurent dîné

Futur simple

dinerai	dînerons
dineras	dînerez
dinera	dîneront

Futur antérieur

aurai dîné	aurons dîné
auras dîné	aurez dîné
aura dîné	auront dîné

Subjonctif

Présent

dîne	dînions
dînes	dîniez
dîne	dînent

Passé

aie dîné	ayons dîné
aies dîné	ayez dîné
ait dîné	aient dîné

Imparfait

dînasse	dînassions
dînasses	dînassiez
dînât	dînassent

Plus-que-parfait

eusse dîné	eussions dîné
eusses dîné	eussiez dîné
eût dîné	eussent dîné

Conditionnel

Présent

dinerais	dînerions
dinerais	dîneriez
dinerait	dîneraient

Passé

aurais dîné	aurions dîné
aurais dîné	auriez dîné
aurait dîné	auraient dîné

Impératif

dîne
dînons
dînez

Participes

Présent

dînant

Passé

dîné

Related Words

| le dîneur | diner, person having dinner | le dîner | dinner |

37 dire to say, to tell

transitive

Indicatif

Présent
dis	disons
dis	dites
dit	disent

Passé composé
ai dit	avons dit
as dit	avez dit
a dit	ont dit

Imparfait
disais	disions
disais	disiez
disait	disaient

Plus-que-parfait
avais dit	avions dit
avais dit	aviez dit
avait dit	avaient dit

Passé simple
dis	dîmes
dis	dîtes
dit	dirent

Passé antérieur
eus dit	eûmes dit
eus dit	eûtes dit
eut dit	eurent dit

Futur simple
dirai	dirons
diras	direz
dira	diront

Futur antérieur
aurai dit	aurons dit
auras dit	aurez dit
aura dit	auront dit

Subjonctif

Présent
dise	disions
dises	disiez
dise	disent

Passé
aie dit	ayons dit
aies dit	ayez dit
ait dit	aient dit

Imparfait
disse	dissions
disses	dissiez
dît	dissent

Plus-que-parfait
eusse dit	eussions dit
eusses dit	eussiez dit
eût dit	eussent dit

Conditionnel

Présent
dirais	dirions
dirais	diriez
dirait	diraient

Passé
aurais dit	aurions dit
aurais dit	auriez dit
aurait dit	auraient dit

Impératif
dis
disons
disez

Participes

Présent
disant

Passé
dit

Related Words

médire	to slander, to speak ill	prédire	to predict
		maudire	to curse

38 discuter to discuss

	je	nous
transitive	tu	vous
	il/elle/on	ils/elles

Indicatif

Présent
discute	discutons
discutes	discutez
discute	discutent

Passé composé
ai discuté	avons discuté
as discuté	avez discuté
a discuté	ont discuté

Imparfait
discutais	discutions
discutais	discutiez
discutait	discutaient

Plus-que-parfait
avais discuté	avions discuté
avais discuté	aviez discuté
avait discuté	avaient discuté

Passé simple
discutai	discutâmes
discutas	discutâtes
discuta	discutèrent

Passé antérieur
eus discuté	eûmes discuté
eus discuté	eûtes discuté
eut discuté	eurent discuté

Futur simple
discuterai	discuterons
discuteras	discuterez
discutera	discuteront

Futur antérieur
aurai discuté	aurons discuté
auras discuté	aurez discuté
aura discuté	auront discuté

Subjonctif

Présent
discute	discutions
discutes	discutiez
discute	discutent

Passé
aie discuté	ayons discuté
aies discuté	ayez discuté
ait discuté	aient discuté

Imparfait
discutasse	discutassions
discutasses	discutassiez
discutât	discutassent

Plus-que-parfait
eusse discuté	eussions discuté
eusses discuté	eussiez discuté
eût discuté	eussent discuté

Conditionnel

Présent
discuterais	discuterions
discuterais	discuteriez
discuterait	discuteraient

Passé
aurais discuté	aurions discuté
aurais discuté	auriez discuté
aurait discuté	auraient discuté

Impératif
discute
discutons
discutez

Participes

Présent
discutant

Passé
discuté

Related Words

la discussion	*discussion, debate*	discutable	*debatable, questionable*

39 **disputer** to dispute, to scold

transitive

	je	nous
	tu	vous
	il/elle/on	ils/elles

Indicatif

Présent
dispute	disputons
disputes	disputez
dispute	disputent

Passé composé
ai disputé	avons disputé
as disputé	avez disputé
a disputé	ont disputé

Imparfait
disputais	disputions
disputais	disputiez
disputait	disputaient

Plus-que-parfait
avais disputé	avions disputé
avais disputé	aviez disputé
avait disputé	avaient disputé

Passé simple
disputai	disputâmes
disputas	disputâtes
disputa	disputèrent

Passé antérieur
eus disputé	eûmes disputé
eus disputé	eûtes disputé
eut disputé	eurent disputé

Futur simple
disputerai	disputerons
disputeras	disputerez
disputera	disputeront

Futur antérieur
aurai disputé	aurons disputé
auras disputé	aurez disputé
aura disputé	auront disputé

Subjonctif

Présent
dispute	disputions
disputes	disputiez
dispute	disputent

Passé
aie disputé	ayons disputé
aies disputé	ayez disputé
ait disputé	aient disputé

Imparfait
disputasse	disputassions
disputasses	disputassiez
disputât	disputassent

Plus-que-parfait
eusse disputé	eussions disputé
eusses disputé	eussiez disputé
eût disputé	eussent disputé

Conditionnel

Présent
disputerais	disputerions
disputerais	disputeriez
disputerait	disputeraient

Passé
aurais disputé	aurions disputé
aurais disputé	auriez disputé
aurait disputé	auraient disputé

Impératif

dispute
disputons
disputez

Participes

Présent
disputant

Passé
disputé

Related Words

se disputer	*to fight over*	la dispute	*argument, quarrel*
disputé(e)	*contested*		

40 **donner** to give

transitive

	je	nous
	tu	vous
	il/elle/on	ils/elles

Indicatif

Présent
donne	donnons
donnes	donnez
donne	donnent

Passé composé
ai donné	avons donné
as donné	avez donné
a donné	ont donné

Imparfait
donnais	donnions
donnais	donniez
donnait	donnaient

Plus-que-parfait
avais donné	avions donné
avais donné	aviez donné
avait donné	avaient donné

Passé simple
donnai	donnâmes
donnas	donnâtes
donna	donnèrent

Passé antérieur
eus donné	eûmes donné
eus donné	eûtes donné
eut donné	eurent donné

Futur simple
donnerai	donnerons
donneras	donnerez
donnera	donneront

Futur antérieur
aurai donné	aurons donné
auras donné	aurez donné
aura donné	auront donné

Subjonctif

Présent
donne	donnions
donnes	donniez
donne	donnent

Passé
aie donné	ayons donné
aies donné	ayez donné
ait donné	aient donné

Imparfait
donnasse	donnassions
donnasses	donnassiez
donnât	donnassent

Plus-que-parfait
eusse donné	eussions donné
eusses donné	eussiez donné
eût donné	eussent donné

Conditionnel

Présent
donnerais	donnerions
donnerais	donneriez
donnerait	donneraient

Passé
aurais donné	aurions donné
aurais donné	auriez donné
aurait donné	auraient donné

Impératif
| donne |
| donnons |
| donnez |

Participes

Présent
donnant

Passé
donné

Related Words

| le don | *gift* | le donateur | *donor* |
| donné | *given, fixed* | la donnée | *fact, datum* |

41 **dormir** to sleep

intransitive

	je	nous
	tu	vous
	il/elle/on	ils/elles

Indicatif

Présent
dors	dormons
dors	dormez
dort	dorment

Passé composé
ai dormi	avons dormi
as dormi	avez dormi
a dormi	ont dormi

Imparfait
dormais	dormions
dormais	dormiez
dormait	dormaient

Plus-que-parfait
avais dormi	avions dormi
avais dormi	aviez dormi
avait dormi	avaient dormi

Passé simple
dormis	dormîmes
dormis	dormîtes
dormit	dormirent

Passé antérieur
eus dormi	eûmes dormi
eus dormi	eûtes dormi
eut dormi	eurent dormi

Futur simple
dormirai	dormirons
dormiras	dormirez
dormira	dormiront

Futur antérieur
aurai dormi	aurons dormi
auras dormi	aurez dormi
aura dormi	auront dormi

Subjonctif

Présent
dorme	dormions
dormes	dormiez
dorme	dorment

Passé
aie dormi	ayons dormi
aies dormi	ayez dormi
ait dormi	aient dormi

Imparfait
dormisse	dormissions
dormisses	dormissiez
dormît	dormissent

Plus-que-parfait
eusse dormi	eussions dormi
eusses dormi	eussiez dormi
eût dormi	eussent dormi

Conditionnel

Présent
dormirais	dormirions
dormirais	dormiriez
dormirait	dormiraient

Passé
aurais dormi	aurions dormi
aurais dormi	auriez dormi
aurait dormi	auraient dormi

Impératif
dors
dormons
dormez

Participes

Présent
dormant

Passé
dormi

Related Words

s'endormir	*to fall asleep*	dormant	*still, calm*
endormi	*asleep*		

42 écouter to listen

je   nous
tu   vous
il/elle/on   ils/elles

transitive

Indicatif

Présent

écoute	écoutons
écoutes	écoutez
écoute	écoutent

Passé composé

ai écouté	avons écouté
as écouté	avez écouté
a écouté	ont écouté

Imparfait

écoutais	écoutions
écoutais	écoutiez
écoutait	écoutaient

Plus-que-parfait

avais écouté	avions écouté
avais écouté	aviez écouté
avait écouté	avaient écouté

Passé simple

écoutai	écoutâmes
écoutas	écoutâtes
écouta	écoutèrent

Passé antérieur

eus écouté	eûmes écouté
eus écouté	eûtes écouté
eut écouté	eurent écouté

Futur simple

écouterai	écouterons
écouteras	écouterez
écoutera	écouteront

Futur antérieur

aurai écouté	aurons écouté
auras écouté	aurez écouté
aura écouté	auront écouté

Subjonctif

Présent

écoute	écoutions
écoutes	écoutiez
écoute	écoutent

Passé

aie écouté	ayons écouté
aies écouté	ayez écouté
ait écouté	aient écouté

Imparfait

écoutasse	écoutassions
écoutasses	écoutassiez
écoutât	écoutassent

Plus-que-parfait

eusse écouté	eussions écouté
eusses écouté	eussiez écouté
eût écouté	eussent écouté

Conditionnel

Présent

écouterais	écouterions
écouterais	écouteriez
écouterait	écouteraient

Passé

aurais écouté	aurions écouté
aurais écouté	auriez écouté
aurait écouté	auraient écouté

Impératif

écoute
écoutons
écoutez

Participes

Présent

écoutant

Passé

écouté

Related Words

écouter aux portes	*to eavesdrop*	l'écouteur (m.)	*earphone*

43 écrire to write

transitive

Indicatif

Présent
écris	écrivons
écris	écrivez
écrit	écrivent

Passé composé
ai écrit	avons écrit
as écrit	avez écrit
a écrit	ont écrit

Imparfait
écrivais	écrivions
écrivais	écriviez
écrivait	écrivaient

Plus-que-parfait
avais écrit	avions écrit
avais écrit	aviez écrit
avait écrit	avaient écrit

Passé simple
écrivis	écrivîmes
écrivis	écrivîtes
écrivit	écrivirent

Passé antérieur
eus écrit	eûmes écrit
eus écrit	eûtes écrit
eut écrit	eurent écrit

Futur simple
écrirai	écrirons
écriras	écrirez
écrira	écriront

Futur antérieur
aurai écrit	aurons écrit
auras écrit	aurez écrit
aura écrit	auront écrit

Subjonctif

Présent
écrive	écrivions
écrives	écriviez
écrive	écrivent

Passé
aie écrit	ayons écrit
aies écrit	ayez écrit
ait écrit	aient écrit

Imparfait
écrivisse	écrivissions
écrivisses	écrivissiez
écrivît	écrivissent

Plus-que-parfait
eusse écrit	eussions écrit
eusses écrit	eussiez écrit
eût écrit	eussent écrit

Conditionnel

Présent
écrirais	écririons
écrirais	écririez
écrirait	écriraient

Passé
aurais écrit	aurions écrit
aurais écrit	auriez écrit
aurait écrit	auraient écrit

Impératif
écris
écrivons
écrivez

Participes

Présent
écrit

Passé
écrit

Related Words
l'écriture (f.)	*writing, handwriting*	l'écrivain (m.)	*writer*
par écrit	*in writing*	l'écrit (m.)	*piece of writing*

44 effectuer to perform

transitive

	je	nous
	tu	vous
	il/elle/on	ils/elles

Indicatif

Présent
effectue	effectuons
effectues	effectuez
effectue	effectuent

Passé composé
ai effectué	avons effectué
as effectué	avez effectué
a effectué	ont effectué

Imparfait
effectuais	effectuions
effectuais	effectuiez
effectuait	effectuaient

Plus-que-parfait
avais effectué	avions effectué
avais effectué	aviez effectué
avait effectué	avaient effectué

Passé simple
effectuai	effectuâmes
effectuas	effectuâtes
effectua	effectuèrent

Passé antérieur
eus effectué	eûmes effectué
eus effectué	eûtes effectué
eut effectué	eurent effectué

Futur simple
effectuerai	effectuerons
effectueras	effectuerez
effectuera	effectueront

Futur antérieur
aurai effectué	aurons effectué
auras effectué	aurez effectué
aura effectué	auront effectué

Subjonctif

Présent
effectue	effectuions
effectues	effectuiez
effectue	effectuent

Passé
aie effectué	ayons effectué
aies effectué	ayez effectué
ait effectué	aient effectué

Imparfait
effectuasse	effectuassions
effectuasses	effectuassiez
effectuât	effectuassent

Plus-que-parfait
eusse effectué	eussions effectué
eusses effectué	eussiez effectué
eût effectué	eussent effectué

Conditionnel

Présent
effectuerais	effectuerions
effectuerais	effectueriez
effectuerait	effectueraient

Passé
aurais effectué	aurions effectué
aurais effectué	auriez effectué
aurait effectué	auraient effectué

Impératif

effectue
effectuons
effectuez

Participes

Présent
effectuant

Passé
effectué

Related Words

effectivement	indeed, effectively, actually, really	effectif	effective, actual

45 embrasser to kiss, to embrace

transitive

	je	nous
	tu	vous
	il/elle/on	ils/elles

Indicatif

Présent

embrasse	embrassons
embrasses	embrassez
embrasse	embrassent

Passé composé

ai embrassé	avons embrassé
as embrassé	avez embrassé
a embrassé	ont embrassé

Imparfait

embrassais	embrassions
embrassais	embrassiez
embrassait	embrassaient

Plus-que-parfait

avais embrassé	avions embrassé
avais embrassé	aviez embrassé
avait embrassé	avaient embrassé

Passé simple

embrassai	embrassâmes
embrassas	embrassâtes
embrassa	embrassèrent

Passé antérieur

eus embrassé	eûmes embrassé
eus embrassé	eûtes embrassé
eut embrassé	eurent embrassé

Futur simple

embrasserai	embrasserons
embrasseras	embrasserez
embrassera	embrasseront

Futur antérieur

aurai embrassé	aurons embrassé
auras embrassé	aurez embrassé
aura embrassé	auront embrassé

Subjonctif

Présent

embrasse	embrassions
embrasses	embrassiez
embrasse	embrassent

Passé

aie embrassé	ayons embrassé
aies embrassé	ayez embrassé
ait embrassé	aient embrassé

Imparfait

embrassasse	embrassassions
embrassasses	embrassassiez
embrassât	embrassassent

Plus-que-parfait

eusse embrassé	eussions embrassé
eusses embrassé	eussiez embrassé
eût embrassé	eussent embrassé

Conditionnel

Présent

embrasserais	embrasserions
embrasserais	embrasseriez
embrasserait	embrasseraient

Passé

aurais embrassé	aurions embrassé
aurais embrassé	auriez embrassé
aurait embrassé	auraient embrassé

Impératif

embrasse
embrassons
embrassez

Participes

Présent

embrassant

Passé

embrassé

Related Words

l'embrassade (f.)	kissing	embrasser une cause	to rally for a cause
s'embrasser	to kiss each other		

46 enlever to remove, to take off

transitive

	je	nous
	tu	vous
	il/elle/on	ils/elles

Indicatif

Présent
enlève	enlevons
enlèves	enlevez
enlève	enlèvent

Passé composé
ai enlevé	avons enlevé
as enlevé	avez enlevé
a enlevé	ont enlevé

Imparfait
enlevais	enlevions
enlevais	enleviez
enlevait	enlevaient

Plus-que-parfait
avais enlevé	avions enlevé
avais enlevé	aviez enlevé
avait enlevé	avaient enlevé

Passé simple
enlevai	enlevâmes
enlevas	enlevâtes
enleva	enlevèrent

Passé antérieur
eus enlevé	eûmes enlevé
eus enlevé	eûtes enlevé
eut enlevé	eurent enlevé

Futur simple
enlèverai	enlèverons
enlèveras	enlèverez
enlèvera	enlèveront

Futur antérieur
aurai enlevé	aurons enlevé
auras enlevé	aurez enlevé
aura enlevé	auront enlevé

Subjonctif

Présent
enlève	enlevions
enlèves	enleviez
enlève	enlèvent

Passé
aie enlevé	ayons enlevé
aies enlevé	ayez enlevé
ait enlevé	aient enlevé

Imparfait
enlevasse	enlevassions
enlevasses	enlevassiez
enlevât	enlevassent

Plus-que-parfait
eusse enlevé	eussions enlevé
eusses enlevé	eussiez enlevé
eût enlevé	eussent enlevé

Conditionnel

Présent
enlèverais	enlèverions
enlèverais	enlèveriez
enlèverait	enlèveraient

Passé
aurais enlevé	aurions enlevé
aurais enlevé	auriez enlevé
aurait enlevé	auraient enlevé

Impératif
enlève
enlevons
enlevez

Participes

Présent
enlevant

Passé
enlevé

Related Words

l'enlèvement (m.)	kidnapping, abduction	enlevé	spirited (rhythm, etc.)
s'enlever	to come off, to peel off		

47 **entendre** to hear, to understand

transitive

	je	nous
	tu	vous
	il/elle/on	ils/elles

Indicatif

Présent
entends   entendons
entends   entendez
entend   entendent

Passé composé
ai entendu   avons entendu
as entendu   avez entendu
a entendu   ont entendu

Imparfait
entendais   entendions
entendais   entendiez
entendait   entendaient

Plus-que-parfait
avais entendu   avions entendu
avais entendu   aviez entendu
avait entendu   avaient entendu

Passé simple
entendis   entendîmes
entendis   entendîtes
entendit   entendirent

Passé antérieur
eus entendu   eûmes entendu
eus entendu   eûtes entendu
eut entendu   eurent entendu

Futur simple
entendrai   entendrons
entendras   entendrez
entendra   entendront

Futur antérieur
aurai entendu   aurons entendu
auras entendu   aurez entendu
aura entendu   auront entendu

Subjonctif

Présent
entende   entendions
entendes   entendiez
entende   entendent

Passé
aie entendu   ayons entendu
aies entendu   ayez entendu
ait entendu   aient entendu

Imparfait
entendisse   entendissions
entendisses   entendissiez
entendît   entendissent

Plus-que-parfait
eusse entendu   eussions entendu
eusses entendu   eussiez entendu
eût entendu   eussent entendu

Conditionnel

Présent
entendrais   entendrions
entendrais   entendriez
entendrait   entendraient

Passé
aurais entendu   aurions entendu
aurais entendu   auriez entendu
aurait entendu   auraient entendu

Impératif
entends
entendons
entendez

Participes
Présent
entendant
Passé
entendu

Related Words

| s'entendre | *to get along* | l'entendement (m.) | *reason, understanding* |
| l'entente (f.) | *agreement, understanding* | entendu | *understood* |

76

48 entrer to enter, to go in

intransitive

Indicatif

Présent

entre	entrons
entres	entrez
entre	entrent

Passé composé

suis entré(e)	sommes entré(e)s
es entré(e)	êtes entré(e)s
est entré(e)	sont entré(e)s

Imparfait

entrais	entrions
entrais	entriez
entrait	entraient

Plus-que-parfait

étais entré(e)	étions entré(e)s
étais entré(e)	étiez entré(e)(s)
était entré(e)	étaient entré(e)s

Passé simple

entrai	entrâmes
entras	entrâtes
entra	entrèrent

Passé antérieur

fus entré(e)	fûmes entré(e)s
fus entré(e)	fûtes entré(e)(s)
fut entré(e)	furent entré(e)s

Futur simple

entrerai	entrerons
entreras	entrerez
entrera	entreront

Futur antérieur

serai entré(e)	serons entré(e)s
seras entré(e)	serez entré(e)(s)
sera entré(e)	seront entré(e)s

Subjonctif

Présent

entre	entrions
entres	entriez
entre	entrent

Passé

sois entré(e)	soyons entré(e)s
sois entré(e)	soyez entré(e)(s)
soit entré(e)	soient entré(e)s

Imparfait

entrasse	entrassions
entrasses	entrassiez
entrât	entrassent

Plus-que-parfait

fusse entré(e)	fussions entré(e)s
fusses entré(e)	fussiez entré(e)(s)
fût entré(e)	fussent entré(e)s

Conditionnel

Présent

entrerais	entrerions
entrerais	entreriez
entrerait	entreraient

Passé

serais entré(e)	serions entré(e)s
serais entré(e)	seriez entré(e)(s)
serait entré(e)	seraient entré(e)s

Impératif

entre
entrons
entrez

Participes

Présent

entrant

Passé

entré(e)

Related Words

l'entrée (f.)	*entrance*	entrer à l'université	*to start college*
la rentrée	*back-to-school*	Entrez!	*Come in!*

49 **envoyer** to send

je   nous
tu   vous
il/elle/on   ils/elles

transitive

Indicatif

Présent		Passé composé	
envoie	envoyons	ai envoyé	avons envoyé
envoies	envoyez	as envoyé	avez envoyé
envoie	envoient	a envoyé	ont envoyé

Imparfait		Plus-que-parfait	
envoyais	envoyions	avais envoyé	avions envoyé
envoyais	envoyiez	avais envoyé	aviez envoyé
envoyait	envoyaient	avait envoyé	avaient envoyé

Passé simple		Passé antérieur	
envoyai	envoyâmes	eus envoyé	eûmes envoyé
envoyas	envoyâtes	eus envoyé	eûtes envoyé
envoya	envoyèrent	eut envoyé	eurent envoyé

Futur simple		Futur antérieur	
enverrai	enverrons	aurai envoyé	aurons envoyé
enverras	enverrez	auras envoyé	aurez envoyé
enverra	enverront	aura envoyé	auront envoyé

Subjonctif

Présent		Passé	
envoie	envoyions	aie envoyé	ayons envoyé
envoies	envoyiez	aies envoyé	ayez envoyé
envoie	envoient	ait envoyé	aient envoyé

Imparfait		Plus-que-parfait	
envoyasse	envoyassions	eusse envoyé	eussions envoyé
envoyasses	envoyassiez	eusses envoyé	eussiez envoyé
envoyât	envoyassent	eût envoyé	eussent envoyé

Conditionnel

Présent		Passé	
enverrais	enverrons	aurais envoyé	aurions envoyé
enverrais	enverrez	aurais envoyé	auriez envoyé
enverrait	enverront	aurait envoyé	auraient envoyé

Impératif

envoie
envoyons
envoyez

Participes

Présent	Passé
envoyant	envoyé

Related Words

l'envoi (m.)	*sending, package*	l'envoyé (m.)	*envoy*

50 espérer to hope

transitive

Indicatif

Présent

espère	espérons
espères	espérez
espère	espèrent

Passé composé

ai espéré	avons espéré
as espéré	avez espéré
a espéré	ont espéré

Imparfait

espérais	espérions
espérais	espériez
espérait	espéraient

Plus-que-parfait

avais espéré	avions espéré
avais espéré	aviez espéré
avait espéré	avaient espéré

Passé simple

espérai	espérâmes
espéras	espérâtes
espéra	espérèrent

Passé antérieur

eus espéré	eûmes espéré
eus espéré	eûtes espéré
eut espéré	eurent espéré

Futur simple

espérerai	espérerons
espéreras	espérerez
espérera	espéreront

Futur antérieur

aurai espéré	aurons espéré
auras espéré	aurez espéré
aura espéré	auront espéré

Subjonctif

Présent

espère	espérions
espères	espériez
espère	espèrent

Passé

aie espéré	ayons espéré
aies espéré	ayez espéré
ait espéré	aient espéré

Imparfait

espérasse	espérassions
espérasses	espérassiez
espérât	espérassent

Plus-que-parfait

eusse espéré	eussions espéré
eusses espéré	eussiez espéré
eût espéré	eussent espéré

Conditionnel

Présent

espérerais	espérerions
espérerais	espéreriez
espérerait	espéreraient

Passé

aurais espéré	aurions espéré
aurais espéré	auriez espéré
aurait espéré	auraient espéré

Impératif

espère
espérons
espérez

Participes

Présent

espérant

Passé

espéré

Related Words

l'espoir (m.)	hope	l'espérance (f.)	hope, expectancy

51a essayer* to try

je   nous
tu   vous
il/elle/on   ils/elles

transitive

Indicatif

Présent

essaie	essayons		
essaies	essayez		
essaie	essaient		

Passé composé

ai essayé	avons essayé
as essayé	avez essayé
a essayé	ont essayé

Imparfait

essayais	essayions
essayais	essayiez
essayait	essayaient

Plus-que-parfait

avais essayé	avions essayé
avais essayé	aviez essayé
avait essayé	avaient essayé

Passé simple

essayai	essayâmes
essayas	essayâtes
essaya	essayèrent

Passé antérieur

eus essayé	eûmes essayé
eus essayé	eûtes essayé
eut essayé	eurent essayé

Futur simple

essaierai	essaierons
essaieras	essaierez
essaiera	essaieront

Futur antérieur

aurai essayé	aurons essayé
auras essayé	aurez essayé
aura essayé	auront essayé

Subjonctif

Présent

essaie	essayions
essaies	essayiez
essaie	essaient

Passé

aie essayé	ayons essayé
aies essayé	ayez essayé
ait essayé	aient essayé

Imparfait

essayasse	essayassions
essayasses	essayassiez
essayât	essayassent

Plus-que-parfait

eusse essayé	eussions essayé
eusses essayé	eussiez essayé
eût essayé	eussent essayé

Conditionnel

Présent

essaierais	essaierions
essaierais	essaieriez
essaierait	essaieraient

Passé

aurais essayé	aurions essayé
aurais essayé	auriez essayé
aurait essayé	auraient essayé

Impératif

essaie
essayons
essayez

Participes

Présent	**Passé**
essayant	essayé

Related Words

l'essai (m.)	*trying out, testing; essay*	l'essayage (m.)	*fitting (clothing)*
		à l'essai	*on a trial basis*

* The verb *essayer* has two accepted conjugations. See next page for alternative conjugation.

51b essayer to try

transitive
(Alternate Conjugation)

je   nous
tu   vous
il/elle/on   ils/elles

Indicatif

Présent

essaye	essayons
essayes	essayez
essaye	essayent

Passé composé

ai essayé	avons essayé
as essayé	avez essayé
a essayé	ont essayé

Imparfait

essayais	essayions
essayais	essayiez
essayait	essayaient

Plus-que-parfait

avais essayé	avions essayé
avais essayé	aviez essayé
avait essayé	avaient essayé

Passé simple

essayai	essayâmes
essayas	essayâtes
essaya	essayèrent

Passé antérieur

eus essayé	eûmes essayé
eus essayé	eûtes essayé
eut essayé	eurent essayé

Futur simple

essayerai	essayerons
essayeras	essayerez
essayera	essayeront

Futur antérieur

aurai essayé	aurons essayé
auras essayé	aurez essayé
aura essayé	auront essayé

Subjonctif

Présent

essaye	essayions
essayes	essayiez
essaye	essayent

Passé

aie essayé	ayons essayé
aies essayé	ayez essayé
ait essayé	aient essayé

Imparfait

essayasse	essayassions
essayasses	essayassiez
essayât	essayassent

Plus-que-parfait

eusse essayé	eussions essayé
eusses essayé	eussiez essayé
eût essayé	eussent essayé

Conditionnel

Présent

essayerais	essayerions
essayerais	essayeriez
essayerait	essayeraient

Passé

aurais essayé	aurions essayé
aurais essayé	auriez essayé
aurait essayé	auraient essayé

Impératif

essaye
essayons
essayez

Participes

Présent

essayant

Passé

essayé

52 être to be

intransitive
auxiliary

Indicatif

Présent

suis	sommes
es	êtes
est	sont

Passé composé

ai été	avons été
as été	avez été
a été	ont été

Imparfait

étais	étions
étais	étiez
était	étaient

Plus-que-parfait

avais été	avions été
avais été	aviez été
avait été	avaient été

Passé simple

fus	fûmes
fus	fûtes
fut	furent

Passé antérieur

eus été	eûmes été
eus été	eûtes été
eut été	eurent été

Futur simple

serai	serons
seras	serez
sera	seront

Futur antérieur

aurai été	aurons été
auras été	aurez été
aura été	auront été

Subjonctif

Présent

sois	soyons
sois	soyez
soit	soient

Passé

aie été	ayons été
aies été	ayez été
ait été	aient été

Imparfait

fusse	fussions
fusses	fussiez
fût	fussent

Plus-que-parfait

eusse été	eussions été
eusses été	eussiez été
eût été	eussent été

Conditionnel

Présent

serais	serions
serais	seriez
serait	seraient

Passé

aurais été	aurions été
aurais été	auriez été
aurait été	auraient été

Impératif

sois
soyons
soyez

Participes

Présent

étant

Passé

été

Related Words

l'être (m.)	*being*	l'être humain (m.)	*human being*

53 étudier to study

transitive

	je	nous
	tu	vous
	il/elle/on	ils/elles

Indicatif

Présent
étudie	étudions
étudies	étudiez
étudie	étudient

Passé composé
ai étudié	avons étudié
as étudié	avez étudié
a étudié	ont étudié

Imparfait
étudiais	étudiions
étudiais	étudiiez
étudiait	étudiaient

Plus-que-parfait
avais étudié	avions étudié
avais étudié	aviez étudié
avait étudié	avaient étudié

Passé simple
étudiai	étudiâmes
étudias	étudiâtes
étudia	étudièrent

Passé antérieur
eus étudié	eûmes étudié
eus étudié	eûtes étudié
eut étudié	eurent étudié

Futur simple
étudierai	étudierons
étudieras	étudierez
étudiera	étudieront

Futur antérieur
aurai étudié	aurons étudié
auras étudié	aurez étudié
aura étudié	auront étudié

Subjonctif

Présent
étudie	étudiions
étudies	étudiiez
étudie	étudient

Passé
aie étudié	ayons étudié
aies étudié	ayez étudié
ait étudié	aient étudié

Imparfait
étudiasse	étudiassions
étudiasses	étudiassiez
étudiât	étudiassent

Plus-que-parfait
eusse étudié	eussions étudié
eusses étudié	eussiez étudié
eût étudié	eussent étudié

Conditionnel

Présent
étudierais	étudierions
étudierais	étudieriez
étudierait	étudieraient

Passé
aurais étudié	aurions étudié
aurais étudié	auriez étudié
aurait étudié	auraient étudié

Impératif

étudie
étudions
étudiez

Participes

Présent	Passé
étudiant	étudié

Related Words

l'étudiant/e (m./f.)	*student*	l'étude (f.)	*study*
étudié	*studied, well thought out*		

54 exiger to demand

je   nous
transitive   tu   vous
il/elle/on   ils/elles

Indicatif

Présent
exige	exigeons	ai exigé	avons exigé
exiges	exigez	as exigé	avez exigé
exige	exigent	a exigé	ont exigé

Passé composé
(combined above)

Imparfait
exigeais	exigions	avais exigé	avions exigé
exigeais	exigiez	avais exigé	aviez exigé
exigeait	exigeaient	avait exigé	avaient exigé

Plus-que-parfait
(combined above)

Passé simple
exigeai	exigeâmes	eus exigé	eûmes exigé
exigeas	exigeâtes	eus exigé	eûtes exigé
exigea	exigèrent	eut exigé	eurent exigé

Passé antérieur
(combined above)

Futur simple
exigerai	exigerons	aurai exigé	aurons exigé
exigeras	exigerez	auras exigé	aurez exigé
exigera	exigeront	aura exigé	auront exigé

Futur antérieur
(combined above)

Subjonctif

Présent
exige	exigions	aie exigé	ayons exigé
exiges	exigiez	aies exigé	ayez exigé
exige	exigent	ait exigé	aient exigé

Passé
(combined above)

Imparfait
exigeasse	exigeassions	eusse exigé	eussions exigé
exigeasses	exigeassiez	eusses exigé	eussiez exigé
exigeât	exigeassent	eût exigé	eussent exigé

Plus-que-parfait
(combined above)

Conditionnel

Présent
exigerais	exigerions	aurais exigé	aurions exigé
exigerais	exigeriez	aurais exigé	auriez exigé
exigerait	exigeraient	aurait exigé	auraient exigé

Passé
(combined above)

Impératif
exige
exigeons
exigez

Participes

Présent
exigeant

Passé
exigé

Related Words
l'exigence (f.)	*particularity, strictness*	exigeant	*demanding*
		exigible	*payable*

55 expliquer to explain

transitive

Indicatif

Présent

explique	expliquons		
expliques	expliquez		
explique	expliquent		

Passé composé

ai expliqué	avons expliqué		
as expliqué	avez expliqué		
a expliqué	ont expliqué		

Imparfait

expliquais	expliquions
expliquais	expliquiez
expliquait	expliquaient

Plus-que-parfait

avais expliqué	avions expliqué
avais expliqué	aviez expliqué
avait expliqué	avaient expliqué

Passé simple

expliquai	expliquâmes
expliquas	expliquâtes
expliqua	expliquèrent

Passé antérieur

eus expliqué	eûmes expliqué
eus expliqué	eûtes expliqué
eut expliqué	eurent expliqué

Futur simple

expliquerai	expliquerons
expliqueras	expliquerez
expliquera	expliqueront

Futur antérieur

aurai expliqué	aurons expliqué
auras expliqué	aurez expliqué
aura expliqué	auront expliqué

Subjonctif

Présent

explique	expliquions
expliques	expliquiez
explique	expliquent

Passé

aie expliqué	ayons expliqué
aies expliqué	ayez expliqué
ait expliqué	aient expliqué

Imparfait

expliquasse	expliquassions
expliquasses	expliquassiez
expliquât	expliquassent

Plus-que-parfait

eusse expliqué	eussions expliqué
eusses expliqué	eussiez expliqué
eût expliqué	eussent expliqué

Conditionnel

Présent

expliquerais	expliquerions
expliquerais	expliqueriez
expliquerait	expliqueraient

Passé

aurais expliqué	aurions expliqué
aurais expliqué	auriez expliqué
aurait expliqué	auraient expliqué

Impératif

explique
expliquons
expliquez

Participes

Présent

expliquant

Passé

expliqué

Related Words

l'explication (f.)	*explanation*	explicable	*explicable*

56 **fabriquer** to make, to fabricate

transitive

	je	nous
	tu	vous
	il/elle/on	ils/elles

Indicatif

Présent
fabrique	fabriquons
fabriques	fabriquez
fabrique	fabriquent

Passé composé
ai fabriqué	avons fabriqué
as fabriqué	avez fabriqué
a fabriqué	ont fabriqué

Imparfait
fabriquais	fabriquions
fabriquais	fabriquiez
fabriquait	fabriquaient

Plus-que-parfait
avais fabriqué	avions fabriqué
avais fabriqué	aviez fabriqué
avait fabriqué	avaient fabriqué

Passé simple
fabriquai	fabriquâmes
fabriquas	fabriquâtes
fabriqua	fabriquèrent

Passé antérieur
eus fabriqué	eûmes fabriqué
eus fabriqué	eûtes fabriqué
eut fabriqué	eurent fabriqué

Futur simple
fabriquerai	fabriquerons
fabriqueras	fabriquerez
fabriquera	fabriqueront

Futur antérieur
aurai fabriqué	aurons fabriqué
auras fabriqué	aurez fabriqué
aura fabriqué	auront fabriqué

Subjonctif

Présent
fabrique	fabriquions
fabriques	fabriquiez
fabrique	fabriquent

Passé
aie fabriqué	ayons fabriqué
aies fabriqué	ayez fabriqué
ait fabriqué	aient fabriqué

Imparfait
fabriquasse	fabriquassions
fabriquasses	fabriquassiez
fabriquât	fabriquassent

Plus-que-parfait
eusse fabriqué	eussions fabriqué
eusses fabriqué	eussiez fabriqué
eût fabriqué	eussent fabriqué

Conditionnel

Présent
fabriquerais	fabriquerions
fabriquerais	fabriqueriez
fabriquerait	fabriqueraient

Passé
aurais fabriqué	aurions fabriqué
aurais fabriqué	auriez fabriqué
aurait fabriqué	auraient fabriqué

Impératif
fabrique
fabriquons
fabriquez

Participes

Présent
fabriquant

Passé
fabriqué

Related Words
la fabrication	*manufacturing*	le fabricant	*manufacturer*
la fabrique	*plant*		

57 faire to make, to do

	je	nous
transitive	tu	vous
	il/elle/on	ils/elles

Indicatif

Présent

		Passé composé	
fais	faisons	ai fait	avons fait
fais	faites	as fait	avez fait
fait	font	a fait	ont fait

Imparfait

		Plus-que-parfait	
faisais	faisions	avais fait	avions fait
faisais	faisiez	avais fait	aviez fait
faisait	faisaient	avait fait	avaient fait

Passé simple

		Passé antérieur	
fis	fîmes	eus fait	eûmes fait
fis	fîtes	eus fait	eûtes fait
fit	firent	eut fait	eurent fait

Futur simple

		Futur antérieur	
ferai	ferons	aurai fait	aurons fait
feras	ferez	auras fait	aurez fait
fera	feront	aura fait	auront fait

Subjonctif

Présent

		Passé	
fasse	fassions	aie fait	ayons fait
fasses	fassiez	aies fait	ayez fait
fasse	fassent	ait fait	aient fait

Imparfait

		Plus-que-parfait	
fisse	fissions	eusse fait	eussions fait
fisses	fissiez	eusses fait	eussiez fait
fît	fissent	eût fait	eussent fait

Conditionnel

Présent

		Passé	
ferais	ferions	aurais fait	aurions fait
ferais	feriez	aurais fait	auriez fait
ferait	feraient	aurait fait	auraient fait

Impératif

Participes

Impératif	Présent	Passé
fais	faisant	fait
faisons		
faisez		

Related Words

se faire	to become, to make oneself	le fait	event, occurrence, fact
faisable	feasable		

58 falloir it is necessary to, that . . .

transitive
impersonal   il

Indicatif _____

Présent
il faut

Passé composé
il a fallu

Imparfait
il fallait

Plus-que-parfait
il avait fallu

Passé simple
il fallut

Passé antérieur
il eut fallu

Futur simple
il faudra

Futur antérieur
il aurait fallu

Subjonctif _____

Présent
qu'il faille

Passé
qu'il ait fallu

Imparfait
qu'il fallût

Plus-que-parfait
qu'il eût fallu

Conditionnel _____

Présent
il faudrait

Passé
il aurait fallu

Impératif_____

Participes _____

Présent

Passé
fallu

59 féliciter to congratulate

transitive

Indicatif

Présent
félicite	félicitons
félicites	félicitez
félicite	félicitent

Passé composé
ai félicité	avons félicité
as félicité	avez félicité
a félicité	ont félicité

Imparfait
félicitais	félicitions
félicitais	félicitiez
félicitait	félicitaient

Plus-que-parfait
avais félicité	avions félicité
avais félicité	aviez félicité
avait félicité	avaient félicité

Passé simple
félicitai	félicitâmes
félicitas	félicitâtes
félicita	félicitèrent

Passé antérieur
eus félicité	eûmes félicité
eus félicité	eûtes félicité
eut félicité	eurent félicité

Futur simple
féliciterai	féliciterons
féliciteras	féliciterez
félicitera	féliciteront

Futur antérieur
aurai félicité	aurons félicité
auras félicité	aurez félicité
aura félicité	auront félicité

Subjonctif

Présent
félicite	félicitions
félicites	félicitiez
félicite	félicitent

Passé
aie félicité	ayons félicité
aies félicité	ayez félicité
ait félicité	aient félicité

Imparfait
félicitasse	félicitassions
félicitasses	félicitassiez
félicitât	félicitassent

Plus-que-parfait
eusse félicité	eussions félicité
eusses félicité	eussiez félicité
eût félicité	eussent félicité

Conditionnel

Présent
féliciterais	féliciterions
féliciterais	féliciteriez
féliciterait	féliciteraient

Passé
aurais félicité	aurions félicité
aurais félicité	auriez félicité
aurait félicité	auraient félicité

Impératif
félicite
félicitons
félicitez

Participes

Présent
félicitant

Passé
félicité

Related Words

Félicitations!	*Congratulations!*

60 **fermer** to close, to shut

transitive

Indicatif

Présent
ferme	fermons		
fermes	fermez		
ferme	ferment		

Passé composé
ai fermé	avons fermé
as fermé	avez fermé
a fermé	ont fermé

Imparfait
fermais	fermions
fermais	fermiez
fermait	fermaient

Plus-que-parfait
avais fermé	avions fermé
avais fermé	aviez fermé
avait fermé	avaient fermé

Passé simple
fermai	fermâmes
fermas	fermâtes
ferma	fermèrent

Passé antérieur
eus fermé	eûmes fermé
eus fermé	eûtes fermé
eut fermé	eurent fermé

Futur simple
fermerai	fermerons
fermeras	fermerez
fermera	fermeront

Futur antérieur
aurai fermé	aurons fermé
auras fermé	aurez fermé
aura fermé	auront fermé

Subjonctif

Présent
ferme	fermions
fermes	fermiez
ferme	ferment

Passé
aie fermé	ayons fermé
aies fermé	ayez fermé
ait fermé	aient fermé

Imparfait
fermasse	fermassions
fermasses	fermassiez
fermât	fermassent

Plus-que-parfait
eusse fermé	eussions fermé
eusses fermé	eussiez fermé
eût fermé	eussent fermé

Conditionnel

Présent
fermerais	fermerions
fermerais	fermeriez
fermerait	fermeraient

Passé
aurais fermé	aurions fermé
aurais fermé	auriez fermé
aurait fermé	auraient fermé

Impératif
ferme
fermons
fermez

Participes

Présent
fermant

Passé
fermé

Related Words
la fermeture	*closing*	la fermeture-éclair	*zipper*
fermer à clef	*to lock*	fermer au verrou	*to bolt*
fermé	*closed*		

61 finir to finish, to end

transitive

Indicatif

Présent

finis	finissons
finis	finissez
finit	finissent

Passé composé

ai fini	avons fini
as fini	avez fini
a fini	ont fini

Imparfait

finissais	finissions
finissais	finissiez
finissait	finissaient

Plus-que-parfait

avais fini	avions fini
avais fini	aviez fini
avait fini	avaient fini

Passé simple

finis	finîmes
finis	finîtes
finit	finirent

Passé antérieur

eus fini	eûmes fini
eus fini	eûtes fini
eut fini	eurent fini

Futur simple

finirai	finirons
finiras	finirez
finira	finiront

Futur antérieur

aurai fini	aurons fini
auras fini	aurez fini
aura fini	auront fini

Subjonctif

Présent

finisse	finissions
finisses	finissiez
finisse	finissent

Passé

aie fini	ayons fini
aies fini	ayez fini
ait fini	aient fini

Imparfait

finisse	finissions
finisses	finissiez
finît	finissent

Plus-que-parfait

eusse fini	eussions fini
eusses fini	eussiez fini
eût fini	eussent fini

Conditionnel

Présent

finirais	finirions
finirais	finiriez
finirait	finiraient

Passé

aurais fini	aurions fini
aurais fini	auriez fini
aurait fini	auraient fini

Impératif

finis
finissons
finissez

Participes

Présent

finissant

Passé

fini

Related Words

la fin	*end*	fini	*finished, finite*
en avoir fini	*to be done with*	infini	*infinite*

62 frapper to hit, to knock

transitive

Indicatif

Présent
frappe	frappons
frappes	frappez
frappe	frappent

Passé composé
ai frappé	avons frappé
as frappé	avez frappé
a frappé	ont frappé

Imparfait
frappais	frappions
frappais	frappiez
frappait	frappaient

Plus-que-parfait
avais frappé	avions frappé
avais frappé	aviez frappé
avait frappé	avaient frappé

Passé simple
frappai	frappâmes
frappas	frappâtes
frappa	frappèrent

Passé antérieur
eus frappé	eûmes frappé
eus frappé	eûtes frappé
eut frappé	eurent frappé

Futur simple
frapperai	frapperons
frapperas	frapperez
frappera	frapperont

Futur antérieur
aurai frappé	aurons frappé
auras frappé	aurez frappé
aura frappé	auront frappé

Subjonctif

Présent
frappe	frappions
frappes	frappiez
frappe	frappent

Passé
aie frappé	ayons frappé
aies frappé	ayez frappé
ait frappé	aient frappé

Imparfait
frappasse	frappassions
frappasses	frappassiez
frappât	frappassent

Plus-que-parfait
eusse frappé	eussions frappé
eusses frappé	eussiez frappé
eût frappé	eussent frappé

Conditionnel

Présent
frapperais	frapperions
frapperais	frapperiez
frapperait	frapperaient

Passé
aurais frappé	aurions frappé
aurais frappé	auriez frappé
aurait frappé	auraient frappé

Impératif
frappe
frappons
frappez

Participes

Présent
frappant

Passé
frappé

Related Words

frapper à la porte	knock at the door	frappant	striking
		la frappe	striking, stamp

63 **fumer** to smoke

je   nous
transitive   tu   vous
il/elle/on   ils/elles

Indicatif

Présent

fume	fumons		
fumes	fumez		
fume	fument		

Passé composé

ai fumé	avons fumé
as fumé	avez fumé
a fumé	ont fumé

Imparfait

fumais	fumions
fumais	fumiez
fumait	fumaient

Plus-que-parfait

avais fumé	avions fumé
avais fumé	aviez fumé
avait fumé	avaient fumé

Passé simple

fumai	fumâmes
fumas	fumâtes
fuma	fumèrent

Passé antérieur

eus fumé	eûmes fumé
eus fumé	eûtes fumé
eut fumé	eurent fumé

Futur simple

fumerai	fumerons
fumeras	fumerez
fumera	fumeront

Futur antérieur

aurai fumé	aurons fumé
auras fumé	aurez fumé
aura fumé	auront fumé

Subjonctif

Présent

fume	fumions
fumes	fumiez
fume	fument

Passé

aie fumé	ayons fumé
aies fumé	ayez fumé
ait fumé	aient fumé

Imparfait

fumasse	fumassions
fumasses	fumassiez
fumât	fumassent

Plus-que-parfait

eusse fumé	eussions fumé
eusses fumé	eussiez fumé
eût fumé	eussent fumé

Conditionnel

Présent

fumerais	fumerions
fumerais	fumeriez
fumerait	fumeraient

Passé

aurais fumé	aurions fumé
aurais fumé	auriez fumé
aurait fumé	auraient fumé

Impératif

fume
fumons
fumez

Participes

Présent	**Passé**
fumant	fumé

Related Words

la fumée	*smoke*	le/la fumeur/euse	*smoker*
le fumoir	*smokehouse*	le/la non-fumeur/euse	*nonsmoker*

64 gagner to win, to earn

transitive

	je	nous
	tu	vous
	il/elle/on	ils/elles

Indicatif

Présent
gagne	gagnons
gagnes	gagnez
gagne	gagnent

Passé composé
ai gagné	avons gagné
as gagné	avez gagné
a gagné	ont gagné

Imparfait
gagnais	gagnions
gagnais	gagniez
gagnait	gagnaient

Plus-que-parfait
avais gagné	avions gagné
avais gagné	aviez gagné
avait gagné	avaient gagné

Passé simple
gagnai	gagnâmes
gagnas	gagnâtes
gagna	gagnèrent

Passé antérieur
eus gagné	eûmes gagné
eus gagné	eûtes gagné
eut gagné	eurent gagné

Futur simple
gagnerai	gagnerons
gagneras	gagnerez
gagnera	gagneront

Futur antérieur
aurai gagné	aurons gagné
auras gagné	aurez gagné
aura gagné	auront gagné

Subjonctif

Présent
gagne	gagnions
gagnes	gagniez
gagne	gagnent

Passé
aie gagné	ayons gagné
aies gagné	ayez gagné
ait gagné	aient gagné

Imparfait
gagnasse	gagnassions
gagnasses	gagnassiez
gagnât	gagnassent

Plus-que-parfait
eusse gagné	eussions gagné
eusses gagné	eussiez gagné
eût gagné	eussent gagné

Conditionnel

Présent
gagnerais	gagnerions
gagnerais	gagneriez
gagnerait	gagneraient

Passé
aurais gagné	aurions gagné
aurais gagné	auriez gagné
aurait gagné	auraient gagné

Impératif
gagne
gagnons
gagnez

Participes

Présent
gagnant

Passé
gagné

Related Words

gagner de l'argent	to make or earn money	le gagnant	winner
le gagne-petit	low wage earner	le gagne-pain	job

65 garer to park

transitive

Indicatif

Présent
gare	garons
gares	garez
gare	garent

Passé composé
ai garé	avons garé
as garé	avez garé
a garé	ont garé

Imparfait
garais	garions
garais	gariez
garait	garaient

Plus-que-parfait
avais garé	avions garé
avais garé	aviez garé
avait garé	avaient garé

Passé simple
garai	garâmes
garas	garâtes
gara	garèrent

Passé antérieur
eus garé	eûmes garé
eus garé	eûtes garé
eut garé	eurent garé

Futur simple
garerai	garerons
gareras	garerez
garera	gareront

Futur antérieur
aurai garé	aurons garé
auras garé	aurez garé
aura garé	auront garé

Subjonctif

Présent
gare	garions
gares	gariez
gare	garent

Passé
aie garé	ayons garé
aies garé	ayez garé
ait garé	aient garé

Imparfait
garasse	garassions
garasses	garassiez
garât	garassent

Plus-que-parfait
eusse garé	eussions garé
eusses garé	eussiez garé
eût garé	eussent garé

Conditionnel

Présent
garerais	garerions
garerais	gareriez
garerait	gareraient

Passé
aurais garé	aurions garé
aurais garé	auriez garé
aurait garé	auraient garé

Impératif

gare
garons
garez

Participes

Présent	Passé
garant	garé

Related Words

garer	*to station*	le garage	*garage*
se garer	*to be careful, to get out of the way*	Gare à toi!	*Watch it!*
		la gare	*station*

66 grossir to get fat

intransitive

Indicatif

Présent
grossis	grossissons
grossis	grossissez
grossit	grossissent

Passé composé
ai grossi	avons grossi
as grossi	avez grossi
a grossi	ont grossi

Imparfait
grossissais	grossissions
grossissais	grossissiez
grossissait	grossissaient

Plus-que-parfait
avais grossi	avions grossi
avais grossi	aviez grossi
avait grossi	avaient grossi

Passé simple
grossis	grossîmes
grossis	grossîtes
grossit	grossirent

Passé antérieur
eus grossi	eûmes grossi
eus grossi	eûtes grossi
eut grossi	eurent grossi

Futur simple
grossirai	grossirons
grossiras	grossirez
grossira	grossiront

Futur antérieur
aurai grossi	aurons grossi
auras grossi	aurez grossi
aura grossi	auront grossi

Subjonctif

Présent
grossisse	grossissions
grossisses	grossissiez
grossisse	grossissent

Passé
aie grossi	ayons grossi
aies grossi	ayez grossi
ait grossi	aient grossi

Imparfait
grossisse	grossissions
grossisses	grossissiez
grossît	grossissent

Plus-que-parfait
eusse grossi	eussions grossi
eusses grossi	eussiez grossi
eût grossi	eussent grossi

Conditionnel

Présent
grossirais	grossirions
grossirais	grossiriez
grossirait	grossiraient

Passé
aurais grossi	aurions grossi
aurais grossi	auriez grossi
aurait grossi	auraient grossi

Impératif

grossis
grossissons
grossissez

Participes

Présent
grossissant

Passé
grossi

Related Words

le grossissement	*swelling, enlargement*	la grossesse	*pregnancy*
gros, grosse	*fat*	qui fait grossir	*fattening*

96

67 s'habiller to get dressed

reflexive   to dress (oneself)

je   nous
tu   vous
il/elle/on   ils/elles

Indicatif

Présent
m'habille	nous habillons
t'habilles	vous habillez
s'habille	s'habillent

Passé composé
me suis habillé(e)	nous sommes habillé(e)s
t'es habillé(e)	vous êtes habillé(e)(s)
s'est habillé(e)	se sont habillé(e)s

Imparfait
m'habillais	nous habillions
t'habillais	vous habilliez
s'habillait	s'habillaient

Plus-que-parfait
m'étais habillé(e)	nous étions habillé(e)s
t'étais habillé(e)	vous étiez habillé(e)(s)
s'était habillé(e)	s'étaient habillé(e)s

Passé simple
m'habillai	nous habillâmes
t'habillas	vous habillâtes
s'habilla	s'habillèrent

Passé antérieur
me fus habillé(e)	nous fûmes habillé(e)s
te fus habillé(e)	vous fûtes habillé(e)(s)
se fut habillé(e)	se furent habillé(e)s

Futur simple
m'habillerai	nous habillerons
t'habilleras	vous habillerez
s'habillera	s'habilleront

Futur antérieur
me serai habillé(e)	nous serons habillé(e)s
te seras habillé(e)	vous serez habillé(e)(s)
se sera habillé(e)	se seront habillé(e)s

Subjonctif

Présent
m'habille	nous habillions
t'habilles	vous habilliez
s'habille	s'habillent

Passé
me sois habillé(e)	nous soyons habillé(e)s
te sois habillé(e)	vous soyez habillé(e)(s)
se soit habillé(e)	se soient habillé(e)s

Imparfait
m'habillasse	nous habillassions
t'habillasses	vous habillassiez
s'habillât	s'habillassent

Plus-que-parfait
me fusse habillé(e)	nous fussions habillé(e)s
te fusses habillé(e)	vous fussiez habillé(e)(s)
se fût habillé(e)	se fussent habillé(e)s

Conditionnel

Présent
m'habillerais	nous habillerions
t'habillerais	vous habilleriez
s'habillerait	s'habilleraient

Passé
me serais habillé(e)	nous serions habillé(e)s
te serais habillé(e)	vous seriez habillé(e)(s)
se serait habillé(e)	se seraient habillé(e)s

Impératif
habille-toi
habillons-nous
habillez-vous

Participes
Présent
m'habillant, etc.

Passé
habillé(e)

Related Words
l'habillement (m.)	*way of dressing*	la soirée habillée	*formal party*
habiller quelqu'un	*to dress someone*	bien habillé	*well dressed*

68 **interdire** to forbid

	je	nous
transitive	tu	vous
	il/elle/on	ils/elles

Indicatif

Présent

interdis	interdisons
interdis	interdites
interdit	interdisent

Passé composé

ai interdit	avons interdit
as interdit	avez interdit
a interdit	ont interdit

Imparfait

interdisais	interdisions
interdisais	interdisiez
interdisait	interdisaient

Plus-que-parfait

avais interdit	avions interdit
avais interdit	aviez interdit
avait interdit	avaient interdit

Passé simple

interdis	interdîmes
interdis	interdîtes
interdit	interdirent

Passé antérieur

eus interdit	eûmes interdit
eus interdit	eûtes interdit
eut interdit	eurent interdit

Futur simple

interdirai	interdirons
interdiras	interdirez
interdira	interdiront

Futur antérieur

aurai interdit	aurons interdit
auras interdit	aurez interdit
aura interdit	auront interdit

Subjonctif

Présent

interdise	interdisions
interdises	interdisiez
interdise	interdisent

Passé

aie interdit	ayons interdit
aies interdit	ayez interdit
ait interdit	aient interdit

Imparfait

interdisse	interdissions
interdisses	interdissiez
interdit	interdissent

Plus-que-parfait

eusse interdit	eussions interdit
eusses interdit	eussiez interdit
eût interdit	eussent interdit

Conditionnel

Présent

interdirais	interdirions
interdirais	interdiriez
interdirait	interdiraient

Passé

aurais interdit	aurions interdit
aurais interdit	auriez interdit
aurait interdit	auraient interdit

Impératif

| interdis |
| interdisons |
| interdisez |

Participes

Présent

interdisant

Passé

interdit

Related Words

| l'interdiction (f.) | *ban, prohibition* | interdit | *forbidden* |
| interdit de fumer | *no smoking* | | |

69 **interrompre** to interrupt

Indicatif

Présent		**Passé composé**	
interromps	interrompons	ai interrompu	avons interrompu
interromps	interrompez	as interrompu	avez interrompu
interromp	interrompent	a interrompu	ont interrompu

Imparfait		**Plus-que-parfait**	
interrompais	interrompions	avais interrompu	avions interrompu
interrompais	interrompiez	avais interrompu	aviez interrompu
interrompait	interrompaient	avait interrompu	avaient interrompu

Passé simple		**Passé antérieur**	
interrompis	interrompîmes	eus interrompu	eûmes interrompu
interrompis	interrompîtes	eus interrompu	eûtes interrompu
interrompit	interrompirent	eut interrompu	eurent interrompu

Futur simple		**Futur antérieur**	
interromprai	interromprons	aurai interrompu	aurons interrompu
interrompras	interromprez	auras interrompu	aurez interrompu
interrompra	interrompront	aura interrompu	auront interrompu

Subjonctif

Présent		**Passé**	
interrompe	interrompions	aie interrompu	ayons interrompu
interrompes	interrompiez	aies interrompu	ayez interrompu
interrompe	interrompent	ait interrompu	aient interrompu

Imparfait		**Plus-que-parfait**	
interrompisse	interrompissions	eusse interrompu	eussions interrompu
interrompisses	interrompissiez	eusses interrompu	eussiez interrompu
interrompit	interrompissent	eût interrompu	eussent interrompu

Conditionnel

Présent		**Passé**	
interromprais	interromprions	aurais interrompu	aurions interrompu
interromprais	interrompriez	aurais interrompu	auriez interrompu
interromprait	interrompraient	aurait interrompu	auraient interrompu

Impératif

interromps
interrompons
interrompez

Participes

Présent	**Passé**
interrompant	interrompu

Related Words

l'interruption (f.)	*interruption*	ininterrompu	*continuous*
rompre	*to break*		

70 **inventer** to invent, to make up

je   nous
tu   vous
il/elle/on   ils/elles

transitive

Indicatif

Présent

invente	inventons
inventes	inventez
invente	inventent

Passé composé

ai inventé	avons inventé
as inventé	avez inventé
a inventé	ont inventé

Imparfait

inventais	inventions
inventais	inventiez
inventait	inventaient

Plus-que-parfait

avais inventé	avions inventé
avais inventé	aviez inventé
avait inventé	avaient inventé

Passé simple

inventai	inventâmes
inventas	inventâtes
inventa	inventèrent

Passé antérieur

eus inventé	eûmes inventé
eus inventé	eûtes inventé
eut inventé	eurent inventé

Futur simple

inventerai	inventerons
inventeras	inventerez
inventera	inventeront

Futur antérieur

aurai inventé	aurons inventé
auras inventé	aurez inventé
aura inventé	auront inventé

Subjonctif

Présent

invente	inventions
inventes	inventiez
invente	inventent

Passé

aie inventé	ayons inventé
aies inventé	ayez inventé
ait inventé	aient inventé

Imparfait

inventasse	inventassions
inventasses	inventassiez
inventât	inventassent

Plus-que-parfait

eusse inventé	eussions inventé
eusses inventé	eussiez inventé
eût inventé	eussent inventé

Conditionnel

Présent

inventerais	inventerions
inventerais	inventeriez
inventerait	inventeraient

Passé

aurais inventé	aurions inventé
aurais inventé	auriez inventé
aurait inventé	auraient inventé

Impératif

invente
inventons
inventez

Participes

Présent

inventant

Passé

inventé

Related Words

l'invention (f.)	*invention*	l'inventeur (m.)	*inventor*
inventif	*inventive*	l'inventivité (f.)	*inventiveness*

71 **inviter** to invite

transitive

	je	nous
	tu	vous
	il/elle/on	ils/elles

Indicatif

Présent
invite	invitons
invites	invitez
invite	invitent

Passé composé
ai invité	avons invité
as invité	avez invité
a invité	ont invité

Imparfait
invitais	invitions
invitais	invitiez
invitait	invitaient

Plus-que-parfait
avais invité	avions invité
avais invité	aviez invité
avait invité	avaient invité

Passé simple
invitai	invitâmes
invitas	invitâtes
invita	invitèrent

Passé antérieur
eus invité	eûmes invité
eus invité	eûtes invité
eut invité	eurent invité

Futur simple
inviterai	inviterons
inviteras	inviterez
invitera	inviteront

Futur antérieur
aurai invité	aurons invité
auras invité	aurez invité
aura invité	auront invité

Subjonctif

Présent
invite	invitions
invites	invitiez
invite	invitent

Passé
aie invité	ayons invité
aies invité	ayez invité
ait invité	aient invité

Imparfait
invitasse	invitassions
invitasses	invitassiez
invitât	invitassent

Plus-que-parfait
eusse invité	eussions invité
eusses invité	eussiez invité
eût invité	eussent invité

Conditionnel

Présent
inviterais	inviterions
inviterais	inviteriez
inviterait	inviteraient

Passé
aurais invité	aurions invité
aurais invité	auriez invité
aurait invité	auraient invité

Impératif
invite
invitons
invitez

Participes

Présent
invitant

Passé
invité

Related Words

l'invitation (f.)	*invitation*	l'invité/e (m./f.)	*guest*

72 **jaunir** to turn yellow

je   nous
tu   vous
il/elle/on   ils/elles

intransitive

Indicatif

Présent

jaunis	jaunissons
jaunis	jaunissez
jaunit	jaunissent

Passé composé

ai jauni	avons jauni
as jauni	avez jauni
a jauni	ont jauni

Imparfait

jaunissais	jaunissions
jaunissais	jaunissiez
jaunissait	jaunissaient

Plus-que-parfait

avais jauni	avions jauni
avais jauni	aviez jauni
avait jauni	avaient jauni

Passé simple

jaunis	jaunîmes
jaunis	jaunîtes
jaunit	jaunirent

Passé antérieur

eus jauni	eûmes jauni
eus jauni	eûtes jauni
eut jauni	eurent jauni

Futur simple

jaunirai	jaunirons
jauniras	jaunirez
jaunira	jauniront

Futur antérieur

aurai jauni	aurons jauni
auras jauni	aurez jauni
aura jauni	auront jauni

Subjonctif

Présent

jaunisse	jaunissions
jaunisses	jaunissiez
jaunisse	jaunissent

Passé

aie jauni	ayons jauni
aies jauni	ayez jauni
ait jauni	aient jauni

Imparfait

jaunisse	jaunissions
jaunisses	jaunissiez
jaunît	jaunissent

Plus-que-parfait

eusse jauni	eussions jauni
eusses jauni	eussiez jauni
eût jauni	eussent jauni

Conditionnel

Présent

jaunirais	jaunirions
jaunirais	jauniriez
jaunirait	jauniraient

Passé

aurais jauni	aurions jauni
aurais jauni	auriez jauni
aurait jauni	auraient jauni

Impératif

jaunis
jaunissons
jaunissez

Participes

Présent

jaunissant

Passé

jauni

Related Words

jaune	*yellow*	la jaunisse	*jaundice*

73 **joindre** to join, to bring together

		je	nous
transitive		tu	vous
		il/elle/on	ils/elles

Indicatif

Présent
joins	joignons
joins	joignez
joint	joignent

Passé composé
ai joint	avons joint
as joint	avez joint
a joint	ont joint

Imparfait
joignais	joignions
joignais	joigniez
joignait	joignaient

Plus-que-parfait
avais joint	avions joint
avais joint	aviez joint
avait joint	avaient joint

Passé simple
joignis	joignîmes
joignis	joignîtes
joignit	joignirent

Passé antérieur
eus joint	eûmes joint
eus joint	eûtes joint
eut joint	eurent joint

Futur simple
joindrai	joindrons
joindras	joindrez
joindra	joindront

Futur antérieur
aurai joint	aurons joint
auras joint	aurez joint
aura joint	auront joint

Subjonctif

Présent
joigne	joignions
joignes	joigniez
joigne	joignent

Passé
aie joint	ayons joint
aies joint	ayez joint
ait joint	aient joint

Imparfait
joignisse	joignissions
joignisses	joignissiez
joignît	joignissent

Plus-que-parfait
eusse joint	eussions joint
eusses joint	eussiez joint
eût joint	eussent joint

Conditionnel

Présent
joindrais	joindrions
joindrais	joindriez
joindrait	joindraient

Passé
aurais joint	aurions joint
aurais joint	auriez joint
aurait joint	auraient joint

Impératif
joins
joignons
joignez

Participes

Présent
joignant

Passé
joint

Related Words

se joindre à la foule	to mingle, to mix	rejoindre	to join, to meet
se rejoindre	to meet	faire craquer ses jointures	to crack one's knuckles

74 **jouer** to play, to gamble

je nous
transitive   tu vous
il/elle/on ils/elles

Indicatif

Présent
joue	jouons	
joues	jouez	
joue	jouent	

Passé composé
ai joué	avons joué
as joué	avez joué
a joué	ont joué

Imparfait
jouais	jouions
jouais	jouiez
jouait	jouaient

Plus-que-parfait
avais joué	avions joué
avais joué	aviez joué
avait joué	avaient joué

Passé simple
jouai	jouâmes
jouas	jouâtes
joua	jouèrent

Passé antérieur
eus joué	eûmes joué
eus joué	eûtes joué
eut joué	eurent joué

Futur simple
jouerai	jouerons
joueras	jouerez
jouera	joueront

Futur antérieur
aurai joué	aurons joué
auras joué	aurez joué
aura joué	auront joué

Subjonctif

Présent
joue	jouions
joues	jouiez
joue	jouent

Passé
aie joué	ayons joué
aies joué	ayez joué
ait joué	aient joué

Imparfait
jouasse	jouassions
jouasses	jouassiez
jouât	jouassent

Plus-que-parfait
eusse joué	eussions joué
eusses joué	eussiez joué
eût joué	eussent joué

Conditionnel

Présent
jouerais	jouerions
jouerais	joueriez
jouerait	joueraient

Passé
aurais joué	aurions joué
aurais joué	auriez joué
aurait joué	auraient joué

Impératif
joue
jouons
jouez

Participes

Présent
jouant

Passé
joué

Related Words
le jeu	*game*	déjoué	*undermined*
le joueur	*player*	le jouet	*toy*

104

75 lancer to throw; to launch

transitive

	je	nous
	tu	vous
	il/elle/on	ils/elles

Indicatif

Présent
lance	lançons
lances	lancez
lance	lancent

Passé composé
ai lancé	avons lancé
as lancé	avez lancé
a lancé	ont lancé

Imparfait
lançais	lancions
lançais	lanciez
lançait	lançaient

Plus-que-parfait
avais lancé	avions lancé
avais lancé	aviez lancé
avait lancé	avaient lancé

Passé simple
lançai	lançâmes
lanças	lançâtes
lança	lancèrent

Passé antérieur
eus lancé	eûmes lancé
eus lancé	eûtes lancé
eut lancé	eurent lancé

Futur simple
lancerai	lancerons
lanceras	lancerez
lancera	lanceront

Futur antérieur
aurai lancé	aurons lancé
auras lancé	aurez lancé
aura lancé	auront lancé

Subjonctif

Présent
lance	lancions
lances	lanciez
lance	lancent

Passé
aie lancé	ayons lancé
aies lancé	ayez lancé
ait lancé	aient lancé

Imparfait
lançasse	lançassions
lançasses	lançassiez
lançât	lançassent

Plus-que-parfait
eusse lancé	eussions lancé
eusses lancé	eussiez lancé
eût lancé	eussent lancé

Conditionnel

Présent
lancerais	lancerions
lancerais	lanceriez
lancerait	lanceraient

Passé
aurais lancé	aurions lancé
aurais lancé	auriez lancé
aurait lancé	auraient lancé

Impératif

| lance |
| lançons |
| lancez |

Participes

Présent
lançant

Passé
lancé

Related Words

la lance	*spear, lance*	se lancer	*to build up speed, to leap*
le lancement	*commercial*	le lanceur	*promoter*
publicitaire	*launching*		

105

76 se laver to wash (oneself)

reflexive

	je	nous
	tu	vous
	il/elle/on	ils/elles

Indicatif

Présent
me lave	nous lavons
te laves	vous lavez
se lave	se lavent

Passé composé
me suis lavé(e)	nous sommes lavé(e)s
t'es lavé(e)	vous êtes lavé(e)(s)
s'est lavé(e)	se sont lavé(e)s

Imparfait
me lavais	nous lavions
te lavais	vous laviez
se lavait	se lavaient

Plus-que-parfait
m'étais lavé(e)	nous étions lavé(e)s
t'étais lavé(e)	vous étiez lavé(e)(s)
s'était lavé(e)	s'étaient lavé(e)s

Passé simple
me lavai	nous lavâmes
te lavas	vous lavâtes
se lava	se lavèrent

Passé antérieur
me fus lavé(e)	nous fûmes lavé(e)s
te fus lavé(e)	vous fûtes lavé(e)(s)
se fut lavé(e)	se furent lavé(e)s

Futur simple
me laverai	nous laverons
te laveras	vous laverez
se lavera	se laveront

Futur antérieur
me serai lavé(e)	nous serons lavé(e)s
te seras lavé(e)	vous serez lavé(e)(s)
se sera lavé(e)	se seront lavé(e)s

Subjonctif

Présent
me lave	nous lavions
te laves	vous laviez
se lave	se lavent

Passé
me sois lavé(e)	nous soyons lavé(e)s
te sois lavé(e)	vous soyez lavé(e)(s)
se soit lavé(e)	se soient lavé(e)s

Imparfait
me lavasse	nous lavassions
te lavasses	vous lavassiez
se lavât	se lavassent

Plus-que-parfait
me fusse lavé(e)	nous fussions lavé(e)s
te fusses lavé(e)	vous fussiez lavé(e)(s)
se fût lavé(e)	se fussent lavé(e)s

Conditionnel

Présent
me laverais	nous laverions
te laverais	vous laveriez
se laverait	se laveraient

Passé
me serais lavé(e)	nous serions lavé(e)s
te serais lavé(e)	vous seriez lavé(e)(s)
se serait lavé(e)	se seraient lavé(e)s

Impératif

lave-toi
lavons-nous
lavez-vous

Participes

Présent
me lavant, etc.

Passé
lavé

Related Words

le lavage	*washing*	le lave-glace	*windshield washer*
le lave-vaisselle	*dishwasher*	le lavabo	*sink (bathroom)*
la laverie	*laundry*	la lavette	*dish cloth*
le lavage de cerveau	*brainwashing*	le lave-linge	*washing machine*

77 se lever to get up, to rise, to stand up

reflexive

	je	nous
	tu	vous
	il/elle/on	ils/elles

Indicatif

Présent
me lève	nous levons
te lèves	vous levez
se lève	se lèvent

Passé composé
me suis levé(e)	nous sommes levé(e)s
t'es levé(e)	vous êtes levé(e)(s)
s'est levé(e)	se sont levé(e)s

Imparfait
me levais	nous levions
te levais	vous leviez
se levait	se levaient

Plus-que-parfait
m'étais levé(e)	nous étions levé(e)s
t'étais levé(e)	vous étiez levé(e)(s)
s'était levé(e)	s'étaient levé(e)s

Passé simple
me levai	nous levâmes
te levas	vous levâtes
se leva	se levèrent

Passé antérieur
me fus levé(e)	nous fûmes levé(e)s
te fus levé(e)	vous fûtes levé(e)(s)
se fut levé(e)	se furent levé(e)s

Futur simple
me lèverai	nous lèverons
te lèveras	vous lèverez
se lèvera	se lèveront

Futur antérieur
me serai levé(e)	nous serons levé(e)s
te seras levé(e)	vous serez levé(e)(s)
se sera levé(e)	se seront levé(e)s

Subjonctif

Présent
me lève	nous levions
te lèves	vous leviez
se lève	se lèvent

Passé
me sois levé(e)	nous soyons levé(e)s
te sois levé(e)	vous soyez levé(e)(s)
se soit levé(e)	se soient levé(e)s

Imparfait
me levasse	nous levassions
te levasses	vous levassiez
se levât	se levassent

Plus-que-parfait
me fusse levé(e)	nous fussions levé(e)s
te fusses levé(e)	vous fussiez levé(e)(s)
se fût levé(e)	se fussent levé(e)s

Conditionnel

Présent
me lèverais	nous lèverions
te lèverais	vous lèveriez
se lèverait	se lèveraient

Passé
me serais levé(e)	nous serions levé(e)s
te serais levé(e)	vous seriez levé(e)(s)
se serait levé(e)	se seraient levé(e)s

Impératif
lève-toi
levons-nous
levez-vous

Participes
Présent
me levant, etc.

Passé
levé

Related Words

lever	*to lift*	le levant	*the East*
le lever	*sunrise*	levant	*rising (adj.)*
du soleil		le levain	*leaven*
la levure	*yeast*	le lève-tard	*late riser*
la levée	*trick (cards)*	le lève-tôt	*early riser*

78 lire to read

je   nous
tu   vous
il/elle/on   ils/elles

transitive

Indicatif

Présent
lis	lisons
lis	lisez
lit	lisent

Passé composé
ai lu	avons lu
as lu	avez lu
a lu	ont lu

Imparfait
lisais	lisions
lisais	lisiez
lisait	lisaient

Plus-que-parfait
avais lu	avions lu
avais lu	aviez lu
avait lu	avaient lu

Passé simple
lus	lûmes
lus	lûtes
lut	lurent

Passé antérieur
eus lu	eûmes lu
eus lu	eûtes lu
eut lu	eurent lu

Futur simple
lirai	lirons
liras	lirez
lira	liront

Futur antérieur
aurai lu	aurons lu
auras lu	aurez lu
aura lu	auront lu

Subjonctif

Présent
lise	lisions
lises	lisiez
lise	lisent

Passé
aie lu	ayons lu
aies lu	ayez lu
ait lu	aient lu

Imparfait
lusse	lussions
lusses	lussiez
lût	lussent

Plus-que-parfait
eusse lu	eussions lu
eusses lu	eussiez lu
eût lu	eussent lu

Conditionnel

Présent
lirais	lirions
lirais	liriez
lirait	liraient

Passé
aurais lu	aurions lu
aurais lu	auriez lu
aurait lu	auraient lu

Impératif
lis
lisons
lisez

Participes

Présent
lisant

Passé
lu

Related Words

la lecture	*reading*	lisible	*legible*
le lecteur	*reader*	lisibilité	*legibility*

79 maigrir to lose weight

intransitive

	je	nous
	tu	vous
	il/elle/on	ils/elles

Indicatif

Présent
maigris	maigrissons
maigris	maigrissez
maigrit	maigrissent

Passé composé
ai maigri	avons maigri
as maigri	avez maigri
a maigri	ont maigri

Imparfait
maigrissais	maigrissions
maigrissais	maigrissiez
maigrissait	maigrissaient

Plus-que-parfait
avais maigri	avions maigri
avais maigri	aviez maigri
avait maigri	avaient maigri

Passé simple
maigris	maigrîmes
maigris	maigrîtes
maigrit	maigrirent

Passé antérieur
eus maigri	eûmes maigri
eus maigri	eûtes maigri
eut maigri	eurent maigri

Futur simple
maigrirai	maigrirons
maigriras	maigrirez
maigrira	maigriront

Futur antérieur
aurai maigri	aurons maigri
auras maigri	aurez maigri
aura maigri	auront maigri

Subjonctif

Présent
maigrisse	maigrissions
maigrisses	maigrissiez
maigrisse	maigrissent

Passé
aie maigri	ayons maigri
aies maigri	ayez maigri
ait maigri	aient maigri

Imparfait
maigrisse	maigrissions
maigrisses	maigrissiez
maigrît	maigrissent

Plus-que-parfait
eusse maigri	eussions maigri
eusses maigri	eussiez maigri
eût maigri	eussent maigri

Conditionnel

Présent
maigrirais	maigririons
maigrirais	maigririez
maigrirait	maigriraient

Passé
aurais maigri	aurions maigri
aurais maigri	auriez maigri
aurait maigri	auraient maigri

Impératif
maigris
maigrissons
maigrissez

Participes

Présent
maigrissant

Passé
maigri

Related Words

maigre	*skinny, thin*	amaigri	*one who lost weight*
la maigreur	*thinness, meagerness*	régime amaigrissant	*weight-loss diet*

109

80 manger to eat

transitive

Indicatif

Présent
mange	mangeons		
manges	mangez		
mange	mangent		

Passé composé
ai mangé	avons mangé
as mangé	avez mangé
a mangé	ont mangé

Imparfait
mangeais	mangions
mangeais	mangiez
mangeait	mangeaient

Plus-que-parfait
avais mangé	avions mangé
avais mangé	aviez mangé
avait mangé	avaient mangé

Passé simple
mangeai	mangeâmes
mangeas	mangeâtes
mangea	mangèrent

Passé antérieur
eus mangé	eûmes mangé
eus mangé	eûtes mangé
eut mangé	eurent mangé

Futur simple
mangerai	mangerons
mangeras	mangerez
mangera	mangeront

Futur antérieur
aurai mangé	aurons mangé
auras mangé	aurez mangé
aura mangé	auront mangé

Subjonctif

Présent
mange	mangions
manges	mangiez
mange	mangent

Passé
aie mangé	ayons mangé
aies mangé	ayez mangé
ait mangé	aient mangé

Imparfait
mangeasse	mangeassions
mangeasses	mangeassiez
mangeât	mangeassent

Plus-que-parfait
eusse mangé	eussions mangé
eusses mangé	eussiez mangé
eût mangé	eussent mangé

Conditionnel

Présent
mangerais	mangerions
mangerais	mangeriez
mangerait	mangeraient

Passé
aurais mangé	aurions mangé
aurais mangé	auriez mangé
aurait mangé	auraient mangé

Impératif
mange
mangeons
mangez

Participes

Présent
mangeant

Passé
mangé

Related Words
manger son argent	*to squander money*	mangeable	*edible*
la mangeoire	*trough*	le gros mangeur	*big eater*
		le garde-manger	*pantry*

110

81 mettre to put, to place

transitive

Indicatif _____

Présent
mets	mettons		
mets	mettez		
met	mettent		

Passé composé
ai mis	avons mis		
as mis	avez mis		
a mis	ont mis		

Imparfait
mettais	mettions
mettais	mettiez
mettait	mettaient

Plus-que-parfait
avais mis	avions mis
avais mis	aviez mis
avait mis	avaient mis

Passé simple
mis	mîmes
mis	mîtes
mit	mirent

Passé antérieur
eus mis	eûmes mis
eus mis	eûtes mis
eut mis	eurent mis

Futur simple
mettrai	mettrons
mettras	mettrez
mettra	mettront

Futur antérieur
aurai mis	aurons mis
auras mis	aurez mis
aura mis	auront mis

Subjonctif _____

Présent
mette	mettions
mettes	mettiez
mette	mettent

Passé
aie mis	ayons mis
aies mis	ayez mis
ait mis	aient mis

Imparfait
misse	missions
misses	missiez
mît	missent

Plus-que-parfait
eusse mis	eussions mis
eusses mis	eussiez mis
eût mis	eussent mis

Conditionnel _____

Présent
mettrais	mettrions
mettrais	mettriez
mettrait	mettraient

Passé
aurais mis	aurions mis
aurais mis	auriez mis
aurait mis	auraient mis

Impératif _____

mets
mettons
mettez

Participes _____

Présent
mettant

Passé
mis

Related Words _____

admettre	to admit, to let in	commettre	to commit (a crime)
émettre	to emit	omettre	to omit
permettre	to permit, to allow	promettre	to promise
soumettre	to subject, to submit	transmettre	to transmit
se mettre à	to begin, to start	la mise en bouteilles	bottling
la mise en scène	staging	la mise au point	tuning, focusing

82 monter to rise, to go up

	je	nous
transitive	tu	vous
	il/elle/on	ils/elles

Indicatif

Présent		Passé composé	
monte	montons	suis monté(e)	sommes monté(e)s
montes	montez	es monté(e)	êtes monté(e)(s)
monte	montent	est monté(e)	sont monté(e)s

Imparfait		Plus-que-parfait	
montais	montions	étais monté(e)	étions monté(e)s
montais	montiez	étais monté(e)	étiez monté(e)(s)
montait	montaient	était monté(e)	étaient monté(e)s

Passé simple		Passé antérieur	
montai	montâmes	fus monté(e)	fûmes monté(e)s
montas	montâtes	fus monté(e)	fûtes monté(e)(s)
monta	montèrent	fut monté(e)	furent monté(e)s

Futur simple		Futur antérieur	
monterai	monterons	serai monté(e)	serons monté(e)s
monteras	monterez	seras monté(e)	serez monté(e)(s)
montera	monteront	sera monté(e)	seront monté(e)s

Subjonctif

Présent		Passé	
monte	montions	sois monté(e)	soyons monté(e)s
montes	montiez	sois monté(e)	soyez monté(e)(s)
monte	montent	soit monté(e)	soient monté(e)s

Imparfait		Plus-que-parfait	
montasse	montassions	fusse monté(e)	fussions monté(e)s
montasses	montassiez	fusses monté(e)	fussiez monté(e)(s)
montât	montassent	fût monté(e)	fussent monté(e)s

Conditionnel

Présent		Passé	
monterais	monterions	serais monté(e)	serions monté(e)s
monterais	monteriez	serais monté(e)	seriez monté(e)(s)
monterait	monteraient	serait monté(e)	seraient monté(e)s

Impératif

	Participes	
monte	**Présent**	**Passé**
montons	montant	monté
montez		

Related Words

démonter	*to disassemble*	la monture	*mount (horse),*
le monte-charge	*service elevator*		*frame (glasses)*
le/la	*film editor*	le promontoire	*promontory, headland*
monteur/-euse		la montée	*climb*
montant	*rising*		

83 **montrer** to show

transitive

Indicatif

Présent
montre	montrons
montres	montrez
montre	montrent

Passé composé
ai montré	avons montré
as montré	avez montré
a montré	ont montré

Imparfait
montrais	montrions
montrais	montriez
montrait	montraient

Plus-que-parfait
avais montré	avions montré
avais montré	aviez montré
avait montré	avaient montré

Passé simple
montrai	montrâmes
montras	montrâtes
montra	montrèrent

Passé antérieur
eus montré	eûmes montré
eus montré	eûtes montré
eut montré	eurent montré

Futur simple
montrerai	montrerons
montreras	montrerez
montrera	montreront

Futur antérieur
aurai montré	aurons montré
auras montré	aurez montré
aura montré	auront montré

Subjonctif

Présent
montre	montrions
montres	montriez
montre	montrent

Passé
aie montré	ayons montré
aies montré	ayez montré
ait montré	aient montré

Imparfait
montrasse	montrassions
montrasses	montrassiez
montrât	montrassent

Plus-que-parfait
eusse montré	eussions montré
eusses montré	eussiez montré
eût montré	eussent montré

Conditionnel

Présent
montrerais	montrerions
montrerais	montreriez
montrerait	montreraient

Passé
aurais montré	aurions montré
aurais montré	auriez montré
aurait montré	auraient montré

Impératif
montre
montrons
montrez

Participes

Présent
montrant

Passé
montré

Related Words

la montre	*watch*	montrer le chemin	*to show the way*
démontrer	*to demonstrate*	la démonstration	*demonstration*

84 mourir to die

je   nous
tu   vous
il/elle/on   ils/elles

intransitive

Indicatif

Présent		Passé composé	
meurs	mourons	suis mort(e)	sommes mort(e)s
meurs	mourez	es mort(e)	êtes mort(e)s
meurt	meurent	est mort(e)	sont mort(e)s

Imparfait		Plus-que-parfait	
mourais	mourions	étais mort(e)	étions mort(e)s
mourais	mouriez	étais mort(e)	étiez mort(e)(s)
mourait	mouraient	était mort(e)	étaient mort(e)s

Passé simple		Passé antérieur	
mourus	mourûmes	fus mort(e)	fûmes mort(e)s
mourus	mourûtes	fus mort(e)	fûtes mort(e)s
mourut	moururent	fut mort(e)	furent mort(e)s

Futur simple		Futur antérieur	
mourrai	mourrons	serai mort(e)	serons mort(e)s
mourras	mourrez	seras mort(e)	serez mort(e)(s)
mourra	mourront	sera mort(e)	seront mort(e)s

Subjonctif

Présent		Passé	
meure	mourions	sois mort(e)	soyons mort(e)s
meures	mouriez	sois mort(e)	soyez mort(e)(s)
meure	meurent	soit mort(e)	soient mort(e)s

Imparfait		Plus-que-parfait	
mourusse	mourussions	fusse mort(e)	fussions mort(e)s
mourusses	mourussiez	fusses mort(e)	fussiez mort(e)(s)
mourût	mourussent	fût mort(e)	fussent mort(e)s

Conditionnel

Présent		Passé	
mourrais	mourrions	serais mort(e)	serions mort(e)s
mourrais	mourriez	serais mort(e)	seriez mort(e)(s)
mourrait	mourraient	serait mort(e)	seraient mort(e)s

Impératif

meurs
mourons
mourez

Participes

Présent	Passé
mourant	mort

Related Words

la mort	*death*	mortel	*mortal*
mortuaire	*mortuary*	la morte-saison	*off-season*
la mortalité	*mortality*		

85 **nager** to swim

je   nous
tu   vous
il/elle/on   ils/elles

intransitive

Indicatif

Présent		Passé composé	
nage	nageons	ai nagé	avons nagé
nages	nagez	as nagé	avez nagé
nage	nagent	a nagé	ont nagé

Imparfait		Plus-que-parfait	
nageais	nagions	avais nagé	avions nagé
nageais	nagiez	avais nagé	aviez nagé
nageait	nageaient	avait nagé	avaient nagé

Passé simple		Passé antérieur	
nageai	nageâmes	eus nagé	eûmes nagé
nageas	nageâtes	eus nagé	eûtes nagé
nagea	nagèrent	eut nagé	eurent nagé

Futur simple		Futur antérieur	
nagerai	nagerons	aurai nagé	aurons nagé
nageras	nagerez	auras nagé	aurez nagé
nagera	nageront	aura nagé	auront nagé

Subjonctif

Présent		Passé	
nage	nagions	aie nagé	ayons nagé
nages	nagiez	aies nagé	ayez nagé
nage	nagent	ait nagé	aient nagé

Imparfait		Plus-que-parfait	
nageasse	nageassions	eusse nagé	eussions nagé
nageasses	nageassiez	eusses nagé	eussiez nagé
nageât	nageassent	eût nagé	eussent nagé

Conditionnel

Présent		Passé	
nagerais	nagerions	aurais nagé	aurions nagé
nagerais	nageriez	aurais nagé	auriez nagé
nagerait	nageraient	aurait nagé	auraient nagé

Impératif   Participes

Impératif	Présent	Passé
nage	nageant	nagé
nageons		
nagez		

Related Words

le nageur	*swimmer*	la natation	*swimming*
la nageoire	*fin, flipper*	être en nage	*to be bathed in sweat*

86 naître to be born

je   nous
tu   vous
il/elle/on   ils/elles

intransitive

Indicatif

Présent
nais	naissons
nais	naissez
naît	naissent

Passé composé
suis né(e)	sommes né(e)s
es né(e)	êtes né(e)(s)
est né(e)	sont né(e)s

Imparfait
naissais	naissions
naissais	naissiez
naissait	naissaient

Plus-que-parfait
étais né(e)	étions né(e)s
étais né(e)	étiez né(e)(s)
était né(e)	étaient né(e)s

Passé simple
naquis	naquîmes
naquis	naquîtes
naquit	naquirent

Passé antérieur
fus né(e)	fûmes né(e)s
fus né(e)	fûtes né(e)s
fut né(e)	furent né(e)s

Futur simple
naîtrai	naîtrons
naîtras	naîtrez
naîtra	naîtront

Futur antérieur
serai né(e)	serons né(e)s
seras né(e)	serez né(e)(s)
sera né(e)	seront né(e)s

Subjonctif

Présent
naisse	naissions
naisses	naissiez
naisse	naissent

Passé
sois né(e)	soyons né(e)s
sois né(e)	soyez né(e)(s)
soit né(e)	soient né(e)s

Imparfait
naquisse	naquissions
naquisses	naquissiez
naquît	naquissent

Plus-que-parfait
fusse né(e)	fussions né(e)s
fusses né(e)	fussiez né(e)(s)
fût né(e)	fussent né(e)s

Conditionnel

Présent
naîtrais	naîtrions
naîtrais	naîtriez
naîtrait	naîtraient

Passé
serais né(e)	serions né(e)s
serais né(e)	seriez né(e)(s)
serait né(e)	seraient né(e)s

Impératif
nais
naissons
naissez

Participes

Présent
naissant

Passé
né

Related Words

la naissance	*birth*	la natalité	*birth rate*
la renaissance	*rebirth, renaissance*		

87 nettoyer to clean

transitive

Indicatif

Présent

nettoie	nettoyons
nettoies	nettoyez
nettoie	nettoient

Passé composé

ai nettoyé	avons nettoyé
as nettoyé	avez nettoyé
a nettoyé	ont nettoyé

Imparfait

nettoyais	nettoyions
nettoyais	nettoyiez
nettoyait	nettoyaient

Plus-que-parfait

avais nettoyé	avions nettoyé
avais nettoyé	aviez nettoyé
avait nettoyé	avaient nettoyé

Passé simple

nettoyai	nettoyâmes
nettoyas	nettoyâtes
nettoya	nettoyèrent

Passé antérieur

eus nettoyé	eûmes nettoyé
eus nettoyé	eûtes nettoyé
eut nettoyé	eurent nettoyé

Futur simple

nettoierai	nettoierons
nettoieras	nettoierez
nettoiera	nettoieront

Futur antérieur

aurai nettoyé	aurons nettoyé
auras nettoyé	aurez nettoyé
aura nettoyé	auront nettoyé

Subjonctif

Présent

nettoie	nettoyions
nettoies	nettoyiez
nettoie	nettoient

Passé

aie nettoyé	ayons nettoyé
aies nettoyé	ayez nettoyé
ait nettoyé	aient nettoyé

Imparfait

nettoyasse	nettoyassions
nettoyasses	nettoyassiez
nettoyât	nettoyassent

Plus-que-parfait

eusse nettoyé	eussions nettoyé
eusses nettoyé	eussiez nettoyé
eût nettoyé	eussent nettoyé

Conditionnel

Présent

nettoierais	nettoierions
nettoierais	nettoieriez
nettoierait	nettoieraient

Passé

aurais nettoyé	aurions nettoyé
aurais nettoyé	auriez nettoyé
aurait nettoyé	auraient nettoyé

Impératif

nettoie
nettoyons
nettoyez

Participes

Présent	**Passé**
nettoyant	nettoyé

Related Words

le nettoyage	*cleaning*	le service de nettoiement	*sanitation department*
le nettoyage de printemps	*spring cleaning*	le nettoyage à sec	*dry cleaning*

88 occuper to occupy

transitive

Indicatif

Présent
occupe	occupons
occupes	occupez
occupe	occupent

Passé composé
ai occupé	avons occupé
as occupé	avez occupé
a occupé	ont occupé

Imparfait
occupais	occupions
occupais	occupiez
occupait	occupaient

Plus-que-parfait
avais occupé	avions occupé
avais occupé	aviez occupé
avait occupé	avaient occupé

Passé simple
occupai	occupâmes
occupas	occupâtes
occupa	occupèrent

Passé antérieur
eus occupé	eûmes occupé
eus occupé	eûtes occupé
eut occupé	eurent occupé

Futur simple
occuperai	occuperons
occuperas	occuperez
occupera	occuperont

Futur antérieur
aurai occupé	aurons occupé
auras occupé	aurez occupé
aura occupé	auront occupé

Subjonctif

Présent
occupe	occupions
occupes	occupiez
occupe	occupent

Passé
aie occupé	ayons occupé
aies occupé	ayez occupé
ait occupé	aient occupé

Imparfait
occupasse	occupassions
occupasses	occupassiez
occupât	occupassent

Plus-que-parfait
eusse occupé	eussions occupé
eusses occupé	eussiez occupé
eût occupé	eussent occupé

Conditionnel

Présent
occuperais	occuperions
occuperais	occuperiez
occuperait	occuperaient

Passé
aurais occupé	aurions occupé
aurais occupé	auriez occupé
aurait occupé	auraient occupé

Impératif

occupe
occupons
occupez

Participes

Présent
occupant

Passé
occupé

Related Words

s'occuper de	*to take care of, to deal with*	l'occupant (m./f.)	*occupant*
occupation	*occupation*	occupé	*busy, occupied*

118

89 offrir to offer

transitive

	je	nous
	tu	vous
	il/elle/on	ils/elles

Indicatif

Présent
offre	offrons
offres	offrez
offre	offrent

Passé composé
ai offert	avons offert
as offert	avez offert
a offert	ont offert

Imparfait
offrais	offrions
offrais	offriez
offrait	offraient

Plus-que-parfait
avais offert	avions offert
avais offert	aviez offert
avait offert	avaient offert

Passé simple
offris	offrîmes
offris	offrîtes
offrit	offrirent

Passé antérieur
eus offert	eûmes offert
eus offert	eûtes offert
eut offert	eurent offert

Futur simple
offrirai	offrirons
offriras	offrirez
offrira	offriront

Futur antérieur
aurai offert	aurons offert
auras offert	aurez offert
aura offert	auront offert

Subjonctif

Présent
offre	offrions
offres	offriez
offre	offrent

Passé
aie offert	ayons offert
aies offert	ayez offert
ait offert	aient offert

Imparfait
offrisse	offrissions
offrisses	offrissiez
offrît	offrissent

Plus-que-parfait
eusse offert	eussions offert
eusses offert	eussiez offert
eût offert	eussent offert

Conditionnel

Présent
offrirais	offririons
offrirais	offririez
offrirait	offriraient

Passé
aurais offert	aurions offert
aurais offert	auriez offert
aurait offert	auraient offert

Impératif
| offre |
| offrons |
| offrez |

Participes

Présent
offrant

Passé
offert

Related Words
| l'offre (f.) | *offer* | l'offrande (f.) | *offering* |
| l'offrant (m.) | *bidder* | au plus offrant | *to the highest bidder* |

90 **organiser** to organize

	je	nous
transitive	tu	vous
	il/elle/on	ils/elles

Indicatif

Présent
organise	organisons
organises	organisez
organise	organisent

Passé composé
ai organisé	avons organisé
as organisé	avez organisé
a organisé	ont organisé

Imparfait
organisais	organisions
organisais	organisiez
organisait	organisaient

Plus-que-parfait
avais organisé	avions organisé
avais organisé	aviez organisé
avait organisé	avaient organisé

Passé simple
organisai	organisâmes
organisas	organisâtes
organisa	organisèrent

Passé antérieur
eus organisé	eûmes organisé
eus organisé	eûtes organisé
eut organisé	eurent organisé

Futur simple
organiserai	organiserons
organiseras	organiserez
organisera	organiseront

Futur antérieur
aurai organisé	aurons organisé
auras organisé	aurez organisé
aura organisé	auront organisé

Subjonctif

Présent
organise	organisions
organises	organisiez
organise	organisent

Passé
aie organisé	ayons organisé
aies organisé	ayez organisé
ait organisé	aient organisé

Imparfait
organisasse	organisassions
organisasses	organisassiez
organisât	organisassent

Plus-que-parfait
eusse organisé	eussions organisé
eusses organisé	eussiez organisé
eût organisé	eussent organisé

Conditionnel

Présent
organiserais	organiserions
organiserais	organiseriez
organiserait	organiseraient

Passé
aurais organisé	aurions organisé
aurais organisé	auriez organisé
aurait organisé	auraient organisé

Impératif
organise
organisons
organisez

Participes

Présent
organisant

Passé
organisé

Related Words

s'organiser	*to get organized*	l'organisateur (m.)	*organizer*
l'organisation (f.)	*organization*	organisé	*organized*

91 ouvrir to open

je   nous
transitive   tu   vous
il/elle/on ils/elles

Indicatif

Présent

ouvre	ouvrons		
ouvres	ouvrez		
ouvre	ouvrent		

Passé composé

ai ouvert	avons ouvert		
as ouvert	avez ouvert		
a ouvert	ont ouvert		

Imparfait

ouvrais	ouvrions		
ouvrais	ouvriez		
ouvrait	ouvraient		

Plus-que-parfait

avais ouvert	avions ouvert		
avais ouvert	aviez ouvert		
avait ouvert	avaient ouvert		

Passé simple

ouvris	ouvrîmes		
ouvris	ouvrîtes		
ouvrit	ouvrirent		

Passé antérieur

eus ouvert	eûmes ouvert		
eus ouvert	eûtes ouvert		
eut ouvert	eurent ouvert		

Futur simple

ouvrirai	ouvrirons		
ouvriras	ouvrirez		
ouvrira	ouvriront		

Futur antérieur

aurai ouvert	aurons ouvert		
auras ouvert	aurez ouvert		
aura ouvert	auront ouvert		

Subjonctif

Présent

ouvre	ouvrions		
ouvres	ouvriez		
ouvre	ouvrent		

Passé

aie ouvert	ayons ouvert		
aies ouvert	ayez ouvert		
ait ouvert	aient ouvert		

Imparfait

ouvrisse	ouvrissions		
ouvrisses	ouvrissiez		
ouvrît	ouvrissent		

Plus-que-parfait

eusse ouvert	eussions ouvert		
eusses ouvert	eussiez ouvert		
eût ouvert	eussent ouvert		

Conditionnel

Présent

ouvrirais	ouvririons		
ouvrirais	ouvririez		
ouvrirait	ouvriraient		

Passé

aurais ouvert	aurions ouvert		
aurais ouvert	auriez ouvert		
aurait ouvert	auraient ouvert		

Impératif

ouvre
ouvrons
ouvrez

Participes

Présent
ouvrant

Passé
ouvert

Related Words

l'ouverture (f.)	*opening*	le jour ouvrable	*working day*
ouvertement	*openly*	l'ouvreuse (f.)	*usherette*

92 pâlir to turn pale

Indicatif

Présent
		Passé composé	
pâlis	pâlissons	ai pâli	avons pâli
pâlis	pâlissez	as pâli	avez pâli
pâlit	pâlissent	a pâli	ont pâli

Imparfait
		Plus-que-parfait	
pâlissais	pâlissions	avais pâli	avions pâli
pâlissais	pâlissiez	avais pâli	aviez pâli
pâlissait	pâlissaient	avait pâli	avaient pâli

Passé simple
		Passé antérieur	
pâlis	pâlîmes	eus pâli	eûmes pâli
pâlis	pâlîtes	eus pâli	eûtes pâli
pâlit	pâlirent	eut pâli	eurent pâli

Futur simple
		Futur antérieur	
pâlirai	pâlirons	aurai pâli	aurons pâli
pâliras	pâlirez	auras pâli	aurez pâli
pâlira	pâliront	aura pâli	auront pâli

Subjonctif

Présent
		Passé	
pâlisse	pâlissions	aie pâli	ayons pâli
pâlisses	pâlissiez	aies pâli	ayez pâli
pâlisse	pâlissent	ait pâli	aient pâli

Imparfait
		Plus-que-parfait	
pâlisse	pâlissions	eusse pâli	eussions pâli
pâlisses	pâlissiez	eusses pâli	eussiez pâli
pâlît	pâlissent	eût pâli	eussent pâli

Conditionnel

Présent
		Passé	
pâlirais	pâlirions	aurais pâli	aurions pâli
pâlirais	pâliriez	aurais pâli	auriez pâli
pâlirait	pâliraient	aurait pâli	auraient pâli

Impératif

pâlis
pâlissons
pâlissez

Participes

Présent	Passé
pâlissant	pâli

Related Words

pâlissant	*fading*	la pâleur	*pallor, paleness*
pâle	*pale, pallid*		

93 paraître to seem, to appear

intransitive

	je	nous
	tu	vous
	il/elle/on	ils/elles

Indicatif

Présent
parais	paraissons
parais	paraissez
paraît	paraissent

Passé composé
ai paru	avons paru
as paru	avez paru
a paru	ont paru

Imparfait
paraissais	paraissions
paraissais	paraissiez
paraissait	paraissaient

Plus-que-parfait
avais paru	avions paru
avais paru	aviez paru
avait paru	avaient paru

Passé simple
parus	parûmes
parus	parûtes
parut	parurent

Passé antérieur
eus paru	eûmes paru
eus paru	eûtes paru
eut paru	eurent paru

Futur simple
paraîtrai	paraîtrons
paraîtras	paraîtrez
paraîtra	paraîtront

Futur antérieur
aurai paru	aurons paru
auras paru	aurez paru
aura paru	auront paru

Subjonctif

Présent
paraisse	paraissions
paraisses	paraissiez
paraisse	paraissent

Passé
aie paru	ayons paru
aies paru	ayez paru
ait paru	aient paru

Imparfait
parusse	parussions
parusses	parussiez
parût	parussent

Plus-que-parfait
eusse paru	eussions paru
eusses paru	eussiez paru
eût paru	eussent paru

Conditionnel

Présent
paraîtrais	paraîtrions
paraîtrais	paraîtriez
paraîtrait	paraîtraient

Passé
aurais paru	aurions paru
aurais paru	auriez paru
aurait paru	auraient paru

Impératif
parais
paraissons
paraissez

Participes

Présent
paraissant

Passé
paru

Related Words

apparaître	*to appear*	disparaître	*to disappear*
la parution	*publication*	l'apparence (f.)	*appearance*
apparemment	*apparently*		

94 **parler** to speak, to talk

intransitive

	je	nous
	tu	vous
	il/elle/on	ils/elles

Indicatif

Présent
parle	parlons
parles	parlez
parle	parlent

Passé composé
ai parlé	avons parlé
as parlé	avez parlé
a parlé	ont parlé

Imparfait
parlais	parlions
parlais	parliez
parlait	parlaient

Plus-que-parfait
avais parlé	avions parlé
avais parlé	aviez parlé
avait parlé	avaient parlé

Passé simple
parlai	parlâmes
parlas	parlâtes
parla	parlèrent

Passé antérieur
eus parlé	eûmes parlé
eus parlé	eûtes parlé
eut parlé	eurent parlé

Futur simple
parlerai	parlerons
parleras	parlerez
parlera	parleront

Futur antérieur
aurai parlé	aurons parlé
auras parlé	aurez parlé
aura parlé	auront parlé

Subjonctif

Présent
parle	parlions
parles	parliez
parle	parlent

Passé
aie parlé	ayons parlé
aies parlé	ayez parlé
ait parlé	aient parlé

Imparfait
parlasse	parlassions
parlasses	parlassiez
parlât	parlassent

Plus-que-parfait
eusse parlé	eussions parlé
eusses parlé	eussiez parlé
eût parlé	eussent parlé

Conditionnel

Présent
parlerais	parlerions
parlerais	parleriez
parlerait	parleraient

Passé
aurais parlé	aurions parlé
aurais parlé	auriez parlé
aurait parlé	auraient parlé

Impératif
parle
parlons
parlez

Participes

Présent
parlant

Passé
parlé

Related Words

la parole	(spoken) word	les paroles	lyrics
le beau parleur	fine talker	le parloir	parlor, visiting room
le porte-parole	spokesperson		

95 **partager** to share

	je	nous
transitive	tu	vous
	il/elle/on	ils/elles

Indicatif

Présent
partage	partageons
partages	partagez
partage	partagent

Passé composé
ai partagé	avons partagé
as partagé	avez partagé
a partagé	ont partagé

Imparfait
partageais	partagions
partageais	partagiez
partageait	partageaient

Plus-que-parfait
avais partagé	avions partagé
avais partagé	aviez partagé
avait partagé	avaient partagé

Passé simple
partageai	partageâmes
partageas	partageâtes
partagea	partagèrent

Passé antérieur
eus partagé	eûmes partagé
eus partagé	eûtes partagé
eut partagé	eurent partagé

Futur simple
partagerai	partagerons
partageras	partagerez
partagera	partageront

Futur antérieur
aurai partagé	aurons partagé
auras partagé	aurez partagé
aura partagé	auront partagé

Subjonctif

Présent
partage	partagions
partages	partagiez
partage	partagent

Passé
aie partagé	ayons partagé
aies partagé	ayez partagé
ait partagé	aient partagé

Imparfait
partageasse	partageassions
partageasses	partageassiez
partageât	partageassent

Plus-que-parfait
eusse partagé	eussions partagé
eusses partagé	eussiez partagé
eût partagé	eussent partagé

Conditionnel

Présent
partagerais	partagerions
partagerais	partageriez
partagerait	partageraient

Passé
aurais partagé	aurions partagé
aurais partagé	auriez partagé
aurait partagé	auraient partagé

Impératif
| partage |
| partageons |
| partagez |

Participes

Présent
partageant

Passé
partagé

Related Words
| le partage | *division,* | partagé | *divided (opinion)* |
| | *portion, share* | | |

96 partir to leave, to depart

je   nous
intransitive   tu   vous
il/elle/on ils/elles

Indicatif _____

Présent

pars	partons
pars	partez
part	partent

Passé composé

suis parti(e)	sommes parti(e)s
es parti(e)	êtes parti(e)(s)
est parti(e)	sont parti(e)s

Imparfait

partais	partions
partais	partiez
partait	partaient

Plus-que-parfait

étais parti(e)	étions parti(e)s
étais parti(e)	étiez parti(e)(s)
était parti(e)	étaient parti(e)s

Passé simple

partis	partîmes
partis	partîtes
partit	partirent

Passé antérieur

fus parti(e)	fûmes parti(e)s
fus parti(e)	fûtes parti(e)(s)
fut parti(e)	furent parti(e)s

Futur simple

partirai	partirons
partiras	partirez
partira	partiront

Futur antérieur

serai parti(e)	serons parti(e)s
seras parti(e)	serez parti(e)(s)
sera parti(e)	seront parti(e)s

Subjonctif _____

Présent

parte	partions
partes	partiez
parte	partent

Passé

sois parti(e)	soyons parti(e)s
sois parti(e)	soyez parti(e)(s)
soit parti(e)	soient parti(e)s

Imparfait

partisse	partissions
partisses	partissiez
partît	partissent

Plus-que-parfait

fusse parti(é)	fussions parti(e)s
fusses parti(e)	fussiez parti(e)(s)
fût parti(e)	fussent parti(e)s

Conditionnel _____

Présent

partirais	partirions
partirais	partiriez
partirait	partiraient

Passé

serais parti(e)	serions parti(e)s
serais parti(e)	seriez parti(e)(s)
serait parti(e)	seraient parti(e)s

Impératif _____

| pars |
| partons |
| partez |

Participes _____

Présent
partant

Passé
parti

Related Words _____

| le départ | *departure* | repartir | *to leave again* |
| à partir de 9h | *from 9:00 A.M. on* | | |

97 passer* to pass; to spend (time)

	je	nous
transitive	tu	vous
intransitive*	il/elle/on	ils/elles

Indicatif

Présent

passe	passons
passes	passez
passe	passent

Passé composé

ai passé	avons passé
as passé	avez passé
a passé	ont passé

Imparfait

passais	passions
passais	passiez
passait	passaient

Plus-que-parfait

avais passé	avions passé
avais passé	aviez passé
avait passé	avaient passé

Passé simple

passai	passâmes
passas	passâtes
passa	passèrent

Passé antérieur

eus passé	eûmes passé
eus passé	eûtes passé
eut passé	eurent passé

Futur simple

passerai	passerons
passeras	passerez
passera	passeront

Futur antérieur

aurai passé	aurons passé
auras passé	aurez passé
aura passé	auront passé

Subjonctif

Présent

passe	passions
passes	passiez
passe	passent

Passé

aie passé	ayons passé
aies passé	ayez passé
ait passé	aient passé

Imparfait

passasse	passassions
passasses	passassiez
passât	passassent

Plus-que-parfait

eusse passé	eussions passé
eusses passé	eussiez passé
eût passé	eussent passé

Conditionnel

Présent

passerais	passerions
passerais	passeriez
passerait	passeraient

Passé

aurais passé	aurions passé
aurais passé	auriez passé
aurait passé	auraient passé

Impératif

passe
passons
passez

Participes

Présent	Passé
passant	passé

Related Words

se passer	to happen	le passé	the past
passé	last, past	le/la passant	passerby
le/la passager/-ère	passenger	le passage	passage
repasser	to iron	la passerelle	footbridge, gangway

*Passer is conjugated with être when it means "to pass by/through (a place)."
When it has a direct object, it is conjugated with avoir.

98a payer* to pay

transitive

	je	nous
	tu	vous
	il/elle/on	ils/elles

Indicatif

Présent

paie	payons
paies	payez
paie	paient

Passé composé

ai payé	avons payé
as payé	avez payé
a payé	ont payé

Imparfait

payais	payions
payais	payiez
payait	payaient

Plus-que-parfait

avais payé	avions payé
avais payé	aviez payé
avait payé	avaient payé

Passé simple

payai	payâmes
payas	payâtes
paya	payèrent

Passé antérieur

eus payé	eûmes payé
eus payé	eûtes payé
eut payé	eurent payé

Futur simple

paierai	paierons
paieras	paierez
paiera	paieront

Futur antérieur

aurai payé	aurons payé
auras payé	aurez payé
aura payé	auront payé

Subjonctif

Présent

paie	payions
paies	payiez
paie	paient

Passé

aie payé	ayons payé
aies payé	ayez payé
ait payé	aient payé

Imparfait

payasse	payassions
payasses	payassiez
payât	payassent

Plus-que-parfait

eusse payé	eussions payé
eusses payé	eussiez payé
eût payé	eussent payé

Conditionnel

Présent

paierais	paierions
paierais	paieriez
paierait	paieraient

Passé

aurais payé	aurions payé
aurais payé	auriez payé
aurait payé	auraient payé

Impératif

paie
payons
payez

Participes

Présent

payant

Passé

payé

Related Words

la paie	*wages, pay*	le paiement	*payment*
le paiement en liquide	*cash payment*	le paiement comptant	*payment in cash*

*The verb *payer* has two accepted conjugations. See next page for alternative conjugation.

128

98b **payer** to pay

transitive
alternate conjugation

Indicatif

Présent
paye	payons
payes	payez
paye	payent

Passé composé
ai payé	avons payé
as payé	avez payé
a payé	ont payé

Imparfait
payais	payions
payais	payiez
payait	payaient

Plus-que-parfait
avais payé	avions payé
avais payé	aviez payé
avait payé	avaient payé

Passé simple
payai	payâmes
payas	payâtes
paya	payèrent

Passé antérieur
eus payé	eûmes payé
eus payé	eûtes payé
eut payé	eurent payé

Futur simple
payerai	payerons
payeras	payerez
payera	payeront

Futur antérieur
aurai payé	aurons payé
auras payé	aurez payé
aura payé	auront payé

Subjonctif

Présent
paye	payions
payes	payiez
paye	payent

Passé
aie payé	ayons payé
aies payé	ayez payé
ait payé	aient payé

Imparfait
payasse	payassions
payasses	payassiez
payât	payassent

Plus-que-parfait
eusse payé	eussions payé
eusses payé	eussiez payé
eût payé	eussent payé

Conditionnel

Présent
payerais	payerions
payerais	payeriez
payerait	payeraient

Passé
aurais payé	aurions payé
aurais payé	auriez payé
aurait payé	auraient payé

Impératif
paye
payons
payez

Participes

Présent
payant

Passé
payé

99 **penser** to think

je nous
transitive tu vous
il/elle/on ils/elles

Indicatif

Présent

pense	pensons
penses	pensez
pense	pensent

Passé composé

ai pensé	avons pensé
as pensé	avez pensé
a pensé	ont pensé

Imparfait

pensais	pensions
pensais	pensiez
pensait	pensaient

Plus-que-parfait

avais pensé	avions pensé
avais pensé	aviez pensé
avait pensé	avaient pensé

Passé simple

pensai	pensâmes
pensas	pensâtes
pensa	pensèrent

Passé antérieur

eus pensé	eûmes pensé
eus pensé	eûtes pensé
eut pensé	eurent pensé

Futur simple

penserai	penserons
penseras	penserez
pensera	penseront

Futur antérieur

aurai pensé	aurons pensé
auras pensé	aurez pensé
aura pensé	auront pensé

Subjonctif

Présent

pense	pensions
penses	pensiez
pense	pensent

Passé

aie pensé	ayons pensé
aies pensé	ayez pensé
ait pensé	aient pensé

Imparfait

pensasse	pensassions
pensasses	pensassiez
pensât	pensassent

Plus-que-parfait

eusse pensé	eussions pensé
eusses pensé	eussiez pensé
eût pensé	eussent pensé

Conditionnel

Présent

penserais	penserions
penserais	penseriez
penserait	penseraient

Passé

aurais pensé	aurions pensé
aurais pensé	auriez pensé
aurait pensé	auraient pensé

Impératif

pense
pensons
pensez

Participes

Présent

pensant

Passé

pensé

Related Words

penser à	*to think about*	penser de quelque	*to think of some-*
penser à faire	*to think about*	chose	*thing (opinion)*
quelque chose	*doing something*	pensif	*pensive, thoughtful*
penser faire	*to intend, to*	la pensée	*thought*
	consider		

100 peser to weigh

transitive

Indicatif

Présent
pèse	pesons
pèses	pesez
pèse	pèsent

Passé composé
ai pesé	avons pesé
as pesé	avez pesé
a pesé	ont pesé

Imparfait
pesais	pesions
pesais	pesiez
pesait	pesaient

Plus-que-parfait
avais pesé	avions pesé
avais pesé	aviez pesé
avait pesé	avaient pesé

Passé simple
pesai	pesâmes
pesas	pesâtes
pesa	pesèrent

Passé antérieur
eus pesé	eûmes pesé
eus pesé	eûtes pesé
eut pesé	eurent pesé

Futur simple
pèserai	pèserons
pèseras	pèserez
pèsera	pèseront

Futur antérieur
aurai pesé	aurons pesé
auras pesé	aurez pesé
aura pesé	auront pesé

Subjonctif

Présent
pèse	pesions
pèses	pesiez
pèse	pèsent

Passé
aie pesé	ayons pesé
aies pesé	ayez pesé
ait pesé	aient pesé

Imparfait
pesasse	pesassions
pesasses	pesassiez
pesât	pesassent

Plus-que-parfait
eusse pesé	eussions pesé
eusses pesé	eussiez pesé
eût pesé	eussent pesé

Conditionnel

Présent
pèserais	pèserions
pèserais	pèseriez
pèserait	pèseraient

Passé
aurais pesé	aurions pesé
aurais pesé	auriez pesé
aurait pesé	auraient pesé

Impératif
pèse
pesons
pesez

Participes

Présent
pesant

Passé
pesé

Related Words

pesant	*heavy*	la pesanteur	*weightiness, gravity*
la pesée	*weighing*		

101 placer to place

transitive

Indicatif

Présent
place	plaçons
places	placez
place	placent

Passé composé
ai placé	avons placé
as placé	avez placé
a placé	ont placé

Imparfait
plaçais	placions
plaçais	placiez
plaçait	plaçaient

Plus-que-parfait
avais placé	avions placé
avais placé	aviez placé
avait placé	avaient placé

Passé simple
plaçai	plaçâmes
plaças	plaçâtes
plaça	placèrent

Passé antérieur
eus placé	eûmes placé
eus placé	eûtes placé
eut placé	eurent placé

Futur simple
placerai	placerons
placeras	placerez
placera	placeront

Futur antérieur
aurai placé	aurons placé
auras placé	aurez placé
aura placé	auront placé

Subjonctif

Présent
place	placions
places	placiez
place	placent

Passé
aie placé	ayons placé
aies placé	ayez placé
ait placé	aient placé

Imparfait
plaçasse	plaçassions
plaçasses	plaçassiez
plaçât	plaçassent

Plus-que-parfait
eusse placé	eussions placé
eusses placé	eussiez placé
eût placé	eussent placé

Conditionnel

Présent
placerais	placerions
placerais	placeriez
placerait	placeraient

Passé
aurais placé	aurions placé
aurais placé	auriez placé
aurait placé	auraient placé

Impératif
place
plaçons
placez

Participes

Présent
plaçant

Passé
placé

Related Words

le placement	*investment*	remplacer	*to replace*
déplacer	*to move, to shift*	la place	*square, plaza, place*
placé	*situated*		

132

102 **plaire** to be pleasing

je   nous
tu   vous
il/elle/on   ils/elles

intransitive

Indicatif

Présent
		Passé composé	
plais	plaisons	ai plu	avons plu
plais	plaisez	as plu	avez plu
plaît	plaisent	a plu	ont plu

Imparfait
		Plus-que-parfait	
plaisais	plaisions	avais plu	avions plu
plaisais	plaisiez	avais plu	aviez plu
plaisait	plaisaient	avait plu	avaient plu

Passé simple
		Passé antérieur	
plus	plûmes	eus plu	eûmes plu
plus	plûtes	eus plu	eûtes plu
plut	plurent	eut plu	eurent plu

Futur simple
		Futur antérieur	
plairai	plairons	aurai plu	aurons plu
plairas	plairez	auras plu	aurez plu
plaira	plairont	aura plu	auront plu

Subjonctif

Présent
		Passé	
plaise	plaisions	aie plu	ayons plu
plaises	plaisiez	aies plu	ayez plu
plaise	plaisent	ait plu	aient plu

Imparfait
		Plus-que-parfait	
plusse	plussions	eusse plu	eussions plu
plusses	plussiez	eusses plu	eussiez plu
plût	plussent	eût plu	eussent plu

Conditionnel

Présent
		Passé	
plairais	plairions	aurais plu	aurions plu
plairais	plairiez	aurais plu	auriez plu
plairait	plairaient	aurait plu	auraient plu

Impératif

plais
plaisons
plaisez

Participes
Présent	Passé
plaisant	plu

Related Words
se plaire	*to enjoy, to like*	plaisant	*pleasing, agreeable*

133

103 plaisanter to jest, to joke

intransitive

	je	nous
	tu	vous
	il/elle/on	ils/elles

Indicatif

Présent
plaisante	plaisantons
plaisantes	plaisantez
plaisante	plaisantent

Passé composé
ai plaisanté	avons plaisanté
as plaisanté	avez plaisanté
a plaisanté	ont plaisanté

Imparfait
plaisantais	plaisantions
plaisantais	plaisantiez
plaisantait	plaisantaient

Plus-que-parfait
avais plaisanté	avions plaisanté
avais plaisanté	aviez plaisanté
avait plaisanté	avaient plaisanté

Passé simple
plaisantai	plaisantâmes
plaisantas	plaisantâtes
plaisanta	plaisantèrent

Passé antérieur
eus plaisanté	eûmes plaisanté
eus plaisanté	eûtes plaisanté
eut plaisanté	eurent plaisanté

Futur simple
plaisanterai	plaisanterons
plaisanteras	plaisanterez
plaisantera	plaisanteront

Futur antérieur
aurai plaisanté	aurons plaisanté
auras plaisanté	aurez plaisanté
aura plaisanté	auront plaisanté

Subjonctif

Présent
plaisante	plaisantions
plaisantes	plaisantiez
plaisante	plaisantent

Passé
aie plaisanté	ayons plaisanté
aies plaisanté	ayez plaisanté
ait plaisanté	aient plaisanté

Imparfait
plaisantasse	plaisantassions
plaisantasses	plaisantassiez
plaisantât	plaisantassent

Plus-que-parfait
eusse plaisanté	eussions plaisanté
eusses plaisanté	eussiez plaisanté
eût plaisanté	eussent plaisanté

Conditionnel

Présent
plaisanterais	plaisanterions
plaisanterais	plaisanteriez
plaisanterait	plaisanteraient

Passé
aurais plaisanté	aurions plaisanté
aurais plaisanté	auriez plaisanté
aurait plaisanté	auraient plaisanté

Impératif
plaisante
plaisantons
plaisantez

Participes

Présent
plaisantant

Passé
plaisanté

Related Words
plaisant	*pleasant*	la plaisanterie	*joke*
le plaisantin	*joker*		

104 pleurer to cry, to mourn

		je	nous
intransitive (cry)		tu	vous
transitive (mourn)		il/elle/on	ils/elles

Indicatif

Présent
pleure	pleurons
pleures	pleurez
pleure	pleurent

Passé composé
ai pleuré	avons pleuré
as pleuré	avez pleuré
a pleuré	ont pleuré

Imparfait
pleurais	pleurions
pleurais	pleuriez
pleurait	pleuraient

Plus-que-parfait
avais pleuré	avions pleuré
avais pleuré	aviez pleuré
avait pleuré	avaient pleuré

Passé simple
pleurai	pleurâmes
pleuras	pleurâtes
pleura	pleurèrent

Passé antérieur
eus pleuré	eûmes pleuré
eus pleuré	eûtes pleuré
eut pleuré	eurent pleuré

Futur simple
pleurerai	pleurerons
pleureras	pleurerez
pleurera	pleureront

Futur antérieur
aurai pleuré	aurons pleuré
auras pleuré	aurez pleuré
aura pleuré	auront pleuré

Subjonctif

Présent
pleure	pleurions
pleures	pleuriez
pleure	pleurent

Passé
aie pleuré	ayons pleuré
aies pleuré	ayez pleuré
ait pleuré	aient pleuré

Imparfait
pleurasse	pleurassions
pleurasses	pleurassiez
pleurât	pleurassent

Plus-que-parfait
eusse pleuré	eussions pleuré
eusses pleuré	eussiez pleuré
eût pleuré	eussent pleuré

Conditionnel

Présent
pleurerais	pleurerions
pleurerais	pleureriez
pleurerait	pleureraient

Passé
aurais pleuré	aurions pleuré
aurais pleuré	auriez pleuré
aurait pleuré	auraient pleuré

Impératif
pleure
pleurons
pleurez

Participes

Présent
pleurant

Passé
pleuré

Related Words

en pleurs	*in tears*	pleurnicher	*to snivel*
le/la	*crybaby*		
pleurnicheur/-euse			

105 pleuvoir to rain

intransitive
impersonal   il

Indicatif
Présent   **Passé composé**
il pleut   il a plu

Imparfait   **Plus-que-parfait**
il pleuvait   il avait plu

Passé simple   **Passé antérieur**
il plut   il eut plu

Futur simple   **Futur antérieur**
il pleuvra   il aurait plu

Subjonctif
Présent   **Passé**
qu'il pleuve   qu'il ait plu

Imparfait   **Plus-que-parfait**
qu'il plût   qu'il eût plu

Conditionnel
Présent   **Passé**
il pleuvrait   il aurait plu

Impératif   ### Participes
——   **Présent**   **Passé**
                                     pleuvant   plu

Related Words
la pluie	*rain*	pluvieux	*rainy*
pleuvoter	*to drizzle*	la pluie diluvienne	*downpour*
le parapluie	*umbrella*		

106 plier to fold, to bend

transitive

	je	nous
	tu	vous
	il/elle/on	ils/elles

Indicatif

Présent
plie	plions
plies	pliez
plie	plient

Passé composé
ai plié	avons plié
as plié	avez plié
a plié	ont plié

Imparfait
pliais	pliions
pliais	pliiez
pliait	pliaient

Plus-que-parfait
avais plié	avions plié
avais plié	aviez plié
avait plié	avaient plié

Passé simple
pliai	pliâmes
plias	pliâtes
plia	plièrent

Passé antérieur
eus plié	eûmes plié
eus plié	eûtes plié
eut plié	eurent plié

Futur simple
plierai	plierons
plieras	plierez
pliera	plieront

Futur antérieur
aurai plié	aurons plié
auras plié	aurez plié
aura plié	auront plié

Subjonctif

Présent
plie	pliions
plies	pliiez
plie	plient

Passé
aie plié	ayons plié
aies plié	ayez plié
ait plié	aient plié

Imparfait
pliasse	pliassions
pliasses	pliassiez
pliât	pliassent

Plus-que-parfait
eusse plié	eussions plié
eusses plié	eussiez plié
eût plié	eussent plié

Conditionnel

Présent
plierais	plierions
plierais	plieriez
plierait	plieraient

Passé
aurais plié	aurions plié
aurais plié	auriez plié
aurait plié	auraient plié

Impératif
plie
plions
pliez

Participes

Présent
pliant

Passé
plié

Related Words

se plier à	to obey	la pliure	fold, bend
pliant	folding, collapsible	déplier	to unfold, to stretch out
le dépliant	brochure, leaflet	le pli	fold, pleat

107 **plonger** to plunge, to dive

intransitive

Indicatif

Présent
plonge	plongeons
plonges	plongez
plonge	plongent

Passé composé
ai plongé	avons plongé
as plongé	avez plongé
a plongé	ont plongé

Imparfait
plongeais	plongions
plongeais	plongiez
plongeait	plongeaient

Plus-que-parfait
avais plongé	avions plongé
avais plongé	aviez plongé
avait plongé	avaient plongé

Passé simple
plongeai	plongeâmes
plongeas	plongeâtes
plongea	plongèrent

Passé antérieur
eus plongé	eûmes plongé
eus plongé	eûtes plongé
eut plongé	eurent plongé

Futur simple
plongerai	plongerons
plongeras	plongerez
plongera	plongeront

Futur antérieur
aurai plongé	aurons plongé
auras plongé	aurez plongé
aura plongé	auront plongé

Subjonctif

Présent
plonge	plongions
plonges	plongiez
plonge	plongent

Passé
aie plongé	ayons plongé
aies plongé	ayez plongé
ait plongé	aient plongé

Imparfait
plongeasse	plongeassions
plongeasses	plongeassiez
plongeât	plongeassent

Plus-que-parfait
eusse plongé	eussions plongé
eusses plongé	eussiez plongé
eût plongé	eussent plongé

Conditionnel

Présent
plongerais	plongerions
plongerais	plongeriez
plongerait	plongeraient

Passé
aurais plongé	aurions plongé
aurais plongé	auriez plongé
aurait plongé	auraient plongé

Impératif
plonge
plongeons
plongez

Participes

Présent
plongeant

Passé
plongé

Related Words

se plonger	*to immerse oneself*	le/la plongeur/-euse	*diver*
dans	*in*	la plongée	*diving*
le plongeoir	*diving board*		

138

108 **porter** to carry, to wear

transitive

	je	nous
	tu	vous
	il/elle/on	ils/elles

Indicatif

Présent
porte	portons
portes	portez
porte	portent

Passé composé
ai porté	avons porté
as porté	avez porté
a porté	ont porté

Imparfait
portais	portions
portais	portiez
portait	portaient

Plus-que-parfait
avais porté	avions porté
avais porté	aviez porté
avait porté	avaient porté

Passé simple
portai	portâmes
portas	portâtes
porta	portèrent

Passé antérieur
eus porté	eûmes porté
eus porté	eûtes porté
eut porté	eurent porté

Futur simple
porterai	porterons
porteras	porterez
portera	porteront

Futur antérieur
aurai porté	aurons porté
auras porté	aurez porté
aura porté	auront porté

Subjonctif

Présent
porte	portions
portes	portiez
porte	portent

Passé
aie porté	ayons porté
aies porté	ayez porté
ait porté	aient porté

Imparfait
portasse	portassions
portasses	portassiez
portât	portassent

Plus-que-parfait
eusse porté	eussions porté
eusses porté	eussiez porté
eût porté	eussent porté

Conditionnel

Présent
porterais	porterions
porterais	porteriez
porterait	porteraient

Passé
aurais porté	aurions porté
aurais porté	auriez porté
aurait porté	auraient porté

Impératif
porte
portons
portez

Participes

Présent
portant

Passé
porté

Related Words

se porter bien/mal	to be well/unwell	apporter	to bring
importer	to import; to matter	rapporter	to bring back
emporter	to take away	supporter	to bear, to tolerate
la portée	range, reach	le portable	laptop computer
portatif	portable; wearable	le portefeuille	wallet

109 **pouvoir** to be able to, can

je   nous
transitive   tu   vous
il/elle/on   ils/elles

Indicatif

Présent		Passé composé	
peux	pouvons	ai pu	avons pu
peux	pouvez	as pu	avez pu
peut	peuvent	a pu	ont pu

Imparfait		Plus-que-parfait	
pouvais	pouvions	avais pu	avions pu
pouvais	pouviez	avais pu	aviez pu
pouvait	pouvaient	avait pu	avaient pu

Passé simple		Passé antérieur	
pus	pûmes	eus pu	eûmes pu
pus	pûtes	eus pu	eûtes pu
put	purent	eut pu	eurent pu

Futur simple		Futur antérieur	
pourrai	pourrons	aurai pu	aurons pu
pourras	pourrez	auras pu	aurez pu
pourra	pourront	aura pu	auront pu

Subjonctif

Présent		Passé	
puisse	puissions	aie pu	ayons pu
puisses	puissiez	aies pu	ayez pu
puisse	puissent	ait pu	aient pu

Imparfait		Plus-que-parfait	
pusse	pussions	eusse pu	eussions pu
pusses	pussiez	eusses pu	eussiez pu
pût	pussent	eût pu	eussent pu

Conditionnel

Présent		Passé	
pourrais	pourrions	aurais pu	aurions pu
pourrais	pourriez	aurais pu	auriez pu
pourrait	pourraient	aurait pu	auraient pu

Impératif

———

Participes

Présent	Passé
pouvant	pu

Related Words

le pouvoir	*power*	puissant	*powerful*

140

110 **prendre** to take

transitive

Indicatif

Présent
prends	prenons		
prends	prenez		
prend	prennent		

Passé composé
ai pris	avons pris		
as pris	avez pris		
a pris	ont pris		

Imparfait
prenais	prenions
prenais	preniez
prenait	prenaient

Plus-que-parfait
avais pris	avions pris
avais pris	aviez pris
avait pris	avaient pris

Passé simple
pris	prîmes
pris	prîtes
prit	prirent

Passé antérieur
eus pris	eûmes pris
eus pris	eûtes pris
eut pris	eurent pris

Futur simple
prendrai	prendrons
prendras	prendrez
prendra	prendront

Futur antérieur
aurai pris	aurons pris
auras pris	aurez pris
aura pris	auront pris

Subjonctif

Présent
prenne	prenions
prennes	preniez
prenne	prennent

Passé
aie pris	ayons pris
aies pris	ayez pris
ait pris	aient pris

Imparfait
prisse	prissions
prisses	prissiez
prît	prissent

Plus-que-parfait
eusse pris	eussions pris
eusses pris	eussiez pris
eût pris	eussent pris

Conditionnel

Présent
prendrais	prendrions
prendrais	prendriez
prendrait	prendraient

Passé
aurais pris	aurions pris
aurais pris	auriez pris
aurait pris	auraient pris

Impératif
prends
prenons
prenez

Participes

Présent
prenant

Passé
pris

Related Words
entreprendre	to undertake, to begin	s'éprendre de	to fall in love with
se méprendre	to be mistaken	surprendre	to surprise
la prise	grip, hold, outlet		

141

111 **préparer** to prepare

transitive

Indicatif _____

Présent		**Passé composé**	
prépare	préparons	ai préparé	avons préparé
prépares	préparez	as préparé	avez préparé
prépare	préparent	a préparé	ont préparé

Imparfait		**Plus-que-parfait**	
préparais	préparions	avais préparé	avions préparé
préparais	prépariez	avais préparé	aviez préparé
préparait	préparaient	avait préparé	avaient préparé

Passé simple		**Passé antérieur**	
préparai	préparâmes	eus préparé	eûmes préparé
préparas	préparâtes	eus préparé	eûtes préparé
prépara	préparèrent	eut préparé	eurent préparé

Futur simple		**Futur antérieur**	
préparerai	préparerons	aurai préparé	aurons préparé
prépareras	préparerez	auras préparé	aurez préparé
préparera	prépareront	aura préparé	auront préparé

Subjonctif _____

Présent		**Passé**	
prépare	préparions	aie préparé	ayons préparé
prépares	prépariez	aies préparé	ayez préparé
prépare	préparent	ait préparé	aient préparé

Imparfait		**Plus-que-parfait**	
préparasse	préparassions	eusse préparé	eussions préparé
préparasses	préparassiez	eusses préparé	eussiez préparé
préparât	préparassent	eût préparé	eussent préparé

Conditionnel _____

Présent		**Passé**	
préparerais	préparerions	aurais préparé	aurions préparé
préparerais	prépareriez	aurais préparé	auriez préparé
préparerait	prépareraient	aurait préparé	auraient préparé

Impératif _____ ### Participes _____

	Présent	**Passé**
prépare	préparant	préparé
préparons		
préparez		

Related Words _____

se préparer	*to get ready*	la préparation	*preparation*

112 présenter to introduce, to present

transitive

Indicatif

Présent
présente	présentons
présentes	présentez
présente	présentent

Passé composé
ai présenté	avons présenté
as présenté	avez présenté
a présenté	ont présenté

Imparfait
présentais	présentions
présentais	présentiez
présentait	présentaient

Plus-que-parfait
avais présenté	avions présenté
avais présenté	aviez présenté
avait présenté	avaient présenté

Passé simple
présentai	présentâmes
présentas	présentâtes
présenta	présentèrent

Passé antérieur
eus présenté	eûmes présenté
eus présenté	eûtes présenté
eut présenté	eurent présenté

Futur simple
présenterai	présenterons
présenteras	présenterez
présentera	présenteront

Futur antérieur
aurai présenté	aurons présenté
auras présenté	aurez présenté
aura présenté	auront présenté

Subjonctif

Présent
présente	présentions
présentes	présentiez
présente	présentent

Passé
aie présenté	ayons présenté
aies présenté	ayez présenté
ait présenté	aient présenté

Imparfait
présentasse	présentassions
présentasses	présentassiez
présentât	présentassent

Plus-que-parfait
eusse présenté	eussions présenté
eusses présenté	eussiez présenté
eût présenté	eussent présenté

Conditionnel

Présent
présenterais	présenterions
présenterais	présenteriez
présenterait	présenteraient

Passé
aurais présenté	aurions présenté
aurais présenté	auriez présenté
aurait présenté	auraient présenté

Impératif

présente
présentons
présentez

Participes

Présent
présentant

Passé
présenté

Related Words

se présenter	to introduce oneself	la présentation	presentation
représenter	to represent	le/la représentant/e	representative

113 **prévenir** to prevent, to warn

transitive

	je	nous
	tu	vous
	il/elle/on	ils/elles

Indicatif

Présent
préviens	prévenons
préviens	prévenez
prévient	préviennent

Passé composé
ai prévenu	avons prévenu
as prévenu	avez prévenu
a prévenu	ont prévenu

Imparfait
prévenais	prévenions
prévenais	préveniez
prévenait	prévenaient

Plus-que-parfait
avais prévenu	avions prévenu
avais prévenu	aviez prévenu
avait prévenu	avaient prévenu

Passé simple
prévins	prévînmes
prévins	prévîntes
prévint	prévinrent

Passé antérieur
eus prévenu	eûmes prévenu
eus prévenu	eûtes prévenu
eut prévenu	eurent prévenu

Futur simple
préviendrai	préviendrons
préviendras	préviendrez
préviendra	préviendront

Futur antérieur
aurai prévenu	aurons prévenu
auras prévenu	aurez prévenu
aura prévenu	auront prévenu

Subjonctif

Présent
prévienne	prévenions
préviennes	préveniez
prévienne	préviennent

Passé
aie prévenu	ayons prévenu
aies prévenu	ayez prévenu
ait prévenu	aient prévenu

Imparfait
prévinsse	prévinssions
prévinsses	prévinssiez
prévînt	prévinssent

Plus-que-parfait
eusse prévenu	eussions prévenu
eusses prévenu	eussiez prévenu
eût prévenu	eussent prévenu

Conditionnel

Présent
préviendrais	préviendrions
préviendrais	préviendriez
préviendrait	préviendraient

Passé
aurais prévenu	aurions prévenu
aurais prévenu	auriez prévenu
aurait prévenu	auraient prévenu

Impératif
préviens
prévenons
prévenez

Participes

Présent
prévenant

Passé
prévenu

Related Words

la prévention	*prevention*	préventif	*preventive*
le/la prévenu/e	*defendant, accused*	prévenant	*considerate*

114 quitter to leave, to quit

transitive

	je	nous
	tu	vous
	il/elle/on	ils/elles

Indicatif

Présent
quitte	quittons
quittes	quittez
quitte	quittent

Passé composé
ai quitté	avons quitté
as quitté	avez quitté
a quitté	ont quitté

Imparfait
quittais	quittions
quittais	quittiez
quittait	quittaient

Plus-que-parfait
avais quitté	avions quitté
avais quitté	aviez quitté
avait quitté	avaient quitté

Passé simple
quittai	quittâmes
quittas	quittâtes
quitta	quittèrent

Passé antérieur
eus quitté	eûmes quitté
eus quitté	eûtes quitté
eut quitté	eurent quitté

Futur simple
quitterai	quitterons
quitteras	quitterez
quittera	quitteront

Futur antérieur
aurai quitté	aurons quitté
auras quitté	aurez quitté
aura quitté	auront quitté

Subjonctif

Présent
quitte	quittions
quittes	quittiez
quitte	quittent

Passé
aie quitté	ayons quitté
aies quitté	ayez quitté
ait quitté	aient quitté

Imparfait
quittasse	quittassions
quittasses	quittassiez
quittât	quittassent

Plus-que-parfait
eusse quitté	eussions quitté
eusses quitté	eussiez quitté
eût quitté	eussent quitté

Conditionnel

Présent
quitterais	quitterions
quitterais	quitteriez
quitterait	quitteraient

Passé
aurais quitté	aurions quitté
aurais quitté	auriez quitté
aurait quitté	auraient quitté

Impératif

quitte
quittons
quittez

Participes

Présent
quittant

Passé
quitté

Related Words

| la quittance | receipt (bill or rent) | acquitter | to acquit |
| être quitte d'une dette | to be clear of a debt | quitte à | even if it means |

115 raconter to tell

je nous
transitive   tu vous
il/elle/on ils/elles

Indicatif

Présent

		Passé composé	
raconte	racontons	ai raconté	avons raconté
racontes	racontez	as raconté	avez raconté
raconte	racontent	a raconté	ont raconté

Imparfait

		Plus-que-parfait	
racontais	racontions	avais raconté	avions raconté
racontais	racontiez	avais raconté	aviez raconté
racontait	racontaient	avait raconté	avaient raconté

Passé simple

		Passé antérieur	
racontai	racontâmes	eus raconté	eûmes raconté
racontas	racontâtes	eus raconté	eûtes raconté
raconta	racontèrent	eut raconté	eurent raconté

Futur simple

		Futur antérieur	
raconterai	raconterons	aurai raconté	aurons raconté
raconteras	raconterez	auras raconté	aurez raconté
racontera	raconteront	aura raconté	auront raconté

Subjonctif

Présent

		Passé	
raconte	racontions	aie raconté	ayons raconté
racontes	racontiez	aies raconté	ayez raconté
raconte	racontent	ait raconté	aient raconté

Imparfait

		Plus-que-parfait	
racontasse	racontassions	eusse raconté	eussions raconté
racontasses	racontassiez	eusses raconté	eussiez raconté
racontât	racontassent	eût raconté	eussent raconté

Conditionnel

Présent

		Passé	
raconterais	raconterions	aurais raconté	aurions raconté
raconterais	raconteriez	aurais raconté	auriez raconté
raconterait	raconteraient	aurait raconté	auraient raconté

Impératif

raconte
racontons
racontez

Participes

Présent	Passé
racontant	raconté

Related Words

le racontar	*false story, lie*	le conte	*story, tale*
le conte de fée	*fairy tale*	le conteur	*storyteller*

116 rater to miss, to fail

je   nous
transitive   tu   vous
(colloquial)   il/elle/on   ils/elles

Indicatif

Présent
rate	ratons
rates	ratez
rate	ratent

Passé composé
ai raté	avons raté
as raté	avez raté
a raté	ont raté

Imparfait
ratais	rations
ratais	ratiez
ratait	rataient

Plus-que-parfait
avais raté	avions raté
avais raté	aviez raté
avait raté	avaient raté

Passé simple
ratai	ratâmes
ratas	ratâtes
rata	ratèrent

Passé antérieur
eus raté	eûmes raté
eus raté	eûtes raté
eut raté	eurent raté

Futur simple
raterai	raterons
rateras	raterez
ratera	rateront

Futur antérieur
aurai raté	aurons raté
auras raté	aurez raté
aura raté	auront raté

Subjonctif

Présent
rate	rations
rates	ratiez
rate	ratent

Passé
aie raté	ayons raté
aies raté	ayez raté
ait raté	aient raté

Imparfait
ratasse	ratassions
ratasses	ratassiez
ratât	ratassent

Plus-que-parfait
eusse raté	eussions raté
eusses raté	eussiez raté
eût raté	eussent raté

Conditionnel

Présent
raterais	raterions
raterais	rateriez
raterait	rateraient

Passé
aurais raté	aurions raté
aurais raté	auriez raté
aurait raté	auraient raté

Impératif
rate
ratons
ratez

Participes

Présent
ratant

Passé
raté

Related Words

le/la raté/e	*failure (person)*	rater le bus	*miss the bus*
rater un examen	*to fail an exam*		

117 **recevoir** to receive

transitive

Indicatif

Présent
		Passé composé	
reçois	recevons	ai reçu	avons reçu
reçois	recevez	as reçu	avez reçu
reçoit	reçoivent	a reçu	ont reçu

Imparfait / Plus-que-parfait
		Plus-que-parfait	
recevais	recevions	avais reçu	avions reçu
recevais	receviez	avais reçu	aviez reçu
recevait	recevaient	avait reçu	avaient reçu

Passé simple / Passé antérieur
		Passé antérieur	
reçus	reçûmes	eus reçu	eûmes reçu
reçus	reçûtes	eus reçu	eûtes reçu
reçut	reçurent	eut reçu	eurent reçu

Futur simple / Futur antérieur
		Futur antérieur	
recevrai	recevrons	aurai reçu	aurons reçu
recevras	recevrez	auras reçu	aurez reçu
recevra	recevront	aura reçu	auront reçu

Subjonctif

Présent / Passé
		Passé	
reçoive	recevions	aie reçu	ayons reçu
reçoives	receviez	aies reçu	ayez reçu
reçoive	reçoivent	ait reçu	aient reçu

Imparfait / Plus-que-parfait
		Plus-que-parfait	
reçusse	reçussions	eusse reçu	eussions reçu
reçusses	reçussiez	eusses reçu	eussiez reçu
reçût	reçussent	eût reçu	eussent reçu

Conditionnel

Présent / Passé
		Passé	
recevrais	recevrions	aurais reçu	aurions reçu
recevrais	recevriez	aurais reçu	auriez reçu
recevrait	recevraient	aurait reçu	auraient reçu

Impératif

reçois
recevons
recevez

Participes

Présent / Passé
Présent	Passé
recevant	reçu

Related Words

la réception	*reception*	la recevabilité	*admissibility (court)*
recevable	*admissible*	le/la receveur/-euse	*recipient*

118 réfléchir to think about, to reflect upon

intransitive

	je	nous
	tu	vous
	il/elle/on	ils/elles

Indicatif

Présent
réfléchis	réfléchissons
réfléchis	réfléchissez
réfléchit	réfléchissent

Passé composé
ai réfléchi	avons réfléchi
as réfléchi	avez réfléchi
a réfléchi	ont réfléchi

Imparfait
réfléchissais	réfléchissions
réfléchissais	réfléchissiez
réfléchissait	réfléchissaient

Plus-que-parfait
avais réfléchi	avions réfléchi
avais réfléchi	aviez réfléchi
avait réfléchi	avaient réfléchi

Passé simple
réfléchis	réfléchîmes
réfléchis	réfléchîtes
réfléchit	réfléchirent

Passé antérieur
eus réfléchi	eûmes réfléchi
eus réfléchi	eûtes réfléchi
eut réfléchi	eurent réfléchi

Futur simple
réfléchirai	réfléchirons
réfléchiras	réfléchirez
réfléchira	réfléchiront

Futur antérieur
aurai réfléchi	aurons réfléchi
auras réfléchi	aurez réfléchi
aura réfléchi	auront réfléchi

Subjonctif

Présent
réfléchisse	réfléchissions
réfléchisses	réfléchissiez
réfléchisse	réfléchissent

Passé
aie réfléchi	ayons réfléchi
aies réfléchi	ayez réfléchi
ait réfléchi	aient réfléchi

Imparfait
réfléchisse	réfléchissions
réfléchisses	réfléchissiez
réfléchît	réfléchissent

Plus-que-parfait
eusse réfléchi	eussions réfléchi
eusses réfléchi	eussiez réfléchi
eût réfléchi	eussent réfléchi

Conditionnel

Présent
réfléchirais	réfléchirions
réfléchirais	réfléchiriez
réfléchirait	réfléchiraient

Passé
aurais réfléchi	aurions réfléchi
aurais réfléchi	auriez réfléchi
aurait réfléchi	auraient réfléchi

Impératif

réfléchis
réfléchissons
réfléchissez

Participes

Présent
réfléchissant

Passé
réfléchi

Related Words

réfléchi	*reflexive (grammar),*	réfléchissant	*reflexive*
	reflective (person)	le/la réflecteur/-trice	*reflector*
le reflet	*reflection*		

149

119 refuser to refuse, to turn down

transitive

Indicatif

Présent
refuse	refusons
refuses	refusez
refuse	refusent

Passé composé
ai refusé	avons refusé
as refusé	avez refusé
a refusé	ont refusé

Imparfait
refusais	refusions
refusais	refusiez
refusait	refusaient

Plus-que-parfait
avais refusé	avions refusé
avais refusé	aviez refusé
avait refusé	avaient refusé

Passé simple
refusai	refusâmes
refusas	refusâtes
refusa	refusèrent

Passé antérieur
eus refusé	eûmes refusé
eus refusé	eûtes refusé
eut refusé	eurent refusé

Futur simple
refuserai	refuserons
refuseras	refuserez
refusera	refuseront

Futur antérieur
aurai refusé	aurons refusé
auras refusé	aurez refusé
aura refusé	auront refusé

Subjonctif

Présent
refuse	refusions
refuses	refusiez
refuse	refusent

Passé
aie refusé	ayons refusé
aies refusé	ayez refusé
ait refusé	aient refusé

Imparfait
refusasse	refusassions
refusasses	refusassiez
refusât	refusassent

Plus-que-parfait
eusse refusé	eussions refusé
eusses refusé	eussiez refusé
eût refusé	eussent refusé

Conditionnel

Présent
refuserais	refuserions
refuserais	refuseriez
refuserait	refuseraient

Passé
aurais refusé	aurions refusé
aurais refusé	auriez refusé
aurait refusé	auraient refusé

Impératif
refuse
refusons
refusez

Participes
Présent
refusant

Passé
refusé

Related Words
le refus	*refusal*	se refuser à	*to refuse to accept*

120 regarder to look at, to watch

transitive

Indicatif

Présent
regarde	regardons		
regardes	regardez		
regarde	regardent		

Passé composé
ai regardé	avons regardé		
as regardé	avez regardé		
a regardé	ont regardé		

Imparfait
regardais	regardions
regardais	regardiez
regardait	regardaient

Plus-que-parfait
avais regardé	avions regardé
avais regardé	aviez regardé
avait regardé	avaient regardé

Passé simple
regardai	regardâmes
regardas	regardâtes
regarda	regardèrent

Passé antérieur
eus regardé	eûmes regardé
eus regardé	eûtes regardé
eut regardé	eurent regardé

Futur simple
regarderai	regarderons
regarderas	regarderez
regardera	regarderont

Futur antérieur
aurai regardé	aurons regardé
auras regardé	aurez regardé
aura regardé	auront regardé

Subjonctif

Présent
regarde	regardions
regardes	regardiez
regarde	regardent

Passé
aie regardé	ayons regardé
aies regardé	ayez regardé
ait regardé	aient regardé

Imparfait
regardasse	regardassions
regardasses	regardassiez
regardât	regardassent

Plus-que-parfait
eusse regardé	eussions regardé
eusses regardé	eussiez regardé
eût regardé	eussent regardé

Conditionnel

Présent
regarderais	regarderions
regarderais	regarderiez
regarderait	regarderaient

Passé
aurais regardé	aurions regardé
aurais regardé	auriez regardé
aurait regardé	auraient regardé

Impératif
regarde
regardons
regardez

Participes

Présent
regardant

Passé
regardé

Related Words
le regard	*glance, gaze, stare*	regardant	*careful with money*

121 régler to pay, to sort

transitive

Indicatif

Présent		Passé composé	
règle	réglons	ai réglé	avons réglé
règles	réglez	as réglé	avez réglé
règle	règlent	a réglé	ont réglé

Imparfait		Plus-que-parfait	
réglais	réglions	avais réglé	avions réglé
réglais	régliez	avais réglé	aviez réglé
réglait	réglaient	avait réglé	avaient réglé

Passé simple		Passé antérieur	
réglai	réglâmes	eus réglé	eûmes réglé
réglas	réglâtes	eus réglé	eûtes réglé
régla	réglèrent	eut réglé	eurent réglé

Futur simple		Futur antérieur	
réglerai	réglerons	aurai réglé	aurons réglé
régleras	réglerez	auras réglé	aurez réglé
réglera	régleront	aura réglé	auront réglé

Subjonctif

Présent		Passé	
règle	réglions	aie réglé	ayons réglé
règles	régliez	aies réglé	ayez réglé
règle	règlent	ait réglé	aient réglé

Imparfait		Plus-que-parfait	
réglasse	réglassions	eusse réglé	eussions réglé
réglasses	réglassiez	eusses réglé	eussiez réglé
réglât	réglassent	eût réglé	eussent réglé

Conditionnel

Présent		Passé	
réglerais	réglerions	aurais réglé	aurions réglé
réglerais	régleriez	aurais réglé	auriez réglé
réglerait	régleraient	aurait réglé	auraient réglé

Impératif

règle
réglons
réglez

Participes

Présent	Passé
réglant	réglé

Related Words

le règlement	*regulation*	la règle	*rule*
réglé	*well ordered*	le réglage	*adjustment*

152

122 **regretter** to regret

transitive

Indicatif

Présent
regrette	regrettons
regrettes	regrettez
regrette	regrettent

Passé composé
ai regretté	avons regretté
as regretté	avez regretté
a regretté	ont regretté

Imparfait
regrettais	regrettions
regrettais	regrettiez
regrettait	regrettaient

Plus-que-parfait
avais regretté	avions regretté
avais regretté	aviez regretté
avait regretté	avaient regretté

Passé simple
regrettai	regrettâmes
regrettas	regrettâtes
regretta	regrettèrent

Passé antérieur
eus regretté	eûmes regretté
eus regretté	eûtes regretté
eut regretté	eurent regretté

Futur simple
regretterai	regretterons
regretteras	regretterez
regrettera	regretteront

Futur antérieur
aurai regretté	aurons regretté
auras regretté	aurez regretté
aura regretté	auront regretté

Subjonctif

Présent
regrette	regrettions
regrettes	regrettiez
regrette	regrettent

Passé
aie regretté	ayons regretté
aies regretté	ayez regretté
ait regretté	aient regretté

Imparfait
regrettasse	regrettassions
regrettasses	regrettassiez
regrettât	regrettassent

Plus-que-parfait
eusse regretté	eussions regretté
eusses regretté	eussiez regretté
eût regretté	eussent regretté

Conditionnel

Présent
regretterais	regretterions
regretterais	regretteriez
regretterait	regretteraient

Passé
aurais regretté	aurions regretté
aurais regretté	auriez regretté
aurait regretté	auraient regretté

Impératif
regrette
regrettons
regrettez

Participes

Présent
regrettant

Passé
regretté

Related Words
le regret	*regret*	regrettable	*regretable*

123 **rencontrer** to meet, to run into

Indicatif

Présent

		Passé composé	
rencontre	rencontrons	ai rencontré	avons rencontré
rencontres	rencontrez	as rencontré	avez rencontré
rencontre	rencontrent	a rencontré	ont rencontré

Imparfait

		Plus-que-parfait	
rencontrais	rencontrions	avais rencontré	avions rencontré
rencontrais	rencontriez	avais rencontré	aviez rencontré
rencontrait	rencontraient	avait rencontré	avaient rencontré

Passé simple

		Passé antérieur	
rencontrai	rencontrâmes	eus rencontré	eûmes rencontré
rencontras	rencontrâtes	eus rencontré	eûtes rencontré
rencontra	rencontrèrent	eut rencontré	eurent rencontré

Futur simple

		Futur antérieur	
rencontrerai	rencontrerons	aurai rencontré	aurons rencontré
rencontreras	rencontrerez	auras rencontré	aurez rencontré
rencontrera	rencontreront	aura rencontré	auront rencontré

Subjonctif

Présent

		Passé	
rencontre	rencontrions	aie rencontré	ayons rencontré
rencontres	rencontriez	aies rencontré	ayez rencontré
rencontre	rencontrent	ait rencontré	aient rencontré

Imparfait

		Plus-que-parfait	
rencontrasse	rencontrassions	eusse rencontré	eussions rencontré
rencontrasses	rencontrassiez	eusses rencontré	eussiez rencontré
rencontrât	rencontrassent	eût rencontré	eussent rencontré

Conditionnel

Présent

		Passé	
rencontrerais	rencontrerions	aurais rencontré	aurions rencontré
rencontrerais	rencontreriez	aurais rencontré	auriez rencontré
rencontrerait	rencontreraient	aurait rencontré	auraient rencontré

Impératif / Participes

	Présent	**Passé**
rencontre	rencontrant	rencontré
rencontrons		
rencontrez		

Related Words

la rencontre	*meeting*	se rencontrer	*to meet*

124 rendre to return, to give back

transitive

Indicatif

Présent		Passé composé	
rends	rendons	ai rendu	avons rendu
rends	rendez	as rendu	avez rendu
rend	rendent	a rendu	ont rendu

Imparfait		Plus-que-parfait	
rendais	rendions	avais rendu	avions rendu
rendais	rendiez	avais rendu	aviez rendu
rendait	rendaient	avait rendu	avaient rendu

Passé simple		Passé antérieur	
rendis	rendîmes	eus rendu	eûmes rendu
rendis	rendîtes	eus rendu	eûtes rendu
rendit	rendirent	eut rendu	eurent rendu

Futur simple		Futur antérieur	
rendrai	rendrons	aurai rendu	aurons rendu
rendras	rendrez	auras rendu	aurez rendu
rendra	rendront	aura rendu	auront rendu

Subjonctif

Présent		Passé	
rende	rendions	aie rendu	ayons rendu
rendes	rendiez	aies rendu	ayez rendu
rende	rendent	ait rendu	ait rendu

Imparfait		Plus-que-parfait	
rendisse	rendissions	eusse rendu	eussions rendu
rendisses	rendissiez	eusses rendu	eussiez rendu
rendît	rendissent	eût rendu	eussent rendu

Conditionnel

Présent		Passé	
rendrais	rendrions	aurais rendu	aurions rendu
rendrais	rendriez	aurais rendu	auriez rendu
rendrait	rendraient	aurait rendu	auraient rendu

Impératif   Participes

	Présent	Passé
rends	rendant	rendu
rendons		
rendez		

Related Words

le rendement	yield, output	le rendez-vous	appointment
se rendre	to give up, surrender	se rendre à	to go to

155

125 **renoncer** to renounce

intransitive

	je	nous
	tu	vous
	il/elle/on	ils/elles

Indicatif

Présent
renonce	renonçons
renonces	renoncez
renonce	renoncent

Passé composé
ai renoncé	avons renoncé
as renoncé	avez renoncé
a renoncé	ont renoncé

Imparfait
renonçais	renoncions
renonçais	renonciez
renonçait	renonçaient

Plus-que-parfait
avais renoncé	avions renoncé
avais renoncé	aviez renoncé
avait renoncé	avaient renoncé

Passé simple
renonçai	renonçâmes
renonças	renonçâtes
renonça	renoncèrent

Passé antérieur
eus renoncé	eûmes renoncé
eus renoncé	eûtes renoncé
eut renoncé	eurent renoncé

Futur simple
renoncerai	renoncerons
renonceras	renoncerez
renoncera	renonceront

Futur antérieur
aurai renoncé	aurons renoncé
auras renoncé	aurez renoncé
aura renoncé	auront renoncé

Subjonctif

Présent
renonce	renoncions
renonces	renonciez
renonce	renoncent

Passé
aie renoncé	ayons renoncé
aies renoncé	ayez renoncé
ait renoncé	aient renoncé

Imparfait
renonçasse	renonçassions
renonçasses	renonçassiez
renonçât	renonçassent

Plus-que-parfait
eusse renoncé	eussions renoncé
eusses renoncé	eussiez renoncé
eût renoncé	eussent renoncé

Conditionnel

Présent
renoncerais	renoncerions
renoncerais	renonceriez
renoncerait	renonceraient

Passé
aurais renoncé	aurions renoncé
aurais renoncé	auriez renoncé
aurait renoncé	auraient renoncé

Impératif
renonce
renonçons
renoncez

Participes

Présent
renonçant

Passé
renoncé

Related Words

la renonciation	*giving up, renunciation*	le renoncement	*renunciation*

126 **renverser** to knock over

transitive

	je	nous
	tu	vous
	il/elle/on	ils/elles

Indicatif

Présent
renverse	renversons
renverses	renversez
renverse	renversent

Passé composé
ai renversé	avons renversé
as renversé	avez renversé
a renversé	ont renversé

Imparfait
renversais	renversions
renversais	renversiez
renversait	renversaient

Plus-que-parfait
avais renversé	avions renversé
avais renversé	aviez renversé
avait renversé	avaient renversé

Passé simple
renversai	renversâmes
renversas	renversâtes
renversa	renversèrent

Passé antérieur
eus renversé	eûmes renversé
eus renversé	eûtes renversé
eut renversé	eurent renversé

Futur simple
renverserai	renverserons
renverseras	renverserez
renversera	renverseront

Futur antérieur
aurai renversé	aurons renversé
auras renversé	aurez renversé
aura renversé	auront renversé

Subjonctif

Présent
renverse	renversions
renverses	renversiez
renverse	renversent

Passé
aie renversé	ayons renversé
aies renversé	ayez renversé
ait renversé	aient renversé

Imparfait
renversasse	renversassions
renversasses	renversassiez
renversât	renversassent

Plus-que-parfait
eusse renversé	eussions renversé
eusses renversé	eussiez renversé
eût renversé	eussent renversé

Conditionnel

Présent
renverserais	renverserions
renverserais	renverseriez
renverserait	renverseraient

Passé
aurais renversé	aurions renversé
aurais renversé	auriez renversé
aurait renversé	auraient renversé

Impératif
renverse
renversons
renversez

Participes

Présent
renversant

Passé
renversé

Related Words

le renversement	*reversal, overthrow*	tomber à la renverse	*to fall backward*
		renversant	*amazing*

127 · répéter to repeat

je   nous
transitive   tu   vous
                                         il/elle/on ils/elles

Indicatif

Présent

répète	répétons
répètes	répétez
répète	répètent

Passé composé

ai répété	avons répété
as répété	avez répété
a répété	ont répété

Imparfait

répétais	répétions
répétais	répétiez
répétait	répétaient

Plus-que-parfait

avais répété	avions répété
avais répété	aviez répété
avait répété	avaient répété

Passé simple

répétai	répétâmes
répétas	répétâtes
répéta	répétèrent

Passé antérieur

eus répété	eûmes répété
eus répété	eûtes répété
eut répété	eurent répété

Futur simple

répéterai	répéterons
répéteras	répéterez
répétera	répéteront

Futur antérieur

aurai répété	aurons répété
auras répété	aurez répété
aura répété	auront répété

Subjonctif

Présent

répète	répétions
répètes	répétiez
répète	répètent

Passé

aie répété	ayons répété
aies répété	ayez répété
ait répété	aient répété

Imparfait

répétasse	répétassions
répétasses	répétassiez
répétât	répétassent

Plus-que-parfait

eusse répété	eussions répété
eusses répété	eussiez répété
eût répété	eussent répété

Conditionnel

Présent

répéterais	répéterions
répéterais	répéteriez
répéterait	répéteraient

Passé

aurais répété	aurions répété
aurais répété	auriez répété
aurait répété	auraient répété

Impératif

répète
répétons
répétez

Participes

Présent
répétant

Passé
répété

Related Words

la répétition	*repetition; rehearsal*	répétitif	*repetitive*

128 répondre to answer, to respond

	je	nous
transitive	tu	vous
	il/elle/on	ils/elles

Indicatif

Présent
réponds	répondons	**Passé composé**	
réponds	répondez	ai répondu	avons répondu
répond	répondent	as répondu	avez répondu
		a répondu	ont répondu

Imparfait
		Plus-que-parfait	
répondais	répondions	avais répondu	avions répondu
répondais	répondiez	avais répondu	aviez répondu
répondait	répondaient	avait répondu	avaient répondu

Passé simple
		Passé antérieur	
répondis	répondîmes	eus répondu	eûmes répondu
répondis	répondîtes	eus répondu	eûtes répondu
répondit	répondirent	eut répondu	eurent répondu

Futur simple
		Futur antérieur	
répondrai	répondrons	aurai répondu	aurons répondu
répondras	répondrez	auras répondu	aurez répondu
répondra	répondront	aura répondu	auront répondu

Subjonctif

Présent
		Passé	
réponde	répondions	aie répondu	ayons répondu
répondes	répondiez	aies répondu	ayez répondu
réponde	répondent	ait répondu	aient répondu

Imparfait
		Plus-que-parfait	
répondisse	répondissions	eusse répondu	eussions répondu
répondisses	répondissiez	eusses répondu	eussiez répondu
répondît	répondissent	eût répondu	eussent répondu

Conditionnel

Présent
		Passé	
répondrais	répondrions	aurais répondu	aurions répondu
répondrais	répondriez	aurais répondu	auriez répondu
répondrait	répondraient	aurait répondu	auraient répondu

Impératif

Participes

réponds	**Présent**	**Passé**
répondons	répondant	répondu
répondez		

Related Words

la réponse	*response*	le répondeur	*answering machine*

159

129 se reposer to rest

reflexive

	je	nous
	tu	vous
	il/elle/on	ils/elles

Indicatif

Présent
me repose	nous reposons
te reposes	vous reposez
se repose	se reposent

Passé composé
me suis reposé(e)	nous sommes reposé(e)s
t'es reposé(e)	vous êtes reposé(e)(s)
s'est reposé(e)	se sont reposé(e)s

Imparfait
me reposais	nous reposions
te reposais	vous reposiez
se reposait	se reposaient

Plus-que-parfait
m'étais reposé(e)	nous étions reposé(e)s
t'étais reposé(e)	vous étiez reposé(e)(s)
s'était reposé(e)	s'étaient reposé(e)s

Passé simple
me reposai	nous reposâmes
te reposas	vous reposâtes
se reposa	se reposèrent

Passé antérieur
me fus reposé(e)	nous fûmes reposé(e)s
te fus reposé(e)	vous fûtes reposé(e)(s)
se fut reposé(e)	se furent reposé(e)s

Futur simple
me reposerai	nous reposerons
te reposeras	vous reposerez
se reposera	se reposeront

Futur antérieur
me serai reposé(e)	nous serons reposé(e)s
te seras reposé(e)	vous serez reposé(e)(s)
se sera reposé(e)	se seront reposé(e)s

Subjonctif

Présent
me repose	nous reposions
te reposes	vous reposiez
se repose	se reposent

Passé
me sois reposé(e)	nous soyons reposé(e)s
te sois reposé(e)	vous soyez reposé(e)(s)
se soit reposé(e)	se soient reposé(e)s

Imparfait
me reposasse	nous reposassions
te reposasses	vous reposassiez
se reposât	se reposassent

Plus-que-parfait
me fusse reposé(e)	nous fussions reposé(e)s
te fusses reposé(e)	vous fussiez reposé(e)(s)
se fût reposé(e)	se fussent reposé(e)s

Conditionnel

Présent
me reposerais	nous reposerions
te reposerais	vous reposeriez
se reposerait	se reposeraient

Passé
me serais reposé(e)	nous serions reposé(e)s
te serais reposé(e)	vous seriez reposé(e)(s)
se serait reposé(e)	se seraient reposé(e)s

Impératif
repose-toi
reposons-nous
reposez-vous

Participes
Présent
me reposant, etc.

Passé
reposé

Related Words

reposer	*to put back down*	le repos	*rest*
reposant	*restful, relaxing*	le repose-tête	*headrest*
le repose-pieds	*footrest*		

130 réserver to reserve

transitive

Indicatif

Présent

réserve	réservons
réserves	réservez
réserve	réservent

Passé composé

ai réservé	avons réservé
as réservé	avez réservé
a réservé	ont réservé

Imparfait

réservais	réservions
réservais	réserviez
réservait	réservaient

Plus-que-parfait

avais réservé	avions réservé
avais réservé	aviez réservé
avait réservé	avaient réservé

Passé simple

réservai	réservâmes
réservas	réservâtes
réserva	réservèrent

Passé antérieur

eus réservé	eûmes réservé
eus réservé	eûtes réservé
eut réservé	eurent réservé

Futur simple

réserverai	réserverons
réserveras	réserverez
réservera	réserveront

Futur antérieur

aurai réservé	aurons réservé
auras réservé	aurez réservé
aura réservé	auront réservé

Subjonctif

Présent

réserve	réservions
réserves	réserviez
réserve	réservent

Passé

aie réservé	ayons réservé
aies réservé	ayez réservé
ait réservé	aient réservé

Imparfait

réservasse	réservassions
réservasses	réservassiez
réservât	réservassent

Plus-que-parfait

eusse réservé	eussions réservé
eusses réservé	eussiez réservé
eût réservé	eussent réservé

Conditionnel

Présent

réserverais	réserverions
réserverais	réserveriez
réserverait	réserveraient

Passé

aurais réservé	aurions réservé
aurais réservé	auriez réservé
aurait réservé	auraient réservé

Impératif

réserve
réservons
réservez

Participes

Présent

réservant

Passé

réservé

Related Words

la réserve	*reserve, stock*	la réservation	*reservation, booking*
réservé	*reserved*	le réservoir	*tank, reservoir*

131 résoudre to resolve

transitive

Indicatif

Présent
résous	résolvons
résous	résolvez
résout	résolvent

Passé composé
ai résolu	avons résolu
as résolu	avez résolu
a résolu	ont résolu

Imparfait
résolvais	résolvions
résolvais	résolviez
résolvait	résolvaient

Plus-que-parfait
avais résolu	avions résolu
avais résolu	aviez résolu
avait résolu	avaient résolu

Passé simple
résolus	résolûmes
résolus	résolûtes
résolut	résolurent

Passé antérieur
eus résolu	eûmes résolu
eus résolu	eûtes résolu
eut résolu	eurent résolu

Futur simple
résoudrai	résoudrons
résoudras	résoudrez
résoudra	résoudront

Futur antérieur
aurai résolu	aurons résolu
auras résolu	aurez résolu
aura résolu	auront résolu

Subjonctif

Présent
résolve	résolvions
résolves	résolviez
résolve	résolvent

Passé
aie résolu	ayons résolu
aies résolu	ayez résolu
ait résolu	aient résolu

Imparfait
résolusse	résolussions
résolusses	résolussiez
résolût	résolussent

Plus-que-parfait
eusse résolu	eussions résolu
eusses résolu	eussiez résolu
eût résolu	eussent résolu

Conditionnel

Présent
résoudrais	résoudrions
résoudrais	résoudriez
résoudrait	résoudraient

Passé
aurais résolu	aurions résolu
aurais résolu	auriez résolu
aurait résolu	auraient résolu

Impératif

| résous |
| résolvons |
| résolvez |

Participes

Présent
résolvant

Passé
résolu

Related Words

| se résoudre à | *to be resolved* | la résolution | *resolution* |
| faire quelque chose | *to do something* | résolu | *resolute, determined* |

132 réussir to succeed, to pass

transitive

	je	nous
	tu	vous
	il/elle/on	ils/elles

Indicatif

Présent
réussis	réussissons
réussis	réussissez
réussit	réussissent

Passé composé
ai réussi	avons réussi
as réussi	avez réussi
a réussi	ont réussi

Imparfait
réussissais	réussissions
réussissais	réussissiez
réussissait	réussissaient

Plus-que-parfait
avais réussi	avions réussi
avais réussi	aviez réussi
avait réussi	avaient réussi

Passé simple
réussis	réussîmes
réussis	réussîtes
réussit	réussirent

Passé antérieur
eus réussi	eûmes réussi
eus réussi	eûtes réussi
eut réussi	eurent réussi

Futur simple
réussirai	réussirons
réussiras	réussirez
réussira	réussiront

Futur antérieur
aurai réussi	aurons réussi
auras réussi	aurez réussi
aura réussi	auront réussi

Subjonctif

Présent
réussisse	réussissions
réussisses	réussissiez
réussisse	réussissent

Passé
aie réussi	ayons réussi
aies réussi	ayez réussi
ait réussi	aient réussi

Imparfait
réussisse	réussissions
réussisses	réussissiez
réussît	réussissent

Plus-que-parfait
eusse réussi	eussions réussi
eusses réussi	eussiez réussi
eût réussi	eussent réussi

Conditionnel

Présent
réussirais	réussirions
réussirais	réussiriez
réussirait	réussiraient

Passé
aurais réussi	aurions réussi
aurais réussi	auriez réussi
aurait réussi	auraient réussi

Impératif

réussis
réussissons
réussissez

Participes

Présent
réussissant

Passé
réussi

Related Words

| la réussite | *success* | réussi | *successful* |

133 **revenir** to return, to come back

intransitive

Indicatif

Présent		**Passé composé**	
reviens	revenons	suis revenu(e)	sommes revenu(e)s
reviens	revenez	es revenu(e)	êtes revenu(e)s
revient	reviennent	est revenu(e)	sont revenu(e)s

Imparfait		**Plus-que-parfait**	
revenais	revenions	étais revenu(e)	étions revenu(e)s
revenais	reveniez	étais revenu(e)	étiez revenu(e)(s)
revenait	revenaient	était revenu(e)	étaient revenu(e)s

Passé simple		**Passé antérieur**	
revins	revînmes	fus revenu(e)	fûmes revenu(e)s
revins	revîntes	fus revenu(e)	fûtes revenu(e)(s)
revint	revinrent	fut revenu(e)	furent revenu(e)s

Futur simple		**Futur antérieur**	
reviendrai	reviendrons	serai revenu(e)	serons revenu(e)s
reviendras	reviendrez	seras revenu(e)	serez revenu(e)(s)
reviendra	reviendront	sera revenu(e)	seront revenu(e)s

Subjonctif

Présent		**Passé**	
revienne	revenions	sois revenu(e)	soyons revenu(e)s
reviennes	reveniez	sois revenu(e)	soyez revenu(e)(s)
revienne	reviennent	soit revenu(e)	soient revenu(e)s

Imparfait		**Plus-que-parfait**	
revinsse	revinssions	fusse revenu(e)	fussions revenu(e)s
revinsses	revinssiez	fusses revenu(e)	fussiez revenu(e)(s)
revînt	revinssent	fût revenu(e)	fussent revenu(e)s

Conditionnel

Présent		**Passé**	
reviendrais	reviendrions	serais revenu(e)	serions revenu(e)s
reviendrais	reviendriez	serais revenu(e)	seriez revenu(e)(s)
reviendrait	reviendraient	serait revenu(e)	seraient revenu(e)s

Impératif

reviens
revenons
revenez

Participes

Présent	**Passé**
revenant	revenu

Related Words

le revenant	*ghost*	le revenu	*income, revenue*

134 **rêver** to dream

intransitive

	je	nous
	tu	vous
	il/elle/on	ils/elles

Indicatif

Présent
rêve	rêvons
rêves	rêvez
rêve	rêvent

Passé composé
ai rêvé	avons rêvé
as rêvé	avez rêvé
a rêvé	ont rêvé

Imparfait
rêvais	rêvions
rêvais	rêviez
rêvait	rêvaient

Plus-que-parfait
avais rêvé	avions rêvé
avais rêvé	aviez rêvé
avait rêvé	avaient rêvé

Passé simple
rêvai	rêvâmes
rêvas	rêvâtes
rêva	rêvèrent

Passé antérieur
eus rêvé	eûmes rêvé
eus rêvé	eûtes rêvé
eut rêvé	eurent rêvé

Futur simple
rêverai	rêverons
rêveras	rêverez
rêvera	rêveront

Futur antérieur
aurai rêvé	aurons rêvé
auras rêvé	aurez rêvé
aura rêvé	auront rêvé

Subjonctif

Présent
rêve	rêvions
rêves	rêviez
rêve	rêvent

Passé
aie rêvé	ayons rêvé
aies rêvé	ayez rêvé
ait rêvé	aient rêvé

Imparfait
rêvasse	rêvassions
rêvasses	rêvassiez
rêvât	rêvassent

Plus-que-parfait
eusse rêvé	eussions rêvé
eusses rêvé	eussiez rêvé
eût rêvé	eussent rêvé

Conditionnel

Présent
rêverais	rêverions
rêverais	rêveriez
rêverait	rêveraient

Passé
aurais rêvé	aurions rêvé
aurais rêvé	auriez rêvé
aurait rêvé	auraient rêvé

Impératif
rêve
rêvons
rêvez

Participes

Présent
rêvant

Passé
rêvé

Related Words

le rêve	*dream*	le rêveur	*dreamer*
la rêverie	*daydreaming*	rêvé	*ideal*

135 rire to laugh

intransitive

Indicatif

Présent
ris	rions
ris	riez
rit	rient

Passé composé
ai ri	avons ri
as ri	avez ri
a ri	ont ri

Imparfait
riais	riions
riais	riiez
riait	riaient

Plus-que-parfait
avais ri	avions ri
avais ri	aviez ri
avait ri	avaient ri

Passé simple
ris	rîmes
ris	rîtes
rit	rirent

Passé antérieur
eus ri	eûmes ri
eus ri	eûtes ri
eut ri	eurent ri

Futur simple
rirai	rirons
riras	rirez
rira	riront

Futur antérieur
aurai ri	aurons ri
auras ri	aurez ri
aura ri	auront ri

Subjonctif

Présent
rie	riions
ries	riiez
rie	rient

Passé
aie ri	ayons ri
aies ri	ayez ri
ait ri	aient ri

Imparfait
risse	rissions
risses	rissiez
rît	rissent

Plus-que-parfait
eusse ri	eussions ri
eusses ri	eussiez ri
eût ri	eussent ri

Conditionnel

Présent
rirais	ririons
rirais	ririez
rirait	riraient

Passé
aurais ri	aurions ri
aurais ri	auriez ri
aurait ri	auraient ri

Impératif
ris
rions
riez

Participes

Présent
riant

Passé
ri

Related Words

se rire de	to make light of	riant	pleasant, cheerful
risible	ridiculous, laughable	rieur	merry, happy

136 rougir to blush; to glow; to turn red

intransitive

	je	nous
	tu	vous
	il/elle/on	ils/elles

Indicatif

Présent
rougis	rougissons
rougis	rougissez
rougit	rougissent

Passé composé
ai rougi	avons rougi
as rougi	avez rougi
a rougi	ont rougi

Imparfait
rougissais	rougissions
rougissais	rougissiez
rougissait	rougissaient

Plus-que-parfait
avais rougi	avions rougi
avais rougi	aviez rougi
avait rougi	avaient rougi

Passé simple
rougis	rougîmes
rougis	rougîtes
rougit	rougirent

Passé antérieur
eus rougi	eûmes rougi
eus rougi	eûtes rougi
eut rougi	eurent rougi

Futur simple
rougirai	rougirons
rougiras	rougirez
rougira	rougiront

Futur antérieur
aurai rougi	aurons rougi
auras rougi	aurez rougi
aura rougi	auront rougi

Subjonctif

Présent
rougisse	rougissions
rougisses	rougissiez
rougisse	rougissent

Passé
aie rougi	ayons rougi
aies rougi	ayez rougi
ait rougi	aient rougi

Imparfait
rougisse	rougissions
rougisses	rougissiez
rougît	rougissent

Plus-que-parfait
eusse rougi	eussions rougi
eusses rougi	eussiez rougi
eût rougi	eussent rougi

Conditionnel

Présent
rougirais	rougirions
rougirais	rougiriez
rougirait	rougiraient

Passé
aurais rougi	aurions rougi
aurais rougi	auriez rougi
aurait rougi	auraient rougi

Impératif
rougis
rougissons
rougissez

Participes

Présent
rougissant

Passé
rougi

Related Words

rouge	*red*	rougissant	*blushing*
le rougissement	*blush*	la rougeur	*redness*
roux	*red, russet*	rougeâtre	*reddish*
rouillé	*rusty*	la rougeole	*measles*

137 savoir to know

transitive

	je	nous
	tu	vous
	il/elle/on	ils/elles

Indicatif

Présent
sais	savons
sais	savez
sait	savent

Passé composé
ai su	avons su
as su	avez su
a su	ont su

Imparfait
savais	savions
savais	saviez
savait	savaient

Plus-que-parfait
avais su	avions su
avais su	aviez su
avait su	avaient su

Passé simple
sus	sûmes
sus	sûtes
sut	surent

Passé antérieur
eus su	eûmes su
eus su	eûtes su
eut su	eurent su

Futur simple
saurai	saurons
sauras	saurez
saura	sauront

Futur antérieur
aurai su	aurons su
auras su	aurez su
aura su	auront su

Subjonctif

Présent
sache	sachions
saches	sachiez
sache	sachent

Passé
aie su	ayons su
aies su	ayez su
ait su	aient su

Imparfait
susse	sussions
susses	sussiez
sût	sussent

Plus-que-parfait
eusse su	eussions su
eusses su	eussiez su
eût su	eussent su

Conditionnel

Présent
saurais	saurions
saurais	sauriez
saurait	sauraient

Passé
aurais su	aurions su
aurais su	auriez su
aurait su	auraient su

Impératif
sache
sachons
sachez

Participes

Présent
sachant

Passé
su

Related Words

le savant	*scholar*	savant	*scholarly, skillful*
le savoir-vivre	*manners, mastery of social grace*	le savoir-faire	*know-how*
		savamment	*cleverly*

138 sentir to feel; to smell

	je	nous
intransitive	tu	vous
transitive	il/elle/on	ils/elles

Indicatif

Présent
sens	sentons
sens	sentez
sent	sentent

Passé composé
ai senti	avons senti
as senti	avez senti
a senti	ont senti

Imparfait
sentais	sentions
sentais	sentiez
sentait	sentaient

Plus-que-parfait
avais senti	avions senti
avais senti	aviez senti
avait senti	avaient senti

Passé simple
sentis	sentîmes
sentis	sentîtes
sentit	sentirent

Passé antérieur
eus senti	eûmes senti
eus senti	eûtes senti
eut senti	eurent senti

Futur simple
sentirai	sentirons
sentiras	sentirez
sentira	sentiront

Futur antérieur
aurai senti	aurons senti
auras senti	aurez senti
aura senti	auront senti

Subjonctif

Présent
sente	sentions
sentes	sentiez
sente	sentent

Passé
aie senti	ayons senti
aies senti	ayez senti
ait senti	aient senti

Imparfait
sentisse	sentissions
sentisses	sentissiez
sentît	sentissent

Plus-que-parfait
eusse senti	eussions senti
eusses senti	eussiez senti
eût senti	eussent senti

Conditionnel

Présent
sentirais	sentirions
sentirais	sentiriez
sentirait	sentiraient

Passé
aurais senti	aurions senti
aurais senti	auriez senti
aurait senti	auraient senti

Impératif
sens
sentons
sentez

Participes

Présent
sentant

Passé
senti

Related Words

se sentir	to feel (emotions)	ressentir	to feel (experience)
pressentir	to sense, to have a feeling	consentir	to agree, to consent
le sentiment	feeling	la sentimentalité	sentimentality

139 **servir** to serve

transitive

	je	nous
	tu	vous
	il/elle/on	ils/elles

Indicatif

Présent
sers	servons
sers	servez
sert	servent

Passé composé
ai servi	avons servi
as servi	avez servi
a servi	ont servi

Imparfait
servais	servions
servais	serviez
servait	servaient

Plus-que-parfait
avais servi	avions servi
avais servi	aviez servi
avait servi	avaient servi

Passé simple
servis	servîmes
servis	servîtes
servit	servirent

Passé antérieur
eus servi	eûmes servi
eus servi	eûtes servi
eut servi	eurent servi

Futur simple
servirai	servirons
serviras	servirez
servira	serviront

Futur antérieur
aurai servi	aurons servi
auras servi	aurez servi
aura servi	auront servi

Subjonctif

Présent
serve	servions
serves	serviez
serve	servent

Passé
aie servi	ayons servi
aies servi	ayez servi
ait servi	aient servi

Imparfait
servisse	servissions
servisses	servissiez
servît	servissent

Plus-que-parfait
eusse servi	eussions servi
eusses servi	eussiez servi
eût servi	eussent servi

Conditionnel

Présent
servirais	servirions
servirais	serviriez
servirait	serviraient

Passé
aurais servi	aurions servi
aurais servi	auriez servi
aurait servi	auraient servi

Impératif
| sers |
| servons |
| servez |

Participes
Présent
servant

Passé
servi

Related Words

se servir de	*to use*	asservir	*to enslave, to master*
desservir	*to clear away*	le service	*duty, service*
	(the table)	la servitude	*servitude*
le serveur	*waiter*	le serviteur	*servant*

140 **sonner** to ring

intransitive

	je	nous
	tu	vous
	il/elle/on	ils/elles

Indicatif

Présent
sonne	sonnons
sonnes	sonnez
sonne	sonnent

Passé composé
ai sonné	avons sonné
as sonné	avez sonné
a sonné	ont sonné

Imparfait
sonnais	sonnions
sonnais	sonniez
sonnait	sonnaient

Plus-que-parfait
avais sonné	avions sonné
avais sonné	aviez sonné
avait sonné	avaient sonné

Passé simple
sonnai	sonnâmes
sonnas	sonnâtes
sonna	sonnèrent

Passé antérieur
eus sonné	eûmes sonné
eus sonné	eûtes sonné
eut sonné	eurent sonné

Futur simple
sonnerai	sonnerons
sonneras	sonnerez
sonnera	sonneront

Futur antérieur
aurai sonné	aurons sonné
auras sonné	aurez sonné
aura sonné	auront sonné

Subjonctif

Présent
sonne	sonnions
sonnes	sonniez
sonne	sonnent

Passé
aie sonné	ayons sonné
aies sonné	ayez sonné
ait sonné	aient sonné

Imparfait
sonnasse	sonnassions
sonnasses	sonnassiez
sonnât	sonnassent

Plus-que-parfait
eusse sonné	eussions sonné
eusses sonné	eussiez sonné
eût sonné	eussent sonné

Conditionnel

Présent
sonnerais	sonnerions
sonnerais	sonneriez
sonnerait	sonneraient

Passé
aurais sonné	aurions sonné
aurais sonné	auriez sonné
aurait sonné	auraient sonné

Impératif
| sonne |
| sonnons |
| sonnez |

Participes

Présent
sonnant

Passé
sonné

Related Words

la sonnerie	*ringing*	la sonnette	*bell*
le sonneur	*bell ringer*	le son	*sound*
sonore	*resounding*	la sonorisation	*sound system*

171

141 **sortir** to go out, to exit

intransitive

	je	nous
	tu	vous
	il/elle/on	ils/elles

Indicatif

Présent
sors	sortons
sors	sortez
sort	sortent

Passé composé
suis sorti(e)	sommes sorti(e)s
es sorti(e)	êtes sorti(e)(s)
est sorti(e)	sont sorti(e)s

Imparfait
sortais	sortions
sortais	sortiez
sortait	sortaient

Plus-que-parfait
étais sorti(e)	étions sorti(e)s
étais sorti(e)	étiez sorti(e)(s)
était sorti(e)	étaient sorti(e)s

Passé simple
sortis	sortîmes
sortis	sortîtes
sortit	sortirent

Passé antérieur
fus sorti(e)	fûmes sorti(e)s
fus sorti(e)	fûtes sorti(e)(s)
fut sorti(e)	furent sorti(e)s

Futur simple
sortirai	sortirons
sortiras	sortirez
sortira	sortiront

Futur antérieur
serai sorti(e)	serons sorti(e)s
seras sorti(e)	serez sorti(e)(s)
sera sorti(e)	seront sorti(e)s

Subjonctif

Présent
sorte	sortions
sortes	sortiez
sorte	sortent

Passé
sois sorti(e)	soyons sorti(e)s
sois sorti(e)	soyez sorti(e)(s)
soit sorti(e)	soient sorti(e)s

Imparfait
sortisse	sortissions
sortisses	sortissiez
sortît	sortissent

Plus-que-parfait
fusse sorti(e)	fussions sorti(e)s
fusses sorti(e)	fussiez sorti(e)(s)
fût sorti(e)	fussent sorti(e)s

Conditionnel

Présent
sortirais	sortirions
sortirais	sortiriez
sortirait	sortiraient

Passé
serais sorti(e)	serions sorti(e)s
serais sorti(e)	seriez sorti(e)(s)
serait sorti(e)	seraient sorti(e)s

Impératif
sors
sortons
sortez

Participes

Présent
sortant

Passé
sorti

Related Words

la sortie	*exit*	sortir quelque chose	*to take out something (a dog)*

142 **souffler** to blow

intransitive

Indicatif

Présent
souffle	soufflons
souffles	soufflez
souffle	soufflent

Imparfait
soufflais	soufflions
soufflais	souffliez
soufflait	soufflaient

Passé simple
soufflai	soufflâmes
soufflas	soufflâtes
souffla	soufflèrent

Futur simple
soufflerai	soufflerons
souffleras	soufflerez
soufflera	souffleront

Passé composé
ai soufflé	avons soufflé
as soufflé	avez soufflé
a soufflé	ont soufflé

Plus-que-parfait
avais soufflé	avions soufflé
avais soufflé	aviez soufflé
avait soufflé	avaient soufflé

Passé antérieur
eus soufflé	eûmes soufflé
eus soufflé	eûtes soufflé
eut soufflé	eurent soufflé

Futur antérieur
aurai soufflé	aurons soufflé
auras soufflé	aurez soufflé
aura soufflé	auront soufflé

Subjonctif

Présent
souffle	soufflions
souffles	souffliez
souffle	soufflent

Imparfait
soufflasse	soufflassions
soufflasses	soufflassiez
soufflât	soufflassent

Passé
aie soufflé	ayons soufflé
aies soufflé	ayez soufflé
ait soufflé	aient soufflé

Plus-que-parfait
eusse soufflé	eussions soufflé
eusses soufflé	eussiez soufflé
eût soufflé	eussent soufflé

Conditionnel

Présent
soufflerais	soufflerions
soufflerais	souffleriez
soufflerait	souffleraient

Passé
aurais soufflé	aurions soufflé
aurais soufflé	auriez soufflé
aurait soufflé	auraient soufflé

Impératif
souffle
soufflons
soufflez

Participes

Présent
soufflant

Passé
soufflé

Related Words

le souffle	*blow, puff, breath*	le soufflé	*soufflé*
le soufflet	*bellows*	le souffleur	*prompter*

173

143 suivre to follow, to pursue

transitive

	je	nous
	tu	vous
	il/elle/on	ils/elles

Indicatif

Présent

suis	suivons
suis	suivez
suit	suivent

Passé composé

ai suivi	avons suivi
as suivi	avez suivi
a suivi	ont suivi

Imparfait

suivais	suivions
suivais	suiviez
suivait	suivaient

Plus-que-parfait

avais suivi	avions suivi
avais suivi	aviez suivi
avait suivi	avaient suivi

Passé simple

suivis	suivîmes
suivis	suivîtes
suivit	suivirent

Passé antérieur

eus suivi	eûmes suivi
eus suivi	eûtes suivi
eut suivi	eurent suivi

Futur simple

suivrai	suivrons
suivras	suivrez
suivra	suivront

Futur antérieur

aurai suivi	aurons suivi
auras suivi	aurez suivi
aura suivi	auront suivi

Subjonctif

Présent

suive	suivions
suives	suiviez
suive	suivent

Passé

aie suivi	ayons suivi
aies suivi	ayez suivi
ait suivi	aient suivi

Imparfait

suivisse	suivissions
suivisses	suivissiez
suivît	suivissent

Plus-que-parfait

eusse suivi	eussions suivi
eusses suivi	eussiez suivi
eût suivi	eussent suivi

Conditionnel

Présent

suivrais	suivrions
suivrais	suivriez
suivrait	suivraient

Passé

aurais suivi	aurions suivi
aurais suivi	auriez suivi
aurait suivi	auraient suivi

Impératif

| suis |
| suivons |
| suivez |

Participes

Présent

suivant

Passé

suivi

Related Words

| le suivant | the following one | suivant | according to |
| suivi | steady, consistent | la suite | continuation |

174

144 téléphoner to phone, to call

intransitive

	je	nous
	tu	vous
	il/elle/on	ils/elles

Indicatif

Présent
téléphone	téléphonons
téléphones	téléphonez
téléphone	téléphonent

Passé composé
ai téléphoné	avons téléphoné
as téléphoné	avez téléphoné
a téléphoné	ont téléphoné

Imparfait
téléphonais	téléphonions
téléphonais	téléphoniez
téléphonait	téléphonaient

Plus-que-parfait
avais téléphoné	avions téléphoné
avais téléphoné	aviez téléphoné
avait téléphoné	avaient téléphoné

Passé simple
téléphonai	téléphonâmes
téléphonas	téléphonâtes
téléphona	téléphonèrent

Passé antérieur
eus téléphoné	eûmes téléphoné
eus téléphoné	eûtes téléphoné
eut téléphoné	eurent téléphoné

Futur simple
téléphonerai	téléphonerons
téléphoneras	téléphonerez
téléphonera	téléphoneront

Futur antérieur
aurai téléphoné	aurons téléphoné
auras téléphoné	aurez téléphoné
aura téléphoné	auront téléphoné

Subjonctif

Présent
téléphone	téléphonions
téléphones	téléphoniez
téléphone	téléphonent

Passé
aie téléphoné	ayons téléphoné
aies téléphoné	ayez téléphoné
ait téléphoné	aient téléphoné

Imparfait
téléphonasse	téléphonassions
téléphonasses	téléphonassiez
téléphonât	téléphonassent

Plus-que-parfait
eusse téléphoné	eussions téléphoné
eusses téléphoné	eussiez téléphoné
eût téléphoné	eussent téléphoné

Conditionnel

Présent
téléphonerais	téléphonerions
téléphonerais	téléphoneriez
téléphonerait	téléphoneraient

Passé
aurais téléphoné	aurions téléphoné
aurais téléphoné	auriez téléphoné
aurait téléphoné	auraient téléphoné

Impératif
téléphone
téléphonons
téléphonez

Participes

Présent
téléphonant

Passé
téléphoné

Related Words

le coup de téléphone	phone call	le téléphone	telephone

145 **tenir** to hold

transitive

	je	nous
	tu	vous
	il/elle/on	ils/elles

Indicatif

Présent
tiens	tenons
tiens	tenez
tient	tiennent

Passé composé
ai tenu	avons tenu
as tenu	avez tenu
a tenu	ont tenu

Imparfait
tenais	tenions
tenais	teniez
tenait	tenaient

Plus-que-parfait
avais tenu	avions tenu
avais tenu	aviez tenu
avait tenu	avaient tenu

Passé simple
tins	tînmes
tins	tîntes
tint	tinrent

Passé antérieur
eus tenu	eûmes tenu
eus tenu	eûtes tenu
eut tenu	eurent tenu

Futur simple
tiendrai	tiendrons
tiendras	tiendrez
tiendra	tiendront

Futur antérieur
aurai tenu	aurons tenu
auras tenu	aurez tenu
aura tenu	auront tenu

Subjonctif

Présent
tienne	tenions
tiennes	teniez
tienne	tiennent

Passé
aie tenu	ayons tenu
aies tenu	ayez tenu
ait tenu	aient tenu

Imparfait
tinsse	tinssions
tinsses	tinssiez
tînt	tinssent

Plus-que-parfait
eusse tenu	eussions tenu
eusses tenu	eussiez tenu
eût tenu	eussent tenu

Conditionnel

Présent
tiendrais	tiendrions
tiendrais	tiendriez
tiendrait	tiendraient

Passé
aurais tenu	aurions tenu
aurais tenu	auriez tenu
aurait tenu	auraient tenu

Impératif
tiens
tenons
tenez

Participes

Présent
tenant

Passé
tenu

Related Words

tenir à	*to insist on, care about*	tenir de	*to look like, to take after*
contenir	*to hold, to contain*	entretenir	*to maintain, to keep*
maintenir	*to keep up, to support*	obtenir	*to obtain*
retenir	*to hold back*	soutenir	*to support, to hold up*
appartenir à	*to belong to*	la teneur	*content*
le tenant	*supporter, upholder*	la tenue	*upkeep, posture, dress*

146 terminer to finish, to terminate

	je	nous
transitive	tu	vous
	il/elle/on	ils/elles

Indicatif

Présent
termine	terminons
termines	terminez
termine	terminent

Passé composé
ai terminé	avons terminé
as terminé	avez terminé
a terminé	ont terminé

Imparfait
terminais	terminions
terminais	terminiez
terminait	terminaient

Plus-que-parfait
avais terminé	avions terminé
avais terminé	aviez terminé
avait terminé	avaient terminé

Passé simple
terminai	terminâmes
terminas	terminâtes
termina	terminèrent

Passé antérieur
eus terminé	eûmes terminé
eus terminé	eûtes terminé
eut terminé	eurent terminé

Futur simple
terminerai	terminerons
termineras	terminerez
terminera	termineront

Futur antérieur
aurai terminé	aurons terminé
auras terminé	aurez terminé
aura terminé	auront terminé

Subjonctif

Présent
termine	terminions
termines	terminiez
termine	terminent

Passé
aie terminé	ayons terminé
aies terminé	ayez terminé
ait terminé	aient terminé

Imparfait
terminasse	terminassions
terminasses	terminassiez
terminât	terminassent

Plus-que-parfait
eusse terminé	eussions terminé
eusses terminé	eussiez terminé
eût terminé	eussent terminé

Conditionnel

Présent
terminerais	terminerions
terminerais	termineriez
terminerait	termineraient

Passé
aurais terminé	aurions terminé
aurais terminé	auriez terminé
aurait terminé	auraient terminé

Impératif
termine
terminons
terminez

Participes

Présent
terminant

Passé
terminé

Related Words

se terminer	*to end, to come to an end*	le terminal	*terminal*
le terminus	*terminus*	la terminaison	*ending*

147 **trouver** to find

transitive

	je	nous
	tu	vous
	il/elle/on	ils/elles

Indicatif

Présent
trouve	trouvons
trouves	trouvez
trouve	trouvent

Passé composé
ai trouvé	avons trouvé
as trouvé	avez trouvé
a trouvé	ont trouvé

Imparfait
trouvais	trouvions
trouvais	trouviez
trouvait	trouvaient

Plus-que-parfait
avais trouvé	avions trouvé
avais trouvé	aviez trouvé
avait trouvé	avaient trouvé

Passé simple
trouvai	trouvâmes
trouvas	trouvâtes
trouva	trouvèrent

Passé antérieur
eus trouvé	eûmes trouvé
eus trouvé	eûtes trouvé
eut trouvé	eurent trouvé

Futur simple
trouverai	trouverons
trouveras	trouverez
trouvera	trouveront

Futur antérieur
aurai trouvé	aurons trouvé
auras trouvé	aurez trouvé
aura trouvé	auront trouvé

Subjonctif

Présent
trouve	trouvions
trouves	trouviez
trouve	trouvent

Passé
aie trouvé	ayons trouvé
aies trouvé	ayez trouvé
ait trouvé	aient trouvé

Imparfait
trouvasse	trouvassions
trouvasses	trouvassiez
trouvât	trouvassent

Plus-que-parfait
eusse trouvé	eussions trouvé
eusses trouvé	eussiez trouvé
eût trouvé	eussent trouvé

Conditionnel

Présent
trouverais	trouverions
trouverais	trouveriez
trouverait	trouveraient

Passé
aurais trouvé	aurions trouvé
aurais trouvé	auriez trouvé
aurait trouvé	auraient trouvé

Impératif

trouve
trouvons
trouvez

Participes

Présent
trouvant

Passé
trouvé

Related Words

se trouver	*to be located*	la trouvaille	*find, invention*
se retrouver	*to find oneself*		

148 valoir to be worth

intransitive

Indicatif

Présent
vaux	valons
vaux	valez
vaut	valent

Passé composé
ai valu	avons valu
as valu	avez valu
a valu	ont valu

Imparfait
valais	valions
valais	valiez
valait	valaient

Plus-que-parfait
avais valu	avions valu
avais valu	aviez valu
avait valu	avaient valu

Passé simple
valus	valûmes
valus	valûtes
valut	valurent

Passé antérieur
eus valu	eûmes valu
eus valu	eûtes valu
eut valu	eurent valu

Futur simple
vaudrai	vaudrons
vaudras	vaudrez
vaudra	vaudront

Futur antérieur
aurai valu	aurons valu
auras valu	aurez valu
aura valu	auront valu

Subjonctif

Présent
vaille	valions
vailles	valiez
vaille	vaillent

Passé
aie valu	ayons valu
aies valu	ayez valu
ait valu	aient valu

Imparfait
valusse	valussions
valusses	valussiez
valût	valussent

Plus-que-parfait
eusse valu	eussions valu
eusses valu	eussiez valu
eût valu	eussent valu

Conditionnel

Présent
vaudrais	vaudrions
vaudrais	vaudriez
vaudrait	vaudraient

Passé
aurais valu	aurions valu
aurais valu	auriez valu
aurait valu	auraient valu

Impératif
vaux
valons
valez

Participes

Présent
valant

Passé
valu

Related Words

la valeur	*value, worth*	valide	*able, able-bodied*
valeureux	*valorous*	valable	*valid*

179

149 venir to come

intransitive

Indicatif

Présent
viens	venons
viens	venez
vient	viennent

Passé composé
suis venu(e)	sommes venu(e)s
es venu(e)	êtes venu(e)(s)
est venu(e)	sont venu(e)s

Imparfait
venais	venions
venais	veniez
venait	venaient

Plus-que-parfait
étais venu(e)	étions venu(e)s
étais venu(e)	étiez venu(e)(s)
était venu(e)	étaient venu(e)s

Passé simple
vins	vînmes
vins	vîntes
vint	vinrent

Passé antérieur
fus venu(e)	fûmes venu(e)s
fus venu(e)	fûtes venu(e)(s)
fut venu(e)	furent venu(e)s

Futur simple
viendrai	viendrons
viendras	viendrez
viendra	viendront

Futur antérieur
serai venu(e)	serons venu(e)s
seras venu(e)	serez venu(e)(s)
sera venu(e)	seront venu(e)s

Subjonctif

Présent
vienne	venions
viennes	veniez
vienne	viennent

Passé
sois venu(e)	soyons venu(e)s
sois venu(e)	soyez venu(e)(s)
soit venu(e)	soient venu(e)s

Imparfait
vinsse	vinssions
vinsses	vinssiez
vînt	vinssent

Plus-que-parfait
fusse venu(e)	fussions venu(e)s
fusses venu(e)	fussiez venu(e)(s)
fût venu(e)	fussent venu(e)s

Conditionnel

Présent
viendrais	viendrions
viendrais	viendriez
viendrait	viendraient

Passé
serais venu(e)	serions venu(e)s
serais venu(e)	seriez venu(e)(s)
serait venu(e)	seraient venu(e)s

Impératif
viens
venons
venez

Participes

Présent
venant

Passé
venu

Related Words

la venue	*arrival*	contrevenir	*to contravene*
convenir	*to suit, to agree with*	devenir	*to become*
		prévenir	*to warn*
intervenir	*to intervene*	provenir	*to come from*
parvenir	*to get to, to reach*	l'avenir (m.)	*future*
se souvenir	*to remember*		

150 verdir to turn green

intransitive

Indicatif

Présent
verdis	verdissons
verdis	verdissez
verdit	verdissent

Passé composé
ai verdi	avons verdi
as verdi	avez verdi
a verdi	ont verdi

Imparfait
verdissais	verdissions
verdissais	verdissiez
verdissait	verdissaient

Plus-que-parfait
avais verdi	avions verdi
avais verdi	aviez verdi
avait verdi	avaient verdi

Passé simple
verdis	verdîmes
verdis	verdîtes
verdit	verdirent

Passé antérieur
eus verdi	eûmes verdi
eus verdi	eûtes verdi
eut verdi	eurent verdi

Futur simple
verdirai	verdirons
verdiras	verdirez
verdira	verdiront

Futur antérieur
aurai verdi	aurons verdi
auras verdi	aurez verdi
aura verdi	auront verdi

Subjonctif

Présent
verdisse	verdissions
verdisses	verdissiez
verdisse	verdissent

Passé
aie verdi	ayons verdi
aies verdi	ayez verdi
ait verdi	aient verdi

Imparfait
verdisse	verdissions
verdisses	verdissiez
verdît	verdissent

Plus-que-parfait
eusse verdi	eussions verdi
eusses verdi	eussiez verdi
eût verdi	eussent verdi

Conditionnel

Présent
verdirais	verdirions
verdirais	verdiriez
verdirait	verdiraient

Passé
aurais verdi	aurions verdi
aurais verdi	auriez verdi
aurait verdi	auraient verdi

Impératif
verdis
verdissons
verdissez

Participes

Présent
verdissant

Passé
verdi

Related Words
vert	*green*	la verdure	*greenery*
verdoyant	*green, verdant*	le vert-de-gris	*verdigris*

151 vérifier to verify

transitive

Indicatif

Présent
vérifie   vérifions
vérifies   vérifiez
vérifie   vérifient

Imparfait
vérifiais   vérifiions
vérifiais   vérifiiez
vérifiait   vérifiaient

Passé simple
vérifiai   vérifiâmes
vérifias   vérifiâtes
vérifia   vérifièrent

Futur simple
vérifierai   vérifierons
vérifieras   vérifierez
vérifiera   vérifieront

Passé composé
ai vérifié   avons vérifié
as vérifié   avez vérifié
a vérifié   ont vérifié

Plus-que-parfait
avais vérifié avions vérifié
avais vérifié aviez vérifié
avait vérifié avaient vérifié

Passé antérieur
eus vérifié   eûmes vérifié
eus vérifié   eûtes vérifié
eut vérifié   eurent vérifié

Futur antérieur
aurai vérifié aurons vérifié
auras vérifié aurez vérifié
aura vérifié   auront vérifié

Subjonctif

Présent
vérifie   vérifiions
vérifies   vérifiiez
vérifie   vérifient

Imparfait
vérifiasse   vérifiassions
vérifiasses vérifiassiez
vérifiât   vérifiassent

Passé
aie vérifié   ayons vérifié
aies vérifié   ayez vérifié
ait vérifié   aient vérifié

Plus-que-parfait
eusse vérifié eussions vérifié
eusses vérifié eussiez vérifié
eût vérifié   eussent vérifié

Conditionnel

Présent
vérifierais vérifirions
vérifierais vérifiriez
vérifierait vérifieraient

Passé
aurais vérifié aurions vérifié
aurais vérifié auriez vérifié
aurait vérifié auraient vérifié

Impératif
vérifie
vérifions
vérifiez

Participes

Présent
vérifiant

Passé
vérifié

Related Words
la vérification   *verification*   vérifiable   *verifiable*
véridique   *true, authentic*

152 visiter to visit

je   nous
tu   vous
il/elle/on   ils/elles

transitive

Indicatif

Présent

visite	visitons		
visites	visitez		
visite	visitent		

Passé composé

ai visité		avons visité	
as visité		avez visité	
a visité		ont visité	

Imparfait

visitais	visitions
visitais	visitiez
visitait	visitaient

Plus-que-parfait

avais visité	avions visité
avais visité	aviez visité
avait visité	avaient visité

Passé simple

visitai	visitâmes
visitas	visitâtes
visita	visitèrent

Passé antérieur

eus visité	eûmes visité
eus visité	eûtes visité
eut visité	eurent visité

Futur simple

visiterai	visiterons
visiteras	visiterez
visitera	visiteront

Futur antérieur

aurai visité	aurons visité
auras visité	aurez visité
aura visité	auront visité

Subjonctif

Présent

visite	visitions
visites	visitiez
visite	visitent

Passé

aie visité	ayons visité
aies visité	ayez visité
ait visité	aient visité

Imparfait

visitasse	visitassions
visitasses	visitassiez
visitât	visitassent

Plus-que-parfait

eusse visité	eussions visité
eusses visité	eussiez visité
eût visité	eussent visité

Conditionnel

Présent

visiterais	visiterions
visiterais	visiteriez
visiterait	visiteraient

Passé

aurais visité	aurions visité
aurais visité	auriez visité
aurait visité	auraient visité

Impératif

visite
visitons
visitez

Participes

Présent

visitant

Passé

visité

Related Words

la visite	*visit*	le visiteur	*visitor*

153 **vivre** to live

transitive

	je	nous
	tu	vous
	il/elle/on	ils/elles

Indicatif

Présent

vis	vivons
vis	vivez
vit	vivent

Passé composé

ai vécu	avons vécu
as vécu	avez vécu
a vécu	ont vécu

Imparfait

vivais	vivions
vivais	viviez
vivait	vivaient

Plus-que-parfait

avais vécu	avions vécu
avais vécu	aviez vécu
avait vécu	avaient vécu

Passé simple

vécus	vécûmes
vécus	vécûtes
vécut	vécurent

Passé antérieur

eus vécu	eûmes vécu
eus vécu	eûtes vécu
eut vécu	eurent vécu

Futur simple

vivrai	vivrons
vivras	vivrez
vivra	vivront

Futur antérieur

aurai vécu	aurons vécu
auras vécu	aurez vécu
aura vécu	auront vécu

Subjonctif

Présent

vive	vivions
vives	viviez
vive	vivent

Passé

aie vécu	ayons vécu
aies vécu	ayez vécu
ait vécu	aient vécu

Imparfait

vécusse	vécussions
vécusses	vécussiez
vécût	vécussent

Plus-que-parfait

eusse vécu	eussions vécu
eusses vécu	eussiez vécu
eût vécu	eussent vécu

Conditionnel

Présent

vivrais	vivrions
vivrais	vivriez
vivrait	vivraient

Passé

aurais vécu	aurions vécu
aurais vécu	auriez vécu
aurait vécu	auraient vécu

Impératif

vis
vivons
vivez

Participes

Présent

vivant

Passé

vécu

Related Words

survivre	*to survive*	vivable	*livable, fit to live in*
vivace	*hardy*	la vivacité	*liveliness, vivacity*
vivant	*living*	en vie	*alive*
vivement	*sharply, brusquely*		

154 voir to see

	je	nous
transitive	tu	vous
	il/elle/on	ils/elles

Indicatif

Présent
vois	voyons
vois	voyez
voit	voient

Passé composé
ai vu	avons vu
as vu	avez vu
a vu	ont vu

Imparfait
voyais	voyions
voyais	voyiez
voyait	voyaient

Plus-que-parfait
avais vu	avions vu
avais vu	aviez vu
avait vu	avaient vu

Passé simple
vis	vîmes
vis	vîtes
vit	virent

Passé antérieur
eus vu	eûmes vu
eus vu	eûtes vu
eut vu	eurent vu

Futur simple
verrai	verrons
verras	verrez
verra	verront

Futur antérieur
aurai vu	aurons vu
auras vu	aurez vu
aura vu	auront vu

Subjonctif

Présent
voie	voyions
voies	voyiez
voie	voient

Passé
aie vu	ayons vu
aies vu	ayez vu
ait vu	aient vu

Imparfait
visse	vissions
visses	vissiez
vît	vissent

Plus-que-parfait
eusse vu	eussions vu
eusses vu	eussiez vu
eût	eussent vu

Conditionnel

Présent
verrais	verrions
verrais	verriez
verrait	verraient

Passé
aurais vu	aurions vu
aurais vu	auriez vu
aurait vu	auraient vu

Impératif
vois
voyons
voyez

Participes

Présent
voyant

Passé
vu

Related Words

entrevoir	*to catch sight of*	prévoir	*to foresee*
revoir	*to see again*	la vue	*view, eyesight*
le voyeur	*voyeur*	le voyant	*signal light*
ça se voit	*that's obvious*		

155 **vouloir** to want

je   nous
tu   vous
il/elle/on   ils/elles

transitive

Indicatif

Présent		**Passé composé**	
veux	voulons	ai voulu	avons voulu
veux	voulez	as voulu	avez voulu
veut	veulent	a voulu	ont voulu

Imparfait		**Plus-que-parfait**	
voulais	voulions	avais voulu	avions voulu
voulais	vouliez	avais voulu	aviez voulu
voulait	voulaient	avait voulu	avaient voulu

Passé simple		**Passé antérieur**	
voulus	voulûmes	eus voulu	eûmes voulu
voulus	voulûtes	eus voulu	eûtes voulu
voulut	voulurent	eut voulu	eurent voulu

Futur simple		**Futur antérieur**	
voudrai	voudrons	aurai voulu	aurons voulu
voudras	voudrez	auras voulu	aurez voulu
voudra	voudront	aura voulu	auront voulu

Subjonctif

Présent		**Passé**	
veuille	voulions	aie voulu	ayons voulu
veuilles	vouliez	aies voulu	ayez voulu
veuille	veuillent	ait voulu	aient voulu

Imparfait		**Plus-que-parfait**	
voulusse	voulussions	eusse voulu	eussions voulu
voulusses	voulussiez	eusses voulu	eussiez voulu
voulût	voulussent	eût voulu	eussent voulu

Conditionnel

Présent		**Passé**	
voudrais	voudrions	aurais voulu	aurions voulu
voudrais	voudriez	aurais voulu	auriez voulu
voudrait	voudraient	aurait voulu	auraient voulu

Impératif | Participes

Impératif	**Présent**	**Passé**
veuille	voulant	voulu
voulons		
veuillez		

Related Words

la volonté	wish, will	voulu	required
le vouloir	will		

Conversation
Manual

INTRODUCTION

Welcome to *Living Language*™ *French 2: A Conversational Approach to Verbs*. The course consists of 40 lessons with three sections each. *Section A* introduces the verb forms. After a brief explanation, you will conjugate a model verb. *Section B* reinforces and expands upon what you've learned about a particular verb by presenting real-life conversations between native speakers. In *Section C* you will have the opportunity to check your progress and to see whether you've mastered the lesson. Study with *French 2* as often as you wish to review and reinforce your language skills. Now, let's begin.

PART I. SPEAKING ABOUT PRESENT ACTIONS

LESSON 1. THE PRESENT INDICATIVE OF *ÊTRE*

1. A.

The present tense expresses all actions, states, and events taking place in the present. It is equivalent to such English forms as "I speak," "I do hear," and "I am eating."

French verbs use subject pronouns when conjugated. The singular subject pronouns are: *je*, "I," *tu*, "you," *il*, "he," *elle*, "she." The plural subject pronouns are: *nous*, "we," *vous*, "you," *ils*, "they"—masculine; *elles*, "they"— feminine. Spoken French often uses *on*, "one," instead of *nous*, "we."

The pronoun *tu* is informal; use it to address family members, close friends, children, or peers on an informal basis. The pronoun *vous* is the polite or formal address; use it with strangers, people you know only slightly, and people you want to show deference to. When in doubt, always use *vous*.

Collective pronouns referring to a group of masculine and feminine nouns are always masculine. Therefore the English "Marc and Lisa? <u>They</u> are at home." is translated into French as *Marc et Lisa? <u>Ils</u> sont à la maison*. But, *Marie et Lisa? <u>Elles</u> sont à la maison*.

French has no neuter pronoun "it": *il*, "he," or *elle*, "she," replaces the English "it" because, in French, both people and things are either masculine or feminine.

Now let's begin working with our first verb: *être*, "to be." Listen first and then repeat after the native speakers in the pauses provided. Or, as they say in French: *Écoutez et répétez*.

I am	**je suis**
I am a teacher.	**Je suis professeur.**
you are	**tu es**
You are English.	**Tu es anglais.**
he is	**il est**
He is in a hurry.	**Il est pressé.**
she is	**elle est**
She is competent.	**Elle est compétente.**
we are	**nous sommes**
We are tired.	**Nous sommes fatigués.**
you are	**vous êtes**
You are on the avenue.	**Vous êtes sur l'avenue.**
they are	**ils sont**
They are at the hotel.	**Ils sont à l'hôtel.**

After these statements, let's deal with questions. There are three ways of asking a question in French. First, you can raise the inflexion in your voice:

Are you in the house?	**Tu es dans la maison?**
Are you ready?	**Vous êtes prêt?**

Or you can use the invariable formula *est-ce que* in front of the subject and the conjugated verb:

Are you in the house?	**Est-ce que tu es dans la maison?**
Are you ready?	**Est-ce que vous êtes prêt?**

Questions can also be formed by placing the verb form in front of the subject pronoun as we do in English. This is called inversion.

Are you in the house?	**Es-tu dans la maison?**
Are you ready?	**Êtes-vous prêt?**

191

To make a negative statement, place *ne . . . pas* around the conjugated verb.

Are you Mexican?	**Êtes-vous mexicaine?**
No, I am not Mexican.	**Non, je ne suis pas mexicaine.**
Are they at the library?	**Sont-ils à la bibliothèque?**
No, they are not at the library.	**Non, ils ne sont pas à la bibliothèque.**

The negative *ne* drops its *e* before another vowel.

| Is she in a hurry? | **Est-elle pressée?** |
| No, she is not in a hurry. | **Non, elle n'est pas pressée.** |

In front of an infinitive, *ne . . . pas* stays together.

| To be or not to be . . . | **Être ou ne pas être . . .** |

1. B.

Listen to the following dialogue. *Écoutez le dialogue suivant.*

> TOURISTE: *Bonjour, êtes-vous étudiants à l'université?*
> ÉTUDIANT: *Oui, nous sommes étudiants. Et vous?*
> TOURISTE: *Non, nous sommes touristes. Êtes-vous des étudiants français?*
> ÉTUDIANTE: *Non, Pierre est français . . .*
> ÉTUDIANT: *Mais Jacques est canadien, Eric est américain, et Olga est mexicaine.*
> TOURISTE: *Vous êtes un groupe international!*
> ÉTUDIANTE: *Et ces touristes, ils ne sont pas étudiants?*
> TOURISTE: *Non, Patricia est photographe, Lucie est musicienne, et je suis professeur.*

Now listen and repeat after the native speakers. *Maintenant écoutez et répétez.*

Hello, are you university students?	**Bonjour, êtes-vous étudiants à l'université?**
Yes, we are.	**Oui, nous sommes étudiants.**
And you?	**Et vous?**
No, we are tourists.	**Non, nous sommes touristes.**
Are you French students?	**Êtes-vous des étudiants français?**
No, Pierre is French . . .	**Non, Pierre est français . . .**
But Jacques is Canadian,	**mais Jacques est canadien,**
Eric is American,	**Eric est américain,**
and Olga is Mexican.	**et Olga est mexicaine.**
You are an international group!	**Vous êtes un groupe international!**
And these tourists, they are not students?	**Et ces touristes, ils ne sont pas étudiants?**
No, Patricia is a photographer,	**Non, Patricia est photographe,**
Lucy is a musician,	**Lucie est musicienne,**
and I am a teacher.	**et je suis professeur.**

1. C.

This section gives you a chance to test your progress. Please answer the questions using *oui* or *non,* as indicated. Listen to the example. *Écoutez l'exemple.*

Est-ce qu'ils sont touristes? *(non)*	*Non, ils ne sont pas touristes.*

Now it's your turn. *Maintenant, c'est votre tour.*

Est-ce que vous êtes étudiant? *(oui)*	☞*Oui, je suis étudiant.*
Est-ce que vous êtes Monsieur Martin? (non)	☞*Non, je ne suis pas Monsieur Martin.*
Est-ce que vous êtes parisienne?(non)	☞*Non, je ne suis pas parisienne.*

193

Sommes-nous à New York?
 (oui)   ☞*Oui, nous sommes à New York.*

Now ask the appropriate question addressing someone as *tu* or *vous*.

Ask your employer whether he is tired.   ☞*Êtes-vous fatigué?*

Ask your best friend whether he is in Paris.   ☞*Es-tu à Paris?*

Ask the teacher whether he is Canadian.   ☞*Êtes-vous canadien?*

LESSON 2. THE PRESENT INDICATIVE OF *ALLER* AND *AVOIR*

2. A.

The verb *aller,* "to go," is irregular. *Écoutez et répétez.*

I am going	**je vais**
I am going to the movies.	**Je vais au cinéma.**
you are going	**tu vas**
You are going to Paris.	**Tu vas à Paris.**
she is going	**elle va**
She is going to New York.	**Elle va à New York.**
we are going	**nous allons**
We are going to the restaurant.	**Nous allons au restaurant.**
you are going	**vous allez**
You are going to the theater.	**Vous allez au théâtre.**
they are going	**ils vont**
They are going to the library.	**Ils vont à la bibliothèque.**

Aller is also used to say "How are you?": *Comment allez-vous? Écoutez et répétez.*

How are you, Monsieur Martin?	**Comment allez-vous, Monsieur Martin?**
And your cousins from Caracas, how are they?	**Et vos cousins de Caracas, comment vont-ils?**

The verb *avoir,* "to have," is irregular, as well.

I have	**j'ai**
I have a book.	**J'ai un livre.**
you have	**tu as**
You have a pen.	**Tu as un stylo.**
she has	**elle a**
She has a house.	**Elle a une maison.**

we have	**nous avons**
We have a vegetarian restaurant.	**Nous avons un restaurant végétarien.**
you have	**vous avez**
You have a French teacher.	**Vous avez un professeur de français.**
they have	**ils ont**
They have a library at the university.	**Ils ont une bibliothèque à l'université.**

Avoir is used to express many temporary physical states, for which English would use "to be": *avoir faim*, "to be hungry," *avoir soif*, "to be thirsty," *avoir sommeil*, "to be sleepy," *avoir chaud*, "to be hot," *avoir froid*, "to be cold," *avoir trente-cinq ans*, "to be thirty-five years old." *Écoutez et répétez.*

I am thirty-five years old.	**J'ai trente-cinq ans.**
Is she sleepy?	**A-t-elle sommeil?**
Are you hungry?	**Avez-vous faim?**
No, but I'm thirsty.	**Non, mais j'ai soif.**

Avoir is also used in the expression *il y a*, which translates to "there is" or "there are." *Écoutez et répétez.*

| There is a movie theater on the avenue. | **Il y a un cinéma sur l'avenue.** |
| There are students in the library. | **Il y a des étudiants à la bibliothèque.** |

With verbs like *aller* and *avoir* that end in a vowel in the third person singular, a *-t-* is inserted between the verb and pronoun in inversion in order to make pronunciation easier.

| How are you? | **Comment allez-vous?** |
| How is she? | **Comment va-t-elle?** |

196

2. B.

Écoutez le dialogue suivant.

MICHEL: *Comment allez-vous, Nadine?*
NADINE: *Je vais bien, merci.*
MICHEL: *Où allez-vous?*
NADINE: *Je vais au musée.*
MICHEL: *Et toi, Jeff, où vas-tu?*
JEFF: *Je vais à la maison parce que j'ai beaucoup de travail.*
MICHEL: *Et vous, avez-vous un jour de congé, Nadine?*
NADINE: *Oui, nous avons souvent des jours de congé.*

Maintenant, écoutez et répétez.

How are you, Nadine?	**Comment allez-vous, Nadine?**
I am fine, thanks.	**Je vais bien, merci.**
Where are you going?	**Où allez-vous?**
I am going to the museum.	**Je vais au musée.**
And you, Jeff, where are you going?	**Et toi, Jeff, où vas-tu?**
I am going home because I have a lot of work to do.	**Je vais à la maison parce que j'ai beaucoup de travail.**
And you, do you have a free day, Nadine?	**Et vous, avez-vous un jour de congé, Nadine?**
Yes, we often have days off.	**Oui, nous avons souvent des jours de congé.**

2. C.

Ask questions using *aller* and *avoir* following the cues. *Écoutez l'exemple.*

J'ai un jour de congé. (vous)   *Avez-vous un jour de congé?*

Maintenant, c'est votre tour.

Tu vas au cinéma. (il)	☞*Va-t-il au cinéma?*
Le professeur va en classe.	☞*Allons-nous en classe?*
(nous)	
M. Martin, avez-vous soif? (tu)	☞*As-tu soif?*
Maman a chaud. (elle)	☞*A-t-elle chaud?*

Follow the example.

des restaurants/ à Paris:	*Il y a des restaurants à Paris.*

Maintenant, c'est votre tour.

des étudiants/ sur l'avenue	☞*Il y a des étudiants sur l'avenue.*
un stylo/ sur la table	☞*Il y a un stylo sur la table.*
des touristes/ dans le restaurant	☞*Il y a des touristes dans le restaurant.*

LESSON 3. THE PRESENT INDICATIVE OF *FAIRE*

3. A.

Faire, "to do" or "to make," is another irregular verb. *Écoutez et répétez.*

I make	**je fais**
I make stupid mistakes.	**Je fais des fautes stupides.**
you do	**tu fais**
You are doing your work well.	**Tu fais bien ton travail.**
he does	**il fait**
What is he doing?	**Qu'est-ce qu'il fait?**
we make	**nous faisons**
We are making dinner.	**Nous faisons le dîner.**
you make	**vous faites**
You are making a roast for dinner.	**Vous faites un rôti pour le dîner.**
they make	**ils font**
They make a reservation.	**Ils font une réservation.**

Faire is used in a variety of idiomatic expressions such as *faire attention,* "to pay attention," *faire un voyage,* "to take a trip," *faire la cuisine,* "to cook," *faire une promenade,* "to take a walk." *Écoutez et répétez.*

We are paying attention to the explanations.	**Nous faisons attention aux explications.**
We cook well.	**Nous faisons bien la cuisine.**
You are taking a trip to Caracas.	**Tu fais un voyage à Caracas.**
They are taking a walk in the park.	**Ils font une promenade dans le parc.**

Faire is also used in the impersonal form to describe the weather and the climate. *Écoutez et répétez.*

What is the weather like?	**Quel temps fait-il?**
It's nice today.	**Il fait beau aujourd'hui.**

199

The weather is bad.	**Il fait mauvais.**
It is cold.	**Il fait froid.**
It is sunny.	**Il fait soleil.**
It is hot.	**Il fait chaud.**

3. B.

Écoutez le dialogue suivant.

> MLLE EVE: *Que fais-tu, Jeff?*
> JEFF: *Je fais du chinois.*
> MLLE EVE: *Fais-tu des progrès?*
> JEFF: *Oui, parce que je fais attention.*
> MLLE EVE: *Que faisons-nous demain?*
> JEFF: *Nous faisons une promenade dans le parc.*
> MLLE EVE: *Pourquoi pas aujourd'hui?*
> JEFF: *Aujourd'hui, il fait froid et il fait du vent.*

Maintenant, écoutez et répétez.

What are you doing, Jeff?	**Que fais-tu, Jeff?**
I am studying Chinese.	**Je fais du chinois.**
Are you making progress?	**Fais-tu des progrès?**
Yes, because I pay attention.	**Oui, parce que je fais attention.**
What are we doing tomorrow?	**Que faisons-nous demain?**
We are taking a walk in the park.	**Nous faisons une promenade dans le parc.**
Why not today?	**Pourquoi pas aujourd'hui?**
Today, it's cold and windy.	**Aujourd'hui, il fait froid et il fait du vent.**

3. C.

Answer each question with the cues given. *Écoutez l'exemple.*

| *Est-ce qu'il fait des fautes?* *(oui)* | *Oui, il fait des fautes.* |

Maintenant c'est votre tour.

Faites-vous un voyage à Paris? (nous)

☞*Nous faisons un voyage à Paris.*

Est-ce qu'il fait beau aujourd'hui? (oui)

☞*Oui, il fait beau aujourd'hui.*

Qu'est-ce que tu fais? (la cuisine)

☞*Je fais la cuisine.*

Que faites-vous? (nous, un voyage)

☞*Nous faisons un voyage.*

Que font-ils? (du français)

☞*Ils font du français.*

LESSON 4. THE PRESENT INDICATIVE OF REGULAR -ER VERBS

4. A.

Regular verbs ending in -er follow a simple pattern in the present indicative. To the stem of the verb, which is obtained by dropping -er from the infinitive, add the appropriate present indicative endings. The endings are -e , -es, and -e for the singular forms, and -ons, -ez, and -ent for the plural forms. The singular forms as well as the third person plural form, ils, are pronounced the same. Here are two standard -er verbs: aimer, "to like/to love," and détester, "to detest/to hate."

I like	j'aime
I like bananas.	J'aime les bananes.
you love	tu aimes
You love Paris.	Tu aimes Paris.
he likes	il aime
He likes his teacher.	Il aime bien son professeur.
we like	nous aimons
We like the movies.	Nous aimons le cinéma.
you like	vous aimez
Which fruit do you like?	Quels fruits aimez-vous?
they love	elles aiment
They love walks in the park.	Elles aiment les promenades dans le parc.

Now let's conjugate détester:

I hate	je déteste
I hate meat.	Je déteste la viande.
you hate	tu détestes
You hate the subways at five o'clock.	Tu détestes le métro à cinq heures.
he hates	il déteste

He hates difficult exams.	Il déteste les examens difficiles.
we hate	nous détestons
We hate being late.	Nous détestons être en retard.
you hate	vous détestez
You hate traffic.	Vous détestez la circulation.
they hate	elles détestent
They hate crowded restaurants.	Elles détestent les restaurants bondés.

Téléphoner, "to call," *parler,* "to speak," *écouter,* "to listen," and *regarder,* "to look at," are also common regular *-er* verbs. *Écoutez et répétez.*

I am calling Caracas.	Je téléphone à Caracas.
You speak French.	Tu parles français.
She is listening to the conversation.	Elle écoute la conversation.
Jean and Marie are watching television.	Jean et Marie regardent la télévision.

Some *-er* verbs, like *commencer,* "to begin," *manger,* "to eat," and *nager,* "to swim," end in *-ger* and *-cer.* Their spelling changes a little in order to retain soft *-g* and *-c* sounds. Verbs in *-cer* become soft before *-o,* and verbs in *-ger* add an *-e* before the ending *-ons. Écoutez et répétez.*

I begin	je commence
I am beginning the exam.	Je commence l'examen.
you begin	tu commences
You are beginning to study Chinese.	Tu commences l'étude du chinois.
she begins	elle commence
She is starting a modern sculpture.	Elle commence une sculpture moderne.
we begin	nous commençons

203

We are beginning class.	**Nous commençons le cours.**
you begin	**vous commencez**
You are beginning the tour.	**Vous commencez la visite.**
they begin	**ils commencent**
They are beginning their work day.	**Ils commencent leur journée de travail.**

Now let's turn to *manger* and *nager*.

I eat bananas and apples.	**Je mange des bananes et des pommes.**
They eat at the vegetarian restaurant.	**Elles mangent au restaurant végétarien.**
We are eating a steak at the restaurant.	**Nous mangeons un steak au restaurant.**
He swims in the river.	**Il nage dans la rivière.**
You swim very well.	**Vous nagez très bien.**
We do not swim in the lake.	**Nous ne nageons pas dans le lac.**

4. B.

Note that *aimer bien* means "to like." *Écoutez une conversation au restaurant.*

PIERRE: *Est-ce que nous mangeons dans ce restaurant?*

ANDRÉ: *Oui, d'accord, j'aime bien les restaurants italiens.*

PIERRE: *Qu'est-ce que vous désirez pour commencer? Commençons-nous par un hors-d'oeuvre ou par des pâtes?*

ANDRÉ: *J'aime bien les pâtes.*

PIERRE: *Et pour le dessert, vous aimez les fruits?*

ANDRÉ: *J'aime les bananes mais je déteste les oranges.*

Maintenant écoutez et répétez.

Shall we eat in this restaurant?	**Est-ce que nous mangeons dans ce restaurant?**
Yes, fine, I like Italian restaurants.	**Oui, d'accord, j'aime bien les restaurants italiens.**
What do you want to start?	**Qu'est-ce que vous désirez pour commencer?**
Shall we begin with an appetizer or with pasta?	**Commençons-nous par un hors-d'oeuvre ou par des pâtes?**
I like pasta.	**J'aime bien les pâtes.**
And for dessert, do you like fruit?	**Et pour le dessert, vous aimez les fruits?**
I like bananas, but I don't like oranges.	**J'aime bien les bananes mais je déteste les oranges.**

4. C.

Answer the following questions using the cues. *Écoutez l'exemple.*

| *Est-ce que vous mangez des bananes? (non, je)* | *Non, je ne mange pas de bananes.* |

Maintenant, c'est votre tour.

Est-ce que Nadine aime le steak? (oui, elle)	☞*Oui, elle aime le steak.*
Est-ce que je nage bien?(non, tu)	☞*Non, tu ne nages pas bien.*
Est-ce que nous commençons l'examen? (oui, vous)	☞*Oui, vous commencez l'examen.*
Est-ce que vous détestez le français? (non, je)	☞*Non, je ne déteste pas le français.*

LESSON 5. THE PRESENT INDICATIVE OF *-ER* VERBS WITH SPECIAL SPELLINGS

5. A.

Many *-er* verbs show slight spelling deviations from regular verbs. *Appeler*, "to call," for example, doubles the *l* in all singular forms and in the third person plural form. *Écoutez et répétez.*

I call	**j'appelle**
I am calling a cab.	**J'appelle un taxi.**
you call	**tu appelles**
You are calling your friends.	**Tu appelles tes amis.**
he calls	**il appelle**
He is calling Caracas.	**Il appelle Caracas.**
we call	**nous appelons**
We call the hotel.	**Nous appelons l'hôtel.**
you call	**vous appelez**
You are calling the movie house.	**Vous appelez la salle de cinéma.**
they call	**ils appellent**
They are calling information.	**Ils appellent les renseignements.**

The verbs *lever*, "to lift, to raise," *peser*, "to weigh," and a*cheter*, "to buy," take an *accent grave (è)*, denoting an open *e,* in all singular forms and in the third person plural form.

Régler, "to regulate," and *célébrer*, "to celebrate," change the *accent aigu (é)*, denoting a closed *e*, to an *accent grave (è)*, denoting an open *e. Écoutez et répétez.*

I am paying the bill.	**Je règle l'addition.**
They are celebrating the end of exams.	**Elles célèbrent la fin des examens.**

If you add a reflexive pronoun, the verb *appeler*, "to call," becomes *s'appeler* and means "to be called," as in:

What is your name?	**Comment vous appelez-vous?**

Écoutez et répétez.

My name is Thomas.	**Je m'appelle Thomas.**
Your name is Pierre.	**Tu t'appelles Pierre.**
His name is Jacques in French.	**Il s'appelle Jacques en français.**
We call ourselves the French Club.	**Nous nous appelons le Club français.**
Your name is Nadine.	**Vous vous appelez Nadine.**
Their names are Marie and Olga.	**Elle s'appellent Marie et Olga.**

French reflexive verbs often have reflexive equivalents in English, such as *se laver*, "to wash oneself." Other French reflexive verbs, however, are not reflexive in English; for example, *se lever*, "to get up." *Écoutez et répétez.*

to get up	**se lever**
I get up at seven in the morning.	**Je me lève à sept heures du matin.**
to wash oneself	**se laver**
He gets washed in a hurry.	**Il se lave en vitesse.**
to get dressed	**s'habiller**
We dress carefully for the concert.	**Nous nous habillons avec soin pour le concert.**
to hurry	**se dépêcher**
They are hurrying because they are late.	**Elles se dépêchent parce qu'elles sont en retard.**
to introduce oneself	**se présenter**
Let me introduce myself.	**Je me présente.**
to dispose of	**se débarrasser de**

You are getting rid of all the paperwork.	**Vous vous débarrassez de toute la paperasserie.**

5. B.

Écoutez le dialogue suivant.

THOMAS: *Je me présente: Thomas Martin. Comment vous appellez-vous?*

JEFF: *Je m'appelle Jeff Cole.*

THOMAS: *À quelle heure commencez-vous votre travail?*

JEFF: *À sept heures et demie.*

THOMAS: *C'est tôt! A quelle heure vous levez-vous?*

JEFF: *Le matin, je me lève à sept heures. Je me lave et m'habille rapidement.*

THOMAS: *Comment vous débrouillez-vous pour ne pas manquer l'autobus?*

JEFF: *Je me dépêche.*

Maintenant écoutez et répétez.

Let me introduce myself: Thomas Martin.	**Je me présente: Thomas Martin.**
What is your name?	**Comment vous appellez-vous?**
My name is Jeff Cole.	**Je m'appelle Jeff Cole.**
At what time do you begin work?	**À quelle heure commencez-vous votre travail?**
At seven thirty.	**À sept heures et demie.**
That's early!	**C'est tôt!**
At what time do you get up?	**À quelle heure vous levez-vous?**
In the morning, I get up at seven.	**Le matin, je me lève à sept heures.**
I wash and get dressed quickly.	**Je me lave et m'habille rapidement.**

How do you manage not to miss the bus?	**Comment vous débrouillez-vous pour ne pas manquer l'autobus?**
I hurry.	**Je me dépêche.**

5. C.

Answer the questions using the cues. *Écoutez l'exemple.*

Est-ce que tu règles l'addition? (je)	*Je règle l'addition.*

Maintenant, c'est votre tour.

Vous célébrez son anniversaire? (nous)	☞*Nous célébrons son anniversaire.*
Vous achetez une maison? (je)	☞*J'achète une maison.*
Est-ce que tu te lèves très vite le matin? (oui)	☞*Oui, je me lève très vite le matin.*
Est-ce que vous vous dépêchez? (oui, nous)	☞*Oui, nous nous dépêchons.*
Comment s'appellent-ils? (Jacques et Marie)	☞*Ils s'appellent Jacques et Marie.*

LESSON 6. THE PRESENT INDICATIVE OF VERBS ENDING IN -*IER* AND -*YER*

6. A.

In this lesson we will conjugate -*er* verbs whose ending is preceded by a vowel sound. Compare *écouter,* "to listen," with *étudier,* "to study." We say *j'écoute* but *j'étudie, nous écoutons* but *nous étudions. Écoutez et répétez.*

I study	**j'étudie**
I study French.	**J'étudie le français.**
you study	**tu étudies**
You study in Paris.	**Tu étudies à Paris.**
he studies	**il étudie**
He studies at the university.	**Il étudie à l'université.**
we study	**nous étudions**
We study attentively.	**Nous étudions attentive-ment.**
you study	**vous étudiez**
You study all the time.	**Vous étudiez toujours.**
they study	**ils étudient**
They study by correspon-dence.	**Ils étudient par correspon-dance.**

Another common verb that follows this conjugation pattern is *apprécier,* "to appreciate."

| He appreciates your remarks. | **Il apprécie vos remarques.** |
| We appreciate French cook-ing. | **Nous apprécions la cuisine française.** |

Some -*er* verbs end in -*yer*. Let's begin with the verb *payer,** "to pay." *Écoutez et répétez.*

*The verb *payer* may be conjugated with a -*y* or an -*i* in certain tenses. See the verb charts for the complete conjugation.

I pay	**je paie**
I pay the hotel owner.	**Je paie l'hôtelier.**
you pay	**tu paies**
You pay your tuition.	**Tu paies tes frais d'inscription.**
he pays	**il paie**
He pays his debts.	**Il paie ses dettes.**
we pay	**nous payons**
We pay a high rent.	**Nous payons un loyer élevé.**
you pay	**vous payez**
You pay your ticket.	**Vous payez votre billet.**
they pay	**ils paient**
They pay the interest.	**Ils paient les intérêts.**

Note that the more idiomatic phrase for paying the bill at a restaurant or hotel uses *régler*.

I pay the bill.	**Je règle l'addition.**
She pays the gas bill.	**Elle règle la facture.**
We settle the account.	**Nous réglons la note.**

A second type of verb, such as *envoyer*, "to send," and *nettoyer*, "to clean," ends in *-yer*, but loses the *y* sound in all singular and third person plural forms: *je nettoie la voiture*, "I clean the car," *nous nettoyons la maison*, "we clean the house." *Écoutez et répétez.*

I send a postcard.	**J'envoie une carte postale.**
You send a letter.	**Tu envoies une lettre.**
She sends packages.	**Elle envoie des paquets.**
We send a registered letter.	**Nous envoyons une lettre recommandée.**
You send a money order.	**Vous envoyez un mandat postal.**
They send a package by express.	**Elles envoient un colis en exprès.**

211

6. B.

Écoutez le dialogue suivant.

ERIC: *Bonjour, je m'appelle Eric. J'étudie le français à Paris cet été. Et toi?*

CHRISTINE: *Enchantée, Eric. Je m'appelle Christine. J'étudie la chimie.*

ERIC: *Est-ce que tu étudies à Paris depuis longtemps?*

CHRISTINE: *Non, depuis un an seulement.*

ERIC: *Toi et ta camarade de chambre, est-ce que vous payez cher de loyer?*

CHRISTINE: *Oui, la vie est chère. Nous payons tout à prix d'or.*

Maintenant c'est votre tour. Écoutez et répétez le dialogue suivant.

Hello, my name is Eric.	**Bonjour, je m'appelle Eric.**
I am studying French in Paris this summer.	**J'étudie le français à Paris cet été.**
And you?	**Et toi?**
Pleased to meet you, Eric.	**Enchantée, Eric.**
My name is Christine.	**Je m'appelle Christine.**
I study chemistry.	**J'étudie la chimie.**
Have you been studying in Paris for long?	**Est-ce que tu étudies à Paris depuis longtemps?**
No, for only a year.	**Non, depuis un an seulement.**
You and your roommate, do you pay a lot of rent?	**Toi et ta camarade de chambre, est-ce que vous payez cher de loyer?**
Yes, life is expensive.	**Oui, la vie est chère.**
We pay a lot for everything.	**Nous payons tout à prix d'or.**

Maintenant, écoutez un deuxième dialogue.

LOUIS: *Bonjour, madame. J'ai un paquet à envoyer.*

212

MADAME DE POSTE: *Vous l'envoyez en exprès ou par cour-*
rier ordinaire?
LOUIS: *Je l'envoie par courrier ordinaire.*
MADAME DE POSTE: *Bon, c'est tout?*
LOUIS: *Un instant, mes amis touristes en-*
voient des cartes postales.

Maintenant, c'est votre tour, écoutez et répétez.

Hello, ma'am.	**Bonjour, madame.**
I have a package to send.	**J'ai un paquet à envoyer.**
Are you sending it express mail or by ordinary mail?	**Vous l'envoyez en exprès ou par courrier ordinaire?**
I am sending it by ordinary mail.	**Je l'envoie par courrier ordinaire.**
Fine, is that all?	**Bon, c'est tout?**
Just a minute, my tourist friends are sending postcards.	**Un instant, mes amis touristes envoient des cartes postales.**

6. C.

Answer the questions using the cues. *Écoutez l'exemple.*

Est-ce que vous étudiez à Paris?   *Oui, j'étudie à Paris.*
(oui, je)

Maintenant, c'est votre tour.

Etudient-ils le chinois? (non, la chimie)	☞*Non, ils étudient la chimie.*
Est-ce que vous envoyez des cartes postales? (oui, je)	☞*Oui, j'envoie des cartes postales.*
Est-ce que nous nettoyons la maison? (oui, nous)	☞*Oui, nous nettoyons la maison.*
Envoyez-vous ce paquet à Paris? (non, je)	☞*Non, je n'envoie pas ce paquet à Paris.*

LESSON 7. THE PRESENT INDICATIVE OF REGULAR
-IR VERBS

7. A.

A number of *-ir* verbs are regular and have easily recognizable endings in the present: *-is*, *-is*, and *-it* in the singular forms, and *-issons, -issez*, and *-issent* in the plural. A common verb to practice is *choisir*, "to choose."

I choose	**je choisis**
I choose the apple pie.	**Je choisis la tarte aux pommes.**
you choose	**tu choisis**
You choose a dessert.	**Tu choisis un dessert.**
he chooses	**il choisit**
He chooses his classes.	**Il choisit ses cours.**
we choose	**nous choisissons**
We choose a good school.	**Nous choisissons une bonne école.**
you choose	**vous choisissez**
You choose your hotel.	**Vous choisissez votre hôtel.**
they choose	**ils choisissent**
They choose a main dish.	**Ils choisissent un plat principal.**

Other common verbs that follow this pattern are *finir*, "to finish," and *réussir*, "to succeed." *Écoutez et répétez.*

I finish the exam in time.	**Je finis l'examen à temps.**
We finish our exams next week.	**Nous finissons nos examens la semaine prochaine.**
You succeed at everything in life.	**Tu réussis tout dans la vie.**
He makes that dish admirably well.	**Il réussit ce plat admirablement.**

The following -*ir* verbs are regular as well: *grossir*, "to gain weight," *maigrir*, "to lose weight," *pâlir*, "to become pale," *rougir*, "to blush," *verdir*, "to turn green," and *jaunir*, "to turn yellow." *Écoutez et répétez.*

We put on weight when we eat too much.	**Nous grossissons quand nous mangeons trop.**
You lose weight when you are sick.	**Vous maigrissez quand vous êtes malade.**
He is pale because he is afraid.	**Il pâlit parce qu'il a peur.**
They blush because they are shy.	**Ils rougissent parce qu'ils sont timides.**
I am turning green with rage.	**Je verdis de rage.**
In the spring, the trees turn green.	**Au printemps, les arbres verdissent.**
The pages of this old book are turning yellow.	**Les pages de ce vieux livre jaunissent.**

7. B.

Écoutez le dialogue suivant.

ANNE: *À quelle heure finissez-vous votre travail, Pierre?*

PIERRE: *Je finis à huit heures aujourd'hui.*

ANNE: *C'est très tard. Est-ce que les autres employés finissent aussi tard?*

PIERRE: *Non, d'habitude nous finissons tous à six heures.*

ANNE: *Pierre, vous réussissez tout dans la vie.*

PIERRE: *C'est facile. Je pense que nous réussissons souvent aux choses que nous aimons.*

ANNE: *Et votre frère, Jacques, choisit-il une profession?*

PIERRE: *Il n'est pas sûr: il pâlit quand il pense à l'avenir.*

Maintenant, écoutez et répétez.

At what time do you finish work, Pierre?	**À quelle heure finissez-vous votre travail, Pierre?**
I finish at eight today.	**Je finis à huit heures aujourd'hui.**
That's very late.	**C'est très tard.**
Do the other employees finish that late?	**Est-ce que les autres employés finissent aussi tard?**
No, usually we all finish at six.	**Non, d'habitude nous finissons tous à six heures.**
Pierre, you succeed at everything in life.	**Pierre, vous réussissez tout dans la vie.**
It's easy.	**C'est facile.**
I think we often succeed at things that we like.	**Je pense que nous réussissons souvent aux choses que nous aimons.**
And your brother, Jacques, is he choosing a profession?	**Et votre frère, Jacques, choisit-il une profession?**
He is not sure. He turns pale when he thinks of the future.	**Il n'est pas sûr. Il pâlit quand il pense à l'avenir.**

7. C.

Answer the questions using the cues.

Grossissez-vous quand vous mangez beaucoup? (je)	☞*Oui, je grossis quand je mange beaucoup.*
Est-ce que vous finissez le travail à dix heures? (non, je)	☞*Non, je ne finis pas à dix heures.*
Est-ce que tu finis tes examens la semaine prochaine? (oui, je)	☞*Oui, je finis mes examens la semaine prochaine.*

216

LESSON 8. THE PRESENT INDICATIVE OF MORE -IR VERBS

8. A.

Many -ir verbs follow separate conjugation patterns. The singular forms of most of these verbs are very different from the infinitive. A common verb of this type is *servir*, "to serve." *Écoutez et répétez.*

I serve	**je sers**
I serve dinner.	**Je sers le dîner.**
you serve	**tu sers**
You serve coffee.	**Tu sers le café.**
he serves	**il sert**
He serves his guests.	**Il sert ses invités.**
we serve	**nous servons**
We serve your interests.	**Nous servons vos intérêts.**
you serve	**vous servez**
You serve the government.	**Vous servez le gouvernement.**
they serve	**ils servent**
They serve wine and beer.	**Ils servent du vin et de la bière.**

Other verbs in this group are *sentir*, "to feel" or "to smell," *sortir*, "to go out," *partir*, "to leave," *dormir*, "to sleep," and *courir*, "to run." *Écoutez et répétez.*

Your roast smells good.	**Votre rôti sent bon.**
Do you smell the aroma of the coffee?	**Sentez-vous l'odeur du café?**
Nadine is going out tonight.	**Nadine sort ce soir.**
They are leaving at six.	**Ils partent à six heures.**
We sleep in the plane.	**Nous dormons dans l'avion.**
Sometimes, he sleeps in class.	**Il dort quelquefois en classe.**

| I am running to the bank right away. | **Je cours à la banque tout de suite.** |
| You always run because you are in a hurry. | **Vous courez toujours parce que vous êtes pressés.** |

The verb *servir* followed by *à* means "to be used for something."

| This appliance is used to chop vegetables. | **Cet appareil sert à hacher les légumes.** |

Both *servir* and *sentir* can be made into reflexive verbs; *se servir de* means "to use," and *se sentir*, "to feel." *Écoutez et répétez les exemples suivants.*

We use a computer at work.	**Nous nous servons d'un ordinateur au travail.**
I do not feel well today.	**Je me sens mal aujourd'hui.**
He feels ready to pass his exam.	**Il se sent prêt à réussir son examen.**

8. B.

Écoutez le dialogue suivant.

RICHARD: *Comment va Pierre, Olga?*
OLGA: *Je ne suis pas sûre. Je sens que cela va mal.*
RICHARD: *Pourquoi?*
OLGA: *Il dort au travail, il ne sort plus.*
RICHARD: *Il est fatigué. Il a besoin de repos.*

Maintenant, c'est votre tour. Écoutez et répétez.

How is Pierre, Olga?	**Comment va Pierre, Olga?**
I am not sure.	**Je ne suis pas sûre.**
I feel that things are not well with him.	**Je sens que cela va mal.**

218

Why?	**Pourquoi?**
He sleeps at work; he doesn't go out anymore.	**Il dort au travail, il ne sort plus.**
He is tired.	**Il est fatigué.**
He needs rest.	**Il a besoin de repos.**

8. C.

Answer with the cues given. *Écoutez l'exemple.*

Est-ce que vous dormez bien la nuit? (nous) — *Oui, nous dormons bien la nuit.*

Maintenant, c'est votre tour.

Partez-vous en vacances maintenant? (je) — ☞*Oui, je pars en vacances maintenant.*

Est-ce que les étudiants se sentent mal?(ils) — ☞*Oui, ils se sentent mal.*

Qu'est-ce que vous faites? (nous, servir le café) — ☞*Nous servons le café.*

Est-ce que tu dors en classe? (non, je) — ☞*Non, je ne dors pas en classe.*

Est-ce que le rôti de Pierre sent bon? (non, il) — ☞*Non, il ne sent pas bon.*

LESSON 9. THE PRESENT INDICATIVE OF IRREGULAR -*IR* VERBS

9. A.

Some -*ir* verbs are irregular, in that they take -*er* verb endings. Let's begin with *ouvrir*, "to open."

I open	**j'ouvre**
I open the door.	**J'ouvre la porte.**
you open	**tu ouvres**
You open the window.	**Tu ouvres la fenêtre.**
he opens	**il ouvre**
He opens the discussions.	**Il ouvre les débats.**
we open	**nous ouvrons**
We open the colloquium.	**Nous ouvrons le colloque.**
you open	**vous ouvrez**
You open the box.	**Vous ouvrez la boîte.**
they open	**ils ouvrent**
They open the border.	**Ils ouvrent la frontière.**

Couvrir, "to cover," and *offrir*, "to offer," follow the same pattern. *Venir*, "to come," and *tenir*, "to hold," however, are completely irregular. Listen to the conjugation of *venir*.

I come	**je viens**
I am coming with you.	**Je viens avec vous.**
you come	**tu viens**
Are you coming to the beach with us?	**Viens-tu à la plage avec nous?**
he comes	**il vient**
He comes with his friends.	**Il vient avec ses amis.**
we come	**nous venons**
We come to work.	**Nous venons travailler.**
they come	**ils viennent**
They come early.	**Ils viennent de bonne heure.**

The verb *tenir* is conjugated similarly. *Écoutez et répétez.*

What are you holding in your hand?	**Qu'est-ce que tu tiens à la main?**
We are holding the dog by the leash.	**Nous tenons le chien par la laisse.**
They are holding each other by the hand.	**Ils se tiennent par la main.**

Tenir followed by *à* has a special meaning: "to care about."

I care about this vase.	**Je tiens à ce vase.**
We care about your friendship.	**Nous tenons à votre amitié.**

9. B.

Écoutez le dialogue suivant.

SIMONE: *Pourquoi ouvrez-vous la fenêtre?*
PAUL: *Parce qu'il fait chaud.*
SIMONE: *Mais non, il fait froid. C'est l'hiver. La neige couvre les arbres du parc.*
PAUL: *Vous avez froid? Est-ce que je vous offre un café?*

Maintenant, c'est votre tour. Écoutez et répétez.

Why are you opening the window?	**Pourquoi ouvrez-vous la fenêtre?**
Because it is hot.	**Parce qu'il fait chaud.**
Not at all, it's cold.	**Mais non, il fait froid.**
It's winter.	**C'est l'hiver.**
The snow covers the trees of the park.	**La neige couvre les arbres du parc.**
Are you cold?	**Vous avez froid?**
Can I offer you some coffee?	**Est-ce que je vous offre un café?**

221

Écoutez le dialogue suivant.

ROBERT: *Qu'est-ce que tu tiens à la main?*
BERNICE: *Je tiens des documents importants pour mon travail. Mes employeurs m'offrent une promotion et ils tiennent à un travail de haute qualité.*

Maintenant, écoutez et répétez.

What are you holding in your hand?	**Qu'est-ce que tu tiens à la main?**
I am holding important documents for my job.	**Je tiens des documents importants pour mon travail.**
My employers are offering me a promotion,	**Mes employeurs m'offrent une promotion**
and they insist on high-quality work.	**et ils tiennent à un travail de haute qualité.**

9. C.

Answer the following questions using the cues.

Qu'est-ce que tu tiens à la main? (un café chaud)	☞*Je tiens un café chaud à la main.*
Est-ce que vous offrez du vin? (oui, nous)	☞*Oui, nous offrons du vin.*
Est-ce que l'hôtel offre une cuisine excellente? (non, une cuisine ordinaire)	☞*Non, il offre une cuisine ordinaire.*
Est-ce que vous fermez la fenêtre? (oui, je)	☞*Oui, je ferme la fenêtre.*

LESSON 10. VERB CONSTRUCTIONS WITH THE INFINITIVE

10. A.

Many French verbs, such as *venir*, "to come," *allér*, "to go," *sortir*, "to go out," *partir*, "to leave," and verbs expressing preference like *aimer*, "to like," *détester*, "to dislike," *préférer*, "to prefer," and *désirer*, "to want," can be directly followed by an infinitive. *Écoutez et répétez.*

I am going out to call.	**Je sors téléphoner.**
We are going to buy drinks.	**Nous allons acheter des boissons.**
You are leaving to get the suitcases.	**Vous partez chercher les valises.**
You like to swim in the lake.	**Tu aimes nager dans le lac.**
We hate traveling by train.	**Nous détestons voyager par le train.**
She would like to book a room with a view of the sea.	**Elle désire louer une chambre qui donne sur la mer.**
The tourists prefer to dine on the terrace.	**Les touristes préfèrent dîner sur la terrasse.**

A very useful infinitive construction is the present progressive. It is formed with the verb *être* followed by the form *en train de* and the infinitive of the main verb. It indicates an action in progress. *Écoutez et répétez.*

I am making a phone call.	**Je suis en train de téléphoner.**
You are speaking.	**Tu es en train de parler.**
He is making a mistake.	**Il est en train de faire une erreur.**
They are opening the window.	**Ils sont en train d'ouvrir la fenêtre.**
We are listening to the radio.	**Nous sommes en train d'écouter la radio.**

An infinitive construction is also used to express the immediate past, which is made up of the verb *venir* followed by *de* and the infinitive. It indicates an action that just occurred. *Écoutez et répétez.*

I just offered coffee to the director.	**Je viens d'offrir un café au directeur.**
You just passed your exams.	**Tu viens de réussir les examens.**
She just chose an apartment.	**Elle vient de choisir un appartement.**
We just opened a bank account.	**Nous venons d'ouvrir un compte en banque.**
You just bought a car.	**Vous venez d'acheter une voiture.**
They just rented an apartment with a view of the sea.	**Ils viennent de louer un appartement qui donne sur la mer.**

Commencer à, "to begin," and *réussir à,* "to succeed," are also followed by an infinitive.

They are beginning to speak French properly.	**Elles commencent à parler français correctement.**
We always succeed in booking a comfortable room.	**Nous réussissons toujours à réserver une chambre confortable.**

10. B.

Écoutez le dialogue suivant.

> DOMINIQUE: *Qu'est-ce que vous êtes en train de faire?*
> CHARLES: *Je suis en train de nettoyer ma voiture.*
> DOMINIQUE: *Pourquoi, vous sortez?*
> CHARLES: *Nous sommes en train de nous préparer pour les vacances.*
> DOMINIQUE: *Quelle bonne idée!*

CHARLES:	*Oui, et vous?*
DOMINIQUE:	*Nous venons de passer un long séjour au Japon.*
CHARLES:	*C'est formidable. Et votre fille, que fait-elle?*
DOMINIQUE:	*Elle sort acheter un gâteau d'anniversaire.*

Écoutez et répétez.

What are you doing?	**Qu'est-ce que vous êtes en train de faire?**
I am cleaning my car.	**Je suis en train de nettoyer ma voiture.**
Why, are you going out?	**Pourquoi, vous sortez?**
We are preparing ourselves for vacation.	**Nous sommes en train de nous préparer pour les vacances.**
What a good idea!	**Quelle bonne idée!**
Yes, and you?	**Oui, et vous?**
We just stayed in Japan for a long time.	**Nous venons de passer un long séjour au Japan.**
That's wonderful.	**C'est formidable.**
And your daughter, what is she doing?	**Et votre fille, que fait-elle?**
She is going out to buy a birthday cake.	**Elle sort acheter un gâteau d'anniversaire.**

10. C.

Transform the following sentences by adding the infinitive.
Écoutez l'exemple.

Je voyage souvent. (aimer)	*J'aime souvent voyager.*

Maintenant, c'est votre tour.

Ils achètent les valises. (partir)	☞*Ils partent acheter les valises.*
Olga va au cinéma. (préférer)	☞*Olga préfère aller au cinéma.*

225

| Est-ce qu'ils préparent le dîner? | ☞ Oui, ils sont en train de préparer le dîner. |
| (en train de) | |

Transform the following sentences using *venir de* and the infinitive.

Ils achètent une maison.	☞ Ils viennent d'acheter une maison.
Nous mangeons dans un bon restaurant.	☞ Nous venons de manger dans un bon restaurant.
Je regarde un bon programme.	☞ Je viens de regarder un bon programme.

LESSON 11. THE PRESENT INDICATIVE OF VERBS ENDING IN -OIR

11. A.

Verbs ending in *-oir* are often irregular. Let's begin with the verb *recevoir*, "to receive."

I receive	**je reçois**
I receive a package.	**Je reçois un paquet.**
you receive	**tu reçois**
You receive a letter.	**Tu reçois une lettre.**
she receives	**elle reçoit**
She receives good news.	**Elle reçoit de bonnes nouvelles.**
we receive	**nous recevons**
We receive congratulations.	**Nous recevons des félicitations.**
you receive	**vous recevez**
You receive friends.	**Vous recevez des amis.**
they receive	**elles reçoivent**
Their articles receive criticisms.	**Leurs articles reçoivent des critiques.**

The reflexive verb *s'asseoir*,* "to sit down," also has a special conjugation.

I sit down	**je m'assieds**
I sit on a chair.	**Je m'assieds sur une chaise.**
you sit down	**tu t'assieds**
You sit near the window.	**Tu t'assieds près de la fenêtre.**
she sits down	**elle s'assied**

* The verb *s'asseoir* has two conjugations. See the verb charts for the complete conjugations.

She sits next to Pierre.	**Elle s'assied à côté de Pierre.**
we sit down	**nous nous asseyons**
We sit down on a bench.	**Nous nous asseyons sur un banc.**
you sit down	**vous vous asseyez**
You sit down on the floor.	**Vous vous asseyez par terre.**
they sit down	**ils s'asseyent**
They sit on the couch.	**Ils s'asseyent sur le canapé.**

French uses *être assis(e)* to translate the English "to be sitting."

He is sitting on the couch.	**Il est assis sur le canapé.**
She is sitting in the armchair.	**Elle est assise dans le fauteuil.**
They are sitting on the floor.	**Ils sont assis par terre.**
Nadine and Marie are sitting in the park.	**Nadine et Marie sont assises dans le parc.**

The verbs *voir*, "to see," and *devoir*, "to have to," both follow separate patterns, although they seem almost identical in the infinitive. First let's conjugate *voir*:

I see	**je vois**
I see a gas station.	**Je vois une station-service.**
you see	**tu vois**
You do not see well.	**Tu ne vois pas bien.**
he sees	**il voit**
He's seeing some friends tonight.	**Il voit des amis ce soir.**
we see	**nous voyons**
We see mistakes in the article.	**Nous voyons des fautes dans l'article.**
you see	**vous voyez**
You see spots on this coat.	**Vous voyez des taches sur ce manteau.**

| they see | ils voient |
| They see the future in the crystal ball. | Ils voient l'avenir dans la boule de cristal. |

Now listen to the conjugation of *devoir*.

I must	je dois
I must listen better.	Je dois écouter mieux.
you must	tu dois
You must get some rest.	Tu dois te reposer.
she must	elle doit
She must read this book.	Elle doit lire ce livre.
we must	nous devons
We must see this movie.	Nous devons voir ce film.
you must	vous devez
You must come to our house.	Vous devez venir chez nous.
they must	ils doivent
They must find a job.	Ils doivent trouver un travail.

The irregular verb *falloir* expresses general necessity and obligation and is used exclusively in the third person singular.

| One must have money in the bank. | Il faut avoir de l'argent à la banque. |
| In the summer, one must reserve a hotel room ahead of time. | En été, il faut réserver une chambre d'hôtel à l'avance. |

If, however, you want to say that a specific person must do something, use the verb *devoir*.

| The tourists must reserve their room ahead of time. | Les touristes doivent réserver leur chambre à l'avance. |
| I must put money in the bank. | Je dois mettre de l'argent à la banque. |

11. B.

Écoutez le dialogue suivant.

CHRISTOPHE: *Est-ce que vous êtes fatiguée?*
LAURA: *Oui, j'ai beaucoup d'étudiants et ils n'ont pas de très bonnes notes.*
CHRISTOPHE: *Est-ce qu'ils doivent faire beaucoup de compositions?*
LAURA: *Oui et je vois des fautes partout!*
CHRISTOPHE: *Est-ce que vous êtes assis sur des chaises confortables?*
LAURA: *Non, nous sommes assis sur des chaises très dures.*
CHRISTOPHE: *Vous devez partir en vacances. Et vos étudiants doivent se reposer aussi.*

Maintenant, c'est votre tour. Écoutez et répétez.

Are you tired?	**Est-ce que vous êtes fatiguée?**
Yes, I have many students and they do not have very good grades.	**Oui, j'ai beaucoup d'étudiants et ils n'ont pas de très bonnes notes.**
Do they have to write many compositions?	**Est-ce qu'ils doivent faire beaucoup de compositions?**
Yes and I see mistakes everywhere!	**Oui et je vois des fautes partout!**
Are you sitting on comfortable chairs?	**Est-ce que vous êtes assis sur des chaises confortables?**
No, we sit on very hard chairs.	**Non, nous sommes assis sur des chaises très dures.**
You must go on vacation.	**Vous devez partir en vacances.**
And your students must rest also.	**Et vos étudiants doivent se reposer aussi.**

11. C.

Answer in the affirmative, using the cues.

Qu'est-ce que vous recevez? (je,   *Je reçois un paquet.*
un paquet)

Modify the sentences, using the cues.

Nous devons partir en va-cances. (je)	☞ *Je dois partir en vacances.*
Je m'assieds devant la fenêtre. (tu)	☞ *Tu t'assieds devant la fenêtre.*
Ils sont en train de s'asseoir dans le parc. (nous)	☞ *Nous sommes en train de nous asseoir dans le parc.*
Je vois des voitures sur l'avenue. (ils)	☞ *Ils voient des voitures sur l'avenue.*

LESSON 12. THE PRESENT INDICATIVE OF MORE VERBS ENDING IN -*OIR*

12. A.

We will now practice three more commonly used irregular verbs ending in -*oir*. Let's begin with *valoir*, "to be worth."

I am worth	**je vaux**
I am worth more than that.	**Je vaux plus que ça.**
you are worth	**tu vaux**
What are you worth in tennis?	**Qu'est-ce que tu vaux au tennis?**
it is worth	**cela vaut**
It is worth one hundred dollars.	**Cela vaut cent dollars.**
we are worth	**nous valons**
We are not worth much in tennis.	**Nous ne valons pas grand-chose au tennis.**
you are worth	**vous valez**
You are worth your weight in gold.	**Vous valez votre pesant d'or.**
they are worth	**ils valent**
These paintings are worth a fortune.	**Ces tableaux valent une fortune.**

Valoir is often used in idiomatic expressions, such as:

It's not worth it.	**Ça n'en vaut pas la peine.**
It's worthless.	**Ça ne vaut rien.**

The verb *vouloir*, "to want," is often used with an infinitive.

I want	**je veux**
I want to take a walk.	**Je veux faire une promenade.**

you want	**tu veux**
You want to succeed.	**Tu veux réussir.**
she wants	**elle veut**
She wants to see a movie.	**Elle veut voir un film.**
we want	**nous voulons**
We want to sit down.	**Nous voulons nous asseoir.**
you want	**vous voulez**
You want to study Chinese.	**Vous voulez étudier le chinois.**
they want	**ils veulent**
They want a new house.	**Ils veulent une nouvelle maison.**

The verb *pouvoir*, "to be able to," follows the same conjugation pattern as *vouloir*. Now, one more important irregular verb: *savoir*, "to know."

I know	**je sais**
I know how to swim.	**Je sais nager.**
you know	**tu sais**
You know how to cook.	**Tu sais faire la cuisine.**
she knows	**elle sait**
She knows French well.	**Elle sait bien le français.**
we know	**nous savons**
We know how to play the piano.	**Nous savons jouer du piano.**
you know	**vous savez**
Do you know where he is?	**Savez-vous où il est?**
they know	**ils savent**
They know that you are tired.	**Ils savent que vous êtes fatigué.**

Savoir, devoir, pouvoir, and *vouloir* can also be followed by an infinitive.

We know how to pick our classes.	**Nous savons choisir nos cours.**

You want to go on vacation.	**Vous voulez partir en vacances.**
You have to prepare your exams.	**Vous devez préparer vos examens.**
May I use the phone?	**Est-ce que je peux téléphoner?**

12. B.

Écoutez le dialogue suivant.

> M. BOUTIER: *Vous voulez acheter un tableau?*
> MLLE ESCUDIER: *Oui, combien vaut celui-là?*
> M. BOUTIER: *Il vaut très cher mais ceux-là valent moins.*
> MLLE ESCUDIER: *Qu'est-ce que vous savez sur l'artiste?*
> M. BOUTIER: *Nous ne savons rien sur lui.*
> MLLE ESCUDIER: *Et ça, c'est combien?*
> M. BOUTIER: *Ça? Ça ne vaut rien!*
> MLLE ESCUDIER: *Merci, je ne peux pas me décider aujourd'hui.*

Maintenant, écoutez et répétez.

You want to buy a painting?	**Vous voulez acheter un tableau?**
Yes, how much is this one worth?	**Oui, combien vaut celui-là?**
It is worth a lot, but those are worth less.	**Il vaut très cher mais ceux-là valent moins.**
What do you know about the artist?	**Qu'est-ce que vous savez sur l'artiste?**
We don't know anything about him.	**Nous ne savons rien sur lui.**
And that, how much is it?	**Et ça, c'est combien?**
That? It's not worth anything!	**Ça? Ça ne vaut rien!**
Thank you, I cannot decide today.	**Merci, je ne peux pas me décider aujourd'hui.**

12. C.

Ask each person what they want to do. *Écoutez l'exemple.*

aller au cinéma (vous) Est-ce que vous voulez aller au cinéma?

Maintenant, c'est votre tour.

s'asseoir dans le parc (il) ☞ Est-ce qu'il veut s'asseoir dans le parc?

acheter un tableau (M. Martin) ☞ Est-ce que vous voulez acheter un tableau, M. Martin?

faire une promenade dans le parc (Pierre et Olga) ☞ Est-ce que Pierre et Olga veulent faire une promenade dans le parc?

Use the verb *savoir* as indicated. *Écoutez l'exemple.*

Le professeur est fatigué aujourd'hui. (je) Je sais que le professeur est fatigué aujourd'hui.

Maintenant, c'est votre tour.

Le chien veut sortir. (nous) ☞ Nous savons que le chien veut sortir.

Olga part en vacances. (vous) ☞ Vous savez qu'Olga part en vacances.

Monsieur Martin réussit ses photographies. (je) ☞ Je sais que Monsieur Martin réussit ses photographies.

LESSON 13. THE PRESENT INDICATIVE OF REGULAR -RE VERBS

13. A.

Most verbs ending in *-re* follow the same pattern. The regular present indicative endings are *-s, -s,* and no ending or *-t* for the singular, and *-ons, -ez,* and *-ent* for the plural forms. Let's practice with *répondre,* "to answer."

I answer	**je réponds**
I answer the question.	**Je réponds à la question.**
you answer	**tu réponds**
You answer the phone.	**Tu réponds au téléphone.**
she answers	**elle répond**
She answers your letter.	**Elle répond à votre lettre.**
we answer	**nous répondons**
We answer the teacher.	**Nous répondons au professeur.**
you answer	**vous répondez**
You answer in correct French.	**Vous répondez en français correct.**
they answer	**ils répondent**
They answer that they aren't coming.	**Ils répondent qu'ils ne viennent pas.**

Note that the verb *répondre* is usually followed by the preposition *à.* This is because, in French, one answers <u>to</u> something or someone. Other regular *-re* verbs include: *rendre,* "to return," *interrompre,* "to interrupt," and *mettre,* "to put." *Écoutez et répétez.*

We are returning these books.	**Nous rendons ces livres.**
I am returning your keys.	**Je vous rends vos clés.**
The tourists interrupt the guide.	**Les touristes interrompent le guide.**

The phone interrupts my work.	**Le téléphone interrompt mon travail.**
Where are you putting these flowers?	**Où mettez-vous ces fleurs?**
You are putting the suitcases in the car.	**Tu mets les valises dans la voiture.**

The verb *lire*, "to read," is slightly irregular.

I read	**je lis**
I read the newspaper.	**Je lis le journal.**
you read	**tu lis**
You read a letter from Tokyo.	**Tu lis une lettre de Tokyo.**
he reads	**il lit**
He reads French fluently.	**Il lit le français couramment.**
we read	**nous lisons**
We read the instructions in the manual.	**Nous lisons les instructions dans le manuel.**
you read	**vous lisez**
Do you read Chinese?	**Est-ce que vous lisez le chinois?**
they read	**ils lisent**
They read with glasses.	**Ils lisent avec des lunettes.**

13. B.

Écoutez le dialogue suivant.

> JEANNE: *Qu'est-ce que tu lis, Babacar?*
> BABACAR: *Je lis une lettre d'Emmanuel de Tokyo.*
> JEANNE: *Qu'est-ce qu'il y a dans la lettre?*
> BABACAR: *Je ne sais pas encore. Je ne peux pas lire tranquillement.*
> JEANNE: *Pourquoi?*
> BABACAR: *Parce que le téléphone m'interrompt constamment.*

JEANNE: *Est-ce que Tokyo lui plaît?*

BABACAR: *Oui, les parcs et les musées lui plaisent énormément.*

JEANNE: *Est-ce que tu réponds à sa lettre bientôt?*

BABACAR: *Oui, je réponds demain. Si tu veux, je lui dis un bonjour de ta part.*

Maintenant, écoutez et répétez.

What are you reading, Babacar?	Qu'est-ce que tu lis, Babacar?
I am reading a letter from Emmanuel from Tokyo.	Je lis une lettre d'Emmanuel de Tokyo.
What is there in the letter?	Qu'est-ce qu'il y a dans la lettre?
I don't know yet.	Je ne sais pas encore.
I cannot read in peace.	Je ne peux pas lire tranquillement.
Why?	Pourquoi?
Because the telephone interrupts me constantly.	Parce que le téléphone m'interrompt constamment.
Does he like Tokyo?	Est-ce que Tokyo lui plaît?
Yes, he really likes the parks and museums.	Oui, les parcs et les musées lui plaisent énormément.
Are you answering his letter soon?	Est-ce que tu réponds à sa lettre bientôt?
Yes, I am answering tomorrow.	Oui, je réponds demain.
If you want, I will put in a hello from you.	Si tu veux, je lui dis un bonjour de ta part.

13. C.

Answer the questions following the cues:

Qui interrompt notre conversation? (le guide)	☞*Le guide interrompt notre conversation.*

238

Qui répond à la question? (les étudiants)	☞*Les étudiants répondent à la question.*
Est-ce que cet hôtel plaît aux touristes? (oui)	☞*Oui, cet hôtel plaît aux touristes.*
Est-ce que nous plaisons à nos collègues? (oui)	☞*Oui, vous plaisez à vos collègues.*

Ask the following questions in French:

Ask Babacar what he is reading.	☞*Babacar, qu'est-ce que tu lis?*
Ask Olga if the telephone interrupts her work.	☞*Olga, est-ce que le téléphone interrompt ton travail?*
Ask the tourists if they read the menu in French.	☞*Est-ce que vous lisez le menu en français?*
Ask the professor if he is returning the exams.	☞*Est-ce que vous rendez les examens?*
Ask the students if they answer in French.	☞*Est-ce que vous répondez en français?*

LESSON 14. THE PRESENT INDICATIVE OF
CONNAÎTRE, PARAÎTRE, NAÎTRE

14. A.

Verbs that end in *-aître*, with an *accent circonflexe* on the *i*, follow a very particular conjugation. Let's practice it with *connaître*, which, like *savoir*, means "to know."

I know	**je connais**
I know you.	**Je te connais.**
you know	**tu connais**
You know Olga well.	**Tu connais bien Olga.**
she knows	**elle connaît**
She knows Paris well.	**Elle connaît bien Paris.**
we know	**nous connaissons**
We know that restaurant.	**Nous connaissons ce restaurant.**
you know	**vous connaissez**
Do you know the neighborhood?	**Connaissez-vous le quartier?**
they know	**ils connaissent**
They know the subject a little.	**Ils connaissent un peu le sujet.**

Although *savoir* and *connaître* have the same meaning, they're used differently. *Savoir* is used when one has a skill, when one knows a fact or a subject in full. *Connaître*, on the other hand, is used when one knows a person, a city, country, or any other location, and to express general familiarity with a subject. *Écoutez et répétez.*

I know that you are competent.	**Je sais que vous êtes compétent.**
I know a competent person.	**Je connais une personne compétente.**

240

You know how to speak French.	**Tu sais parler français.**
You know a Frenchman who speaks three languages.	**Tu connais un Français qui parle trois langues.**
We know how to ski.	**Nous savons faire du ski.**
We know a pleasant ski resort.	**Nous connaissons une station de ski agréable.**
They know where all the stores in the neighborhood are.	**Ils savent où sont tous les magasins du quartier.**
They know the neighborhood very well.	**Ils connaissent très bien le quartier.**

14. B.

Écoutez le dialogue suivant.

EVA: *Pardon, Monsieur, nous ne savons pas où se trouve notre hôtel. Est-ce que vous savez où est la rue Leblanc?*

M. CIGAR: *Non, je suis désolé, je ne connais pas cette rue.*

EVA: *Savez-vous s'il y a un restaurant grec dans le quartier?*

M. CIGAR: *Non, je connais mal le quartier, mais mes amis le connaissent peut-être. Pierre, est-ce que tu sais où se trouve cette rue?*

PIERRE: *Je ne suis pas sûr, mais si vous avez un guide, je sais lire un plan!*

Maintenant, écoutez et répétez.

| Excuse me, Sir, we don't know where our hotel is. | **Pardon, Monsieur, nous ne savons pas où se trouve notre hôtel.** |
| Do you know where Leblanc Street is? | **Est-ce que vous savez où est la rue Leblanc?** |

No, I am sorry, I don't know that street.	Non, je suis désolé, je ne connais pas cette rue.
Do you know if there is a Greek restaurant in the neighborhood?	Savez-vous s'il y a un restaurant grec dans le quartier?
No, I know the neighborhood poorly, but my friends may know.	Non, je connais mal le quartier, mais mes amis le connaissent peut-être.
Pierre, do you know where that street is located?	Pierre, est-ce que tu sais où se trouve cette rue?
I am not sure, but if you have a guidebook, I know how to read a map!	Je ne suis pas sûr, mais si vous avez un guide, je sais lire un plan!

14. C.

Ask questions in French. Choose between *savoir* and *connaître*.

Ask Olga if she knows the museum.	☞ *Olga, est-ce que vous connaissez le musée?*
Ask Pierre if he knows that it's Babacar's birthday.	☞ *Pierre, est-ce que tu sais que c'est l'anniversaire de Babacar?*
Ask the students if they know how to speak French.	☞ *Est-ce que vous savez parler français?*
Ask the tourists if they know where their hotel is.	☞ *Est-ce que vous savez où est votre hôtel?*
Ask if the tourists know France.	☞ *Les touristes connaissent la France?*

LESSON 15. THE PRESENT INDICATIVE OF IRREGULAR -RE VERBS

15. A.

The verb *prendre*, "to take," is an irregular verb. Several other important verbs are based on it: *apprendre*, "to learn," and *comprendre*, "to understand." Let's conjugate *prendre*. *Écoutez et répétez.*

I take	**je prends**
I take one sugar in my coffee.	**Je prends un sucre dans mon café.**
you take	**tu prends**
You take your time.	**Tu prends ton temps.**
he takes	**il prend**
He takes his vacation now.	**Il prend ses vacances maintenant.**
we take	**nous prenons**
We take the bus.	**Nous prenons l'autobus.**
you take	**vous prenez**
You take chances.	**Vous prenez des risques.**
they take	**ils prennent**
What are they having for dessert?	**Qu'est-ce qu'ils prennent comme dessert?**

The verb *boire*, "to drink," is also irregular.

I drink	**je bois**
I don't drink coffee.	**Je ne bois pas de café.**
you drink	**tu bois**
You drink tea.	**Tu bois du thé.**
he drinks	**il boit**
He drinks too much.	**Il boit trop.**
we drink	**nous buvons**
We drink less.	**Nous buvons moins.**
you drink	**vous buvez**

You don't drink wine.	**Vous ne buvez pas de vin.**
they drink	**ils boivent**
They don't drink milk.	**Ils ne boivent pas de lait.**

Now practice the conjugation of *croire*, "to believe," "to think."

I believe	**je crois**
I believe you.	**Je vous crois.**
you believe	**tu crois**
Do you believe me?	**Est-ce que tu me crois?**
she thinks	**elle croit**
She thinks this is a good restaurant.	**Elle croit que c'est un bon restaurant.**
we think	**nous croyons**
We think it's impossible.	**Nous croyons que c'est impossible.**
you believe	**vous croyez**
Do you believe him?	**Le croyez-vous?**
they believe	**ils croient**
They believe in Santa Claus.	**Ils croient au Père Noël.**

Pleuvoir, "to rain," is irregular as well and is always used in the third person singular.

It's raining.	**Il pleut.**
It often rains in Paris.	**Il pleut souvent à Paris.**
It is raining cats and dogs.	**Il pleut des cordes.**

15. B.

Écoutez le dialogue suivant.

> JEAN-CLAUDE: *Qu'est-ce que vous prenez?*
> MIREILLE: *Moi, je prends un hors-d'oeuvre, un plat et un dessert.*
> JEAN-CLAUDE: *Est-ce que vous buvez du vin?*

MIREILLE: *Non, nous ne buvons pas de vin.*
JEAN-CLAUDE: *Alors, de l'eau. Je crois que les gens boivent moins aujourd'hui.*
MIREILLE: *Qu'est-ce que nous prenons comme hors-d'oeuvre?*
JEAN-CLAUDE: *Pierre croit que le pâté est excellent.*
MIREILLE: *Mes amis prennent souvent le poulet basquaise.*
JEAN-CLAUDE: *Est-ce que nous prenons des cafés à la fin du repas?*
MIREILLE: *Oui, bien sur.*

Maintenant, c'est votre tour. Écoutez et répétez.

What are you having? | **Qu'est-ce que vous prenez?**

I am having an appetizer, a main dish, and dessert. | **Moi, je prends un hors-d'oeuvre, un plat, et un dessert.**

Do you drink wine? | **Est-ce que vous buvez du vin?**

No, we do not drink wine. | **Non, nous ne buvons pas de vin.**

Water, then. | **Alors, de l'eau.**

I think that people drink less today. | **Je crois que les gens boivent moins aujourd'hui.**

What are we having for the appetizer? | **Qu'est-ce que nous prenons comme hors-d'oeuvre?**

Pierre believes that the pâté is excellent. | **Pierre croit que le pâté est excellent.**

My friends often have the chicken Basque style. | **Mes amis prennent souvent le poulet basquaise.**

Are we having coffee at the end of the meal? | **Est-ce que nous prenons des cafés à la fin du repas?**

Yes, of course. | **Oui, bien sûr.**

15. C.

Ask questions in French.

Ask your friend if he drinks coffee.	☞ *Bois-tu du café?*
Ask your guests what they are having.	☞ *Qu'est-ce que vous prenez?*
Ask them if they drink wine.	☞ *Buvez-vous du vin?*
Ask them if they understand the menu.	☞ *Est-ce que vous comprenez le menu?*
Ask them if they are learning French.	☞ *Est-ce que vous apprenez le français?*
Ask your mother if she is having dessert.	☞ *Est-ce que tu prends un dessert?*
Ask whether it rains in Paris.	☞ *Est-ce qu'il pleut à Paris?*

LESSON 16. THE PRESENT INDICATIVE
OF *DIRE* AND *ÉCRIRE*

16. A.

The verbs *dire*, "to say," and *écrire*, "to write," are both irregular. Let's study their conjugations. First, *dire*. *Écoutez et répétez.*

I say	**je dis**
I say hello.	**Je dis bonjour.**
you say	**tu dis**
You say no.	**Tu dis non.**
she says	**elle dit**
She says that it is late.	**Elle dit qu'il est tard.**
we say	**nous disons**
We say that it's impossible.	**Nous disons que c'est impossible.**
you say	**vous dites**
You are saying silly things.	**Vous dites des bêtises.**
they say	**ils disent**
They are saying insults.	**Ils disent des injures.**

Now, focus on *écrire*.

I write	**j'écris**
I write letters.	**J'écris des lettres.**
you write	**tu écris**
You write well.	**Tu écris bien.**
he writes	**il écrit**
He writes poetry.	**Il écrit de la poésie.**
we write	**nous écrivons**
We write in French.	**Nous écrivons en français.**
you write	**vous écrivez**
You write Chinese well.	**Vous écrivez bien le chinois.**
they write	**ils écrivent**
Are they writing to us?	**Est-ce qu'ils nous écrivent?**

16. B.

Écoutez le dialogue suivant.

> JOSEPHINE: *Qu'est-ce que tu lis?*
> PAUL: *Une autre lettre d'Emmanuel.*
> JOSEPHINE: *Il écrit souvent. Qu'est-ce qu'il dit?*
> PAUL: *Il demande pourquoi ses amis n'écrivent pas.*
> JOSEPHINE: *Il faut nous donner son adresse. Olga et moi écrivons à un ami avec plaisir.*

Maintenant, c'est votre tour. Écoutez et répétez.

What are you reading?	**Qu'est-ce que tu lis?**
Another letter from Emmanuel.	**Une autre lettre d'Emmanuel.**
He writes often.	**Il écrit souvent.**
What does he say?	**Qu'est-ce qu'il dit?**
He asks why his friends don't write.	**Il demande pourquoi ses amis n'écrivent pas.**
We should get his address.	**Il faut nous donner son adresse.**
Olga and I write gladly to a friend.	**Olga et moi écrivons à un ami avec plaisir.**

16. C.

Answer the questions following the cues.

Qui écrit la lettre? (Babacar)	☞*Babacar écrit la lettre.*
Qui lit la question? (nous)	☞*Nous lisons la question.*
Est-ce que tu écris souvent? (je)	☞*Oui, j'écris souvent.*
Est-ce que nous lisons le journal? (vous)	☞*Oui, vous lisez le journal.*
Est-ce que vous écrivez bien? (nous)	☞*Oui, nous écrivons bien.*

LESSON 17. THE PRESENT INDICATIVE
OF PRONOMINAL VERBS

17. A.

Pronominal verbs take two pronouns. We have already studied those that take a subject and a reflexive pronoun, such as *se lever*, "to get up," *s'habiller*, "to get dressed," and *s'asseoir*, "to sit down."

I am sitting down because I am tired.	**Je m'assieds parce que je suis fatiguée.**
We get up at seven every morning.	**Nous nous levons à sept heures tous les matins.**
He is getting dressed to go to the opera.	**Il s'habille pour aller à l'opéra.**

Some pronominal verbs are reciprocal, such as: *se parler*, "to speak to each other," *se téléphoner*, "to call each other," and *s'écrire*, "to write to each other."

Pierre and Olga speak to each other every day.	**Pierre et Olga se parlent tous les jours.**
My friends and I call each other every day.	**Mes amis et moi, nous nous téléphonons tous les jours.**
Do you still write to each other?	**Est-ce que vous vous écrivez toujours?**

A very common idiomatic expression using a pronominal verb is *s'en aller*, "to leave."

It's late; I'm leaving.	**Il est tard, je m'en vais.**
We are tired; we want to leave.	**Nous sommes fatigués, nous voulons nous en aller.**

Finally, there is also a passive pronominal form.

That isn't done.	Cela ne se fait pas.
That isn't said.	Cela ne se dit pas.
Fish is eaten with lemon.	Le poisson se mange avec du citron.
Books are bought in a bookstore.	Les livres s'achètent dans une librairie.

17. B.

Écoutez le dialogue suivant.

> ESTELLE: *Est-ce qu'Emmanuel se trouve toujours à Tokyo?*
> PAUL: *Oui, lui et Babacar s'écrivent souvent.*
> ESTELLE: *Que dit Emmanuel dans ses lettres?*
> PAUL: *Il s'occupe de ses affaires et se prépare à revenir à Paris.*
> ESTELLE: *Est-ce qu'il se repose?*
> PAUL: *Non, pas vraiment; il s'organise pour terminer son travail.*
> ESTELLE: *Vraiment?*

Maintenant, écoutez et répétez.

Is Emmanuel still located in Tokyo?	Est-ce qu'Emmanuel se trouve toujours à Tokyo?
Yes, he and Babacar write to each other often.	Oui, lui et Babacar s'écrivent souvent.
What does Emmanuel say in his letters?	Que dit Emmanuel dans ses lettres?
He is occupied with business and is preparing to return to Paris.	Il s'occupe de ses affaires et se prépare à revenir à Paris.
Is he resting?	Est-ce qu'il se repose?
No, not really; he's getting organized to finish his work.	Non, pas vraiment; il s'organise pour terminer son travail.
Really?	Vraiment?

250

17. C.

Answer the questions using the cues.

Quand Pierre se lève-t-il? (il, à six heures)
☞*Il se lève à six heures.*

Est-ce que je m'habille bien? (tu, avec élégance)
☞*Oui, tu t'habilles avec élégance.*

Qu'est-ce qui s'achète à la librairie? (les livres)
☞*Les livres s'achètent à la librairie.*

Est-ce que Pierre et Olga se parlent? (ils, tous les jours)
☞*Oui, ils se parlent tous les jours.*

Qu'est-ce qui se lit avec attention? (le livre)
☞*Le livre se lit avec attention.*

PART II. COMMANDS AND REQUESTS

LESSON 18. THE IMPERATIVE OF REGULAR VERBS

18. A.

In French, the imperative is mostly used in three persons: the second person singular, *tu*, the second person plural, *vous*, and the first person plural, *nous*. When making requests and commands, the personal pronoun is omitted. Let's begin with *-er* verbs.

Listen, Pierre!	**Écoute, Pierre!**
Listen, ladies and gentlemen!	**Écoutez, mesdames et messieurs!**
Let's listen to the speech.	**Écoutons le discours.**
Look at the sky, Olga!	**Regarde le ciel, Olga!**
Look at the board, everyone.	**Regardez le tableau, tout le monde.**
Let's watch this program.	**Regardons ce programme.**
Eat your salad.	**Mange ta salade.**
Eat faster, please.	**Mangez plus vite, s'il vous plaît.**
Let's eat in this restaurant.	**Mangeons dans ce restaurant.**
Begin serving.	**Commence à servir.**
Begin answering the question.	**Commencez à répondre à la question.**
Let's begin the meeting.	**Commençons la réunion.**

Now let's turn to regular *-ir* verbs.

Finish your dessert.	**Finis ton dessert.**
Let's finish eating.	**Finissons de manger.**
Lose weight!	**Maigrissez!**
Whiten the wall.	**Blanchissez le mur.**
Let's choose quickly.	**Choisissons rapidement.**

252

Pass this exam.	**Réussis à cet examen.**
Take out the dog!	**Sors le chien!**
Let's leave now!	**Partons maintenant!**

Finally, regular *-re* verbs:

| Give back the letter! | **Rends la lettre!** |
| Let's sell the car! | **Vendons la voiture!** |

The imperative can also be used in the negative.

Don't eat that fish.	**Ne mangez pas ce poisson.**
Don't watch television.	**Ne regarde pas la télévision.**
Let's not listen to that program.	**N'écoutons pas ce programme.**
Don't finish the pie.	**Ne finissez pas la tarte.**
Don't choose this dish.	**Ne choisissez pas ce plat.**
Let's not return these books.	**Ne rendons pas ces livres.**

18. B.

Écoutez les phrases suivantes.

1. *Bonjour, mesdames et messieurs: commençons la réunion. Écoutez la présentation.*
2. *Maintenant, regardons les graphes sur le tableau.*
3. *Répétez, s'il vous plaît. Qu'est-ce que vous dites?*
4. *Pierre, ne dors pas.*
5. *Finissons l'exercice.*

Maintenant, écoutez et répétez.

| Hello, ladies and gentlemen, let's begin the meeting. | **Bonjour, mesdames et messieurs: commençons la réunion.** |
| Listen to the presentation. | **Écoutez la présentation.** |

Now let's look at the graphs on the board.	**Maintenant, regardons les graphes sur le tableau.**
Repeat that, please: what are you saying?	**Répétez, s'il vous plaît. Qu'est-ce que vous dites?**
Pierre, don't sleep.	**Pierre, ne dors pas.**
Let's finish the exercise.	**Finissons l'exercice.**

18. C.

Make imperative sentences from the conjugated form. Use the same person.

Pierre écoute la radio.	☞*Écoute la radio, Pierre.*
Vous ne servez pas le café.	☞*Ne servez pas le café.*
Vous ne dormez pas à la confér- ence.	☞*Ne dormez pas à la confér- ence.*

Do the following:

Tell Pierre to buy this book.	☞*Achète ce livre, Pierre.*
Tell a child to eat some carrots.	☞*Mange des carottes.*
Tell your guests to finish their dessert.	☞*Finissez votre dessert.*
Suggest that we all leave now.	☞*Partons maintenant.*

LESSON 19. THE IMPERATIVE OF IRREGULAR VERBS

19. A.

The imperative forms of *faire, aller,* and *venir* are the same as their present indicative forms, but the subject pronouns are omitted.

Be careful!	**Fais attention!**
Make corrections!	**Faites des corrections!**
Let's take a walk!	**Faisons une promenade!**
Go to the supermarket!	**Va au supermarché!**
Go see the doctor!	**Allez voir le médecin!**
Let's go to the movies!	**Allons au cinéma!**
Come with us!	**Viens avec nous!**
Come to the beach!	**Venez à la plage!**

Other irregular verbs are just as easy in the imperative.

It's raining; cover the chairs.	**Il pleut, couvrez les chaises.**
Offer coffee to our guests.	**Offre du café à nos invités.**
See what the problem is.	**Vois quel est le problème.**
Put the flowers in a vase.	**Mettez les fleurs dans un vase.**
Let's see what this is.	**Voyons ce que c'est.**
Let's drink some champagne.	**Buvons du champagne.**
It's true; believe me.	**C'est vrai, croyez-moi.**
Let's take our time.	**Prenons notre temps.**
Answer the question.	**Réponds à la question.**
Answer the phone.	**Répondez au téléphone.**

A few verbs, however, are completely irregular in the imperative. These are *avoir, être,* and *savoir,* which is rarely used in this form. *Écoutez et répétez.*

Have patience.	**Aie de la patience.**
Be attentive.	**Soyez attentifs.**

| Know that you are very wrong. | **Sache que tu as vraiment tort.** |

19. B.

Écoutez le dialogue suivant.

ELLA: *Qu'est-ce qui ne va pas, Jacques?*
JACQUES: *Pierre est impossible. Il n'écoute jamais personne.*
ELLA: *Aie de la patience, Jacques, et sois compréhensif. Il est très fatigué.*
JACQUES: *Soyons sérieux: il ne travaille pas tant que ça!*
ELLA: *Pierre est très travailleur.*
JACQUES: *Ah oui? Prenons pour exemple ce rapport qu'il ne finit pas.*
ELLA: *Ce rapport est très complexe, crois-moi. Ayons confiance en lui, il peut réussir.*
JACQUES: *Comme tu veux, voyons les résultats.*

Maintenant, écoutez et répétez.

What's the matter, Jacques?	**Qu'est-ce qui ne va pas, Jacques?**
Pierre is impossible.	**Pierre est impossible.**
He never listens to anyone.	**Il n'écoute jamais personne.**
Be patient, Jacques, and be understanding.	**Aie de la patience, Jacques, et sois compréhensif.**
He is very tired.	**Il est très fatigué.**
Let's be reasonable: he does not work that much!	**Soyons sérieux: il ne travaille pas tant que ça!**
Pierre is a hard worker.	**Pierre est très travailleur.**
Oh really?	**Ah oui?**
Let's take for example that report he does not finish.	**Prenons pour exemple ce rapport qu'il ne finit pas.**
This report is very complex, believe me.	**Ce rapport est très complexe, crois-moi.**

Let's have faith in him; he
can succeed.

**Ayons confiance en lui, il
peut réussir.**

As you wish; let's see the
results.

**Comme tu veux, voyons les
résultats.**

19. C.

Change the following sentences to the imperative.

Tu viens avec nous. ☞*Viens avec nous.*

Tu fais attention. ☞*Fais attention.*

*Vous mettez de l'argent à la
banque.* ☞*Mettez de l'argent à la
banque.*

Give the commands in French.

Tell your mother to drink a
cup of tea. ☞*Bois une tasse de thé.*

Tell the students to have
patience. ☞*Ayez de la patience.*

Suggest that we all answer the
letter. ☞*Répondons à la lettre.*

LESSON 20. THE IMPERATIVE OF
PRONOMINAL VERBS

20. A.

With pronominal verbs in the imperative, the reflexive or reciprocal pronoun follows the verb. *Écoutez et répétez.*

Hurry up!	**Dépêchez-vous!**
Get up!	**Lève-toi!**
Let's get dressed.	**Habillons-nous.**
Let's call each other tomorrow.	**Téléphonons-nous demain.**
Go to that address.	**Rendez-vous à cette adresse.**
Use a diagram.	**Sers-toi d'un diagramme.**

Notice that the second person singular imperative takes a special pronoun.

Tu te lèves.	**Lève-toi.**
Tu t'assieds.	**Assieds-toi.**
Tu te sers.	**Sers-toi.**

Similarly, any indirect object pronoun in the first and second person singular takes a special form when used with a verb in the imperative.

Give me the book back.	**Rends-moi le livre.**
Give yourself time.	**Donne-toi du temps.**
Read him the letter.	**Lis-lui la lettre.**
Say hello to her.	**Dis-lui bonjour.**
Give them a fine.	**Donnez-leur une amende.**

In the negative imperative of pronominal verbs, the pronoun precedes the verb.

Don't get up!	**Ne vous levez pas!**
Don't hurry up.	**Ne te dépêche pas.**

Let's not sit down.	Ne nous asseyons pas.
Let's not leave yet.	Ne nous en allons pas encore.
Don't get dressed yet.	Ne vous habillez pas encore.
Don't put yourself in that position.	Ne vous mettez pas dans cette position.

20. B.

Écoutez le dialogue suivant.

MICHEL: *Dépêche-toi, le film commence bientôt.*
PAULINE: *Est-ce qu'il y a encore des billets?*
MICHEL: *Ne t'inquiète pas. Il y en a certainement. Assieds-toi sur le banc, je m'occupe des billets.*
PAULINE: *Ce programme est-il gratuit?*
JACQUES: *Oui, servez-vous madame!*
PAULINE: *Il n'y a plus de billets. Nous pouvons voir autre chose: décidons-nous!*
MICHEL: *Il n'y a rien de bien: allons-nous-en!*

Maintenant, écoutez et répétez.

Hurry up, the movie starts soon.	Dépêche-toi, le film commence bientôt.
Are there still tickets?	Est-ce qu'il y a encore des billets?
Don't worry; there must be.	Ne t'inquiète pas, il y en a certainement.
Sit down on the bench; I am taking care of the tickets.	Assieds-toi sur le banc, je m'occupe des billets.
Is this program free?	Ce programme est-il gratuit?
Yes, help yourself, madam!	Oui, servez-vous madame!
There are no more tickets.	Il n'y a plus de billets.
We can see something else: let's decide!	Nous pouvons voir autre chose: décidons-nous!

| There is nothing good; let's go! | **Il n'y a rien de bien; allons-nous-en!** |

20. C.

Do the following:

Tell Olga to hurry up.	☞*Dépêche-toi, Olga.*
Tell Pierre to sit down.	☞*Assieds-toi, Pierre.*
Tell your friends to help themselves.	☞*Servez-vous.*
Suggest that you make up your minds.	☞*Décidons-nous.*
Tell your friends to call each other.	☞*Téléphonez-vous.*

LESSON 21. THE PRESENT PARTICIPLE

21. A.

The present participle is used to express an ongoing background action, such as "while walking" or "as I was reading." In French, the formation of the present participle is very easy. All verbs, except *être*, *avoir*, and *savoir*, add *-ant* to the stem of the first person plural form.

Nous faisons des fautes.	**Faisant des fautes . . .**
Nous finissons l'examen.	**Finissant l'examen . . .**
Nous mangeons des fruits.	**Mangeant des fruits . . .**
Nous commençons la conférence.	**Commençant la conférence . . .**
Nous servons le café.	**Servant le café . . .**

Être, avoir, and *savoir* are exceptions.

Nous savons le français.	**Sachant le français . . .**
Nous avons le temps.	**Ayant le temps . . .**
Nous sommes contents.	**Étant contents . . .**

Here are a few example sentences.

We buy a sandwich as we go to the beach.	**Nous achetons un sandwich en allant à la plage.**
He gets the newspaper as he takes out the dog.	**Il achète le journal en sortant le chien.**
I get dressed while listening to the radio.	**Je m'habille en écoutant la radio.**

Note that the present participle is usually introduced by *en*. When the present participle begins a sentence, it indicates cause.

Knowing Pierre, I am not surprised.	**Connaissant Pierre, je ne suis pas étonnée.**

Being a foreigner, I don't know where the post office is.

Étant étranger, je ne sais pas où est la poste.

21. B.

Écoutez le dialogue suivant.

> PAUL: *Olga, je dois te raconter une histoire bizarre.*
> OLGA: *Raconte-moi en allant à la poste.*
> PAUL: *En allant à mes cours aujourd'hui, je rencontre Pierre.*
> OLGA: *Que dit-il?*
> PAUL: *Il est distrait et, ne me voyant pas bien, me dit "Bonjour, monsieur".*
> OLGA: *Sachant qu'il est très préoccupé, je ne suis pas étonnée.*
> PAUL: *Oui, je sais, sa vie est impossible en ce moment.*
> OLGA: *Comment ça?*
> PAUL: *Il commet des erreurs en travaillant, il mange en courant, il s'habille en se lavant.*
> OLGA: *Pauvre Pierre! Je lui téléphone en rentrant.*

Maintenant écoutez et répétez.

Olga, I must tell you a bizarre story.

Olga, je dois te raconter une histoire bizarre.

Tell me as we go to the post office.

Raconte-moi en allant à la poste.

Going to class today, I meet Pierre.

En allant à mes cours aujourd'hui, je rencontre Pierre.

What is he saying?

Que dit-il?

He is distracted and, not seeing me very well, says "Hello, sir," to me.

Il est distrait et, ne me voyant pas bien, me dit "Bonjour, monsieur."

Knowing that he is very preoccupied, I am not surprised.

Sachant qu'il est très préoccupé, je ne suis pas étonnée.

262

Yes, I know; his life is impossible right now.	**Oui je sais, sa vie est impossible en ce moment.**
How is that?	**Comment ça?**
He makes mistakes while he works; he eats as he runs; he dresses as he washes.	**Il commet des erreurs en travaillant, il mange en courant, il s'habille en se lavant.**
Poor Pierre!	**Pauvre Pierre!**
I will call him when I get home.	**Je lui téléphone en rentrant.**

21. C.

Combine the two sentences using the participle of the second verb. *Écoutez l'exemple.*

Nous parlons de cinéma. Nous faisons une promenade.	*Nous parlons de cinéma en faisant une promenade.*

   Maintenant, c'est votre tour.

Tu manges un sandwich. Tu regardes la télévision.	☞*Tu manges un sandwich en regardant la télévision.*
Il achète le journal. Il passe devant le magasin.	☞*Il achète le journal en passant devant le magasin.*
Elle nous appelle. Elle ouvre la porte.	☞*Elle nous appelle en ouvrant la porte.*

PART III. SPEAKING ABOUT THE FUTURE

LESSON 22. THE FUTURE OF REGULAR VERBS

22. A.

To form the future of regular verbs, add the endings *-ai*, *-as*, *-a*, *-ons*, *-ez*, and *-ont* to the infinitive. *-Re* verbs drop the final *-e* before adding the ending. Let's practice with a familiar verb: *manger*, "to eat."

I will eat	**je mangerai**
I will eat with you.	**Je mangerai avec vous.**
you will eat	**tu mangeras**
You will eat well in Paris.	**Tu mangeras bien à Paris.**
he will eat	**il mangera**
He will eat at eight.	**Il mangera à huit heures.**
we will eat	**nous mangerons**
We will eat at the restaurant.	**Nous mangerons au restaurant.**
you will eat	**vous mangerez**
You will eat poorly at the café.	**Vous mangerez mal au café.**
they will eat	**ils mangeront**
They will eat a cold meal.	**Ils mangeront un repas froid.**

Here are a few example sentences with other regular verbs.

We will listen to his speech.	**Nous écouterons son discours.**
You will watch the program.	**Vous regarderez le programme.**
They will begin at eight.	**Ils commenceront à huit heures.**
I will finish work at six.	**Je finirai le travail à six heures.**
She will choose a class.	**Elle choisira un cours.**

You will hate that hotel.	**Vous détesterez cet hôtel.**
I will take a vacation.	**Je prendrai des vacances.**
He will put the suitcases in the car.	**Il mettra les valises dans la voiture.**
They will sleep in the train.	**Ils dormiront dans le train.**

22. B.

Écoutez le dialogue suivant.

BENJAMIN: *Préparons notre séjour à Paris. Nous partirons à sept heures mercredi soir.*
TABITHA: *Quand arriverons-nous?*
BENJAMIN: *L'avion arrivera tôt le matin. Nous passerons la douane rapidement, puis nous prendrons un taxi pour aller à l'hôtel.*
TABITHA: *Ah très bien! Je dormirai à l'hôtel!*
BENJAMIN: *Pas du tout! Nous nous changerons rapidement et sortirons visiter les musées avant la fermeture.*
TABITHA: *Tu es fou!*

Maintenant, écoutez et répétez.

Let's plan our stay in Paris.	**Préparons notre séjour à Paris.**
We will leave at seven Wednesday night.	**Nous partirons à sept heures mercredi soir.**
When will we get there?	**Quand arriverons-nous?**
The plane will get there early in the morning.	**L'avion arrivera tôt le matin.**
We will quickly go through customs;	**Nous passerons la douane rapidement,**
then we will take a taxi to the hotel.	**puis nous prendrons un taxi pour aller à l'hôtel.**
Very good!	**Ah très bien!**
I will sleep at the hotel.	**Je dormirai à l'hôtel!**

Not at all: we will get changed
quickly and go out to visit
the museums before closing
time.

You are crazy!

Pas du tout: nous nous
changerons rapidement et
sortirons visiter les mu-
sées avant la fermeture.

Tu es fou!

22. C.

Answer the questions. Use the future tense.

*Est-ce que vous arriverez à trois
heures? (non, je)*

*Est-ce que tu comprendras les
explications? (oui, je)*

*Est-ce que les touristes
dormiront dans l'avion?
(oui, ils)*

*Est-ce que vous vous changerez
rapidement? (oui, nous)*

*Est-ce que Jeff lira votre lettre?
(non, ma)*

☞ *Non, je n'arriverai pas à
trois heures.*

☞ *Oui, je comprendrai les
explications.*

☞ *Oui, ils dormiront dans
l'avion.*

☞ *Oui, nous nous changerons
rapidement.*

☞ *Non, Jeff ne lira pas ma
lettre.*

LESSON 23. IRREGULAR FORMS OF THE FUTURE

23. A.

Être, avoir, faire, and *aller* take the usual future endings, but have an irregular stem. We will conjugate these verbs alternately.

I will be	**je serai**
I will be on time.	**Je serai à l'heure.**
you will have	**tu auras**
You will have some free time.	**Tu auras du temps libre.**
she will do	**elle fera**
She will do the work.	**Elle fera le travail.**
we will go	**nous irons**
We will go see that movie.	**Nous irons voir ce film.**
you will be	**vous serez**
You will be welcome.	**Vous serez les bienvenus.**
they will have	**ils auront**
They will have all sorts of problems.	**Ils auront toutes sortes de problèmes.**

23. B.

Écoutez le dialogue suivant.

BERNIE: *Salut, Olga. Connais-tu la nouvelle?*

OLGA: *Non, quelle nouvelle?*

BERNIE: *Monsieur Martin aura bientôt une exposition de ses dernières photographies.*

OLGA: *Vraiment, où?*

BERNIE: *Elles seront exposées dans une petite galerie près des Halles.*

OLGA: *Merveilleux! Est-ce que nous irons tous au vernissage?*

BERNIE: *Bien sûr.*

OLGA: *Monsieur Martin sera vraiment très heureux. J'irai le voir demain pour le féliciter.*

Maintenant écoutez et répétez.

Hi, Olga. Do you know the news?

Salut, Olga. Connais-tu la nouvelle?

No, what news?

Non, quelle nouvelle?

Mr. Martin will soon have an exhibit of his latest photographs.

Monsieur Martin aura bientôt une exposition de ses dernières photographies.

Really, where?

Vraiment, où?

They will be exhibited in a little gallery near Les Halles.

Elles seront exposées dans une petite galerie près des Halles.

Marvelous!

Merveilleux!

Will we all go to the opening?

Est-ce que nous irons tous au vernissage?

Of course.

Bien sûr.

Monsieur Martin will certainly be very happy.

Monsieur Martin sera vraiment très heureux.

I will go see him tomorrow to congratulate him.

J'irai le voir demain pour le féliciter.

23. C.

Answer the questions using the cues.

Que ferez-vous demain? (aller au cinéma)

☞*J'irai au cinéma.*

Est-ce que tu seras à l'heure? (non, en retard)

☞*Non, je serai en retard.*

Est-ce que Pierre et Olga iront voir l'exposition? (oui)

☞*Oui, ils iront voir l'exposition.*

Est-ce que j'aurai le temps de préparer la lettre? (non, tu)

☞*Non, tu n'auras pas le temps.*

Est-ce que nous ferons des fautes? (oui, encore)

☞*Oui, nous ferons encore des fautes.*

LESSON 24. MORE IRREGULAR FUTURES

24. A.

Venir, savoir, pouvoir, vouloir, and *falloir* also change their stem in the future tense. *Écoutez et répétez.*

I will come	**je viendrai**
I will come to your house.	**Je viendrai chez vous.**
you will know	**tu sauras**
You will know how to speak French.	**Tu sauras parler français.**
he will be able to	**il pourra**
He will be able to catch a plane.	**Il pourra prendre un avion.**
we will want	**nous voudrons**
We will want to reserve a room.	**Nous voudrons réserver une chambre.**
you will come	**vous viendrez**
You will come to Paris this winter.	**Vous viendrez à Paris cet hiver.**
they will know	**ils sauront**
They will know how to answer this letter.	**Ils sauront répondre à cette lettre.**

Falloir, used only in the third person singular, follows a similar pattern.

It will be necessary to correct this letter.	**Il faudra corriger cette lettre.**
It will be necessary to reserve a room.	**Il faudra réserver une chambre.**
It will be necessary to call the hotel.	**Il faudra téléphoner à l'hôtel.**

Voir and *envoyer* have a similar future form.

I will see you tomorrow.	**Je vous verrai demain.**
You will send the package.	**Tu enverras le paquet.**

He will see his mistakes.	**Il verra ses fautes.**
We will send you a letter.	**Nous vous enverrons une lettre.**
You will see that it's true.	**Vous verrez que c'est vrai.**
They will send their best wishes.	**Ils enverront leurs meilleurs voeux.**

24. B.

Écoutez le dialogue suivant.

CLAUDETTE: *Quand est-ce que Marc et Lisa arriveront?*
PATRIC: *Ils arriveront jeudi matin.*
CLAUDETTE: *Est-ce que nous pourrons les voir?*
PATRIC: *Oui, mais ils seront certainement très occupés.*
CLAUDETTE: *Pourquoi?*
PATRIC: *Tu verras! Marc voudra aller aux musées, au théâtre, au restaurant, etc.*
CLAUDETTE: *Comment saurons-nous quand les retrouver?*
PATRIC: *Il faudra appeler l'hôtel.*

Maintenant répétez.

When will Marc and Lisa arrive?	**Quand est-ce que Marc et Lisa arriveront?**
They will arrive Thursday morning.	**Ils arriveront jeudi matin.**
Will we be able to see them?	**Est-ce que nous pourrons les voir?**
Yes, but they will certainly be very busy.	**Oui, mais ils seront certainement très occupés.**
Why?	**Pourquoi?**
You'll see!	**Tu verras!**
Marc will want to go to museums, to the theater, to restaurants, and so on.	**Marc voudra aller aux musées, au théâtre, au restaurant, etc.**

How will we know when to meet them? **Comment saurons-nous quand les retrouver?**

One will have to call the hotel. **Il faudra appeler l'hôtel.**

24. C.

Answer the questions.

Qu'est-ce que vous ferez demain? (je, aller au cinéma)

☞ *J'irai au cinéma.*

Qu'est-ce que Pierre et Olga voudront faire? (ils, se promener)

☞ *Ils voudront se promener.*

Est-ce que tu sauras parler français correctement? (je, avec des fautes)

☞ *Je saurai parler français avec des fautes.*

Qu'est-ce que nous enverrons par la poste? (vous, un paquet)

☞ *Vous enverrez un paquet.*

Est-ce que je pourrai vous parler? (vous, me parler demain)

☞ *Vous pourrez me parler demain.*

LESSON 25. *LE FUTUR PROCHE*

25. A.

There is another form of the future called the *futur proche*. It corresponds to the English "I am going to." The *futur proche* consists of the present indicative of the verb *aller*, "to go," and the infinitive of the main verb. *Écoutez et répétez.*

I am going to prepare dinner.	**Je vais préparer le dîner.**
You are going to have a headache.	**Tu vas avoir mal à la tête.**
She is going to start her architectural firm.	**Elle va monter son cabinet d'architectes.**
We are going to call right away.	**Nous allons téléphoner tout de suite.**
You are going to know the answer.	**Vous allez savoir la réponse.**
They are going to rent a car.	**Ils vont louer une voiture.**

In the negative, the *futur proche* places *ne pas* around the verb *aller*.

We are not going to stay.	**Nous n'allons pas rester.**
You are not going to repeat that mistake.	**Tu ne vas pas répéter cette erreur.**
They are not going to like the hotel.	**Ils ne vont pas aimer l'hôtel.**

25. B.

Écoutez.

> MARC: *Nous allons arriver à l'hôtel, poser les valises, faire notre toilette rapidement et sortir.*
>
> LISA: *Non, Marc. Tu vas sortir. Moi, je vais prendre un bon bain, manger quelque chose et dormir un peu.*

MARC: *Enfin, Lisa, tu ne vas pas dormir pendant tout le voyage!*

LISA: *Il va falloir se reposer un peu.*

Maintenant, répétez.

We are going to get to the hotel, put down the luggage, wash quickly, and go out.	**Nous allons arriver à l'hôtel, poser les valises, faire notre toilette rapidement, et sortir.**
No, Marc. You are going out. I am going to take a nice bath, eat something, and sleep a little.	**Non, Marc. Tu vas sortir. Moi, je vais prendre un bon bain, manger quelque chose et dormir un peu.**
Come on, Lisa, you are not going to sleep during the whole trip!	**Enfin, Lisa, tu ne vas pas dormir pendant tout le voyage!**
One will have to rest a little.	**Il va falloir se reposer un peu.**

25. C.

Rephrase the following sentences in the *futur proche*. *Écoutez l'exemple.*

Nous irons au cinéma. *Nous allons aller au cinéma.*

Maintenant, c'est votre tour.

Je viendrai demain.	☞*Je vais venir demain.*
Nous pourrons nous rendre à la banque.	☞*Nous allons pouvoir nous rendre à la banque.*
Nous dînerons au restaurant.	☞*Nous allons dîner au restaurant.*
Elle voudra passer l'examen.	☞*Elle va vouloir passer l'examen.*
Je verrai si c'est possible.	☞*Je vais voir si c'est possible.*

PART IV. EXPRESSING THE PAST

LESSON 26. THE IMPERFECT

26. A.

The imperfect is used for descriptions in the past and actions which are repeated or continuous and have no set starting and finishing points. The imperfect endings for all verbs are: *-ais, -ais, -ait, -ions, -iez, -aient*. Let's practice the imperfect with *parler*.

I was speaking*	**je parlais**
I was speaking with a friend.	**Je parlais avec un ami.**
you were speaking	**tu parlais**
You were speaking with passion.	**Tu parlais avec passion.**
he was speaking	**il parlait**
He was speaking incessantly.	**Il parlait sans cesse.**
we were speaking	**nous parlions**
We were speaking slowly.	**Nous parlions lentement.**
you were speaking	**vous parliez**
Were you speaking French?	**Parliez-vous français?**
they were speaking	**ils parlaient**
They were speaking on the phone.	**Ils parlaient au téléphone.**

Verbs ending in *-ier*, like *étudier*, double the *i* in the first and second person plural.

We were studying French when we were in Paris.	**Nous étudiions le français quand nous étions à Paris.**

*The imperfect can be translated into English with such forms as "I spoke," "I was speaking," or "I used to speak."

Did you use to study Greek when you were young?	**Vous étudiiez le grec quand vous étiez jeune?**

Most verbs form their imperfect stem from the first person plural, *nous*.

We were finishing our work.	**Nous finissions notre travail.**
We were taking a rest.	**Nous prenions du repos.**
We had a house on the seashore.	**Nous avions une maison au bord de la mer.**
I often came to see them.	**Je venais souvent les voir.**
You were going to the bank?	**Tu allais à la banque?**
We were not able to understand him.	**Nous ne pouvions pas le comprendre.**
They wanted to buy the company.	**Ils voulaient acheter la firme.**

Être forms its imperfect with the stem *ét-*.

You were furious yesterday.	**Vous étiez furieux hier.**
I was sure that it was the right answer.	**J'étais sûr que c'était la bonne réponse.**

26. B.

Écoutez le dialogue suivant.

> PAUL: *Ça va mieux, Olga? Tu étais furieuse, hier!*
> OLGA: *J'essayais de faire mes comptes.*
> PAUL: *Et alors?*
> OLGA: *Il y avait toutes sortes de problèmes.*
> PAUL: *Par exemple?*
> OLGA: *Il y avait des erreurs dans les comptes.*
> PAUL: *C'est tout?*
> OLGA: *Non, en plus, le téléphone sonnait sans cesse.*
> PAUL: *Il fallait décrocher!*

OLGA: *Oui, mais en plus, les voisins se disputaient et . . .*
PAUL: *Pauvre Olga!*

Maintenant, écoutez et répétez.

Are things better, Olga?	**Ça va mieux, Olga?**
You were furious yesterday!	**Tu étais furieuse, hier!**
I was trying to balance my accounts.	**J'essayais de faire mes comptes.**
And?	**Et alors?**
There were all sorts of problems.	**Il y avait toutes sortes de problèmes.**
For instance?	**Par exemple?**
The numbers were incorrect.	**Il y avait des erreurs dans les comptes.**
That's all?	**C'est tout?**
No, on top of that, the phone was constantly ringing.	**Non, en plus, le téléphone sonnait sans cesse.**
You should have taken the phone off the hook!	**Il fallait décrocher!**
Yes, but on top of it, the neighbors were arguing and . . .	**Oui, mais en plus, les voisins se disputaient et . . .**
Poor Olga!	**Pauvre Olga!**

26. C.

Answer the following questions.

Est-ce que vous étiez à Paris en mars? (je, en juin)	☞*J'étais à Paris en juin.*
Est-ce que nous avions raison? (vous)	☞*Oui, vous aviez raison.*
Est-ce qu'Emmanuel se levait tôt à Tokyo? (il)	☞*Il se levait tôt.*

Est-ce que tu dormais ce matin? (non, je)   ☞ *Non, je ne dormais pas.*

Est-ce que vous étudiiez à l'université? (nous)   ☞ *Oui, nous étudiions à l'université.*

LESSON 27. THE *PASSÉ COMPOSÉ*: FORMING PAST PARTICIPLES

27. A.

The *passé composé* corresponds to the English present perfect or simple past, and translates sentences such as "I have eaten" or "I heard." It is formed with the present indicative of either *avoir* or *être* and the past participle of the main verb. Let's first focus on verbs using *avoir* as their auxiliary.

I have eaten	**j'ai mangé**
I ate at that restaurant.	**J'ai mangé dans ce restaurant.**
you have eaten	**tu as mangé**
You ate the whole cake.	**Tu as mangé tout le gâteau.**
he has eaten	**il a mangé**
He ate badly.	**Il a mal mangé.**
we ate	**nous avons mangé**
We have never eaten that dish.	**Nous n'avons jamais mangé ce plat.**
you ate	**vous avez mangé**
You have already eaten my cooking.	**Vous avez déjà mangé ma cuisine.**
they have eaten	**ils ont mangé**
They ate up their savings.	**Ils ont mangé leurs économies.**

The *passé composé* expresses past actions that happened only once, followed each other in rapid succession, or were limited by a starting or finishing point. *Écoutez et répétez.*

He came into the classroom.	**Il est entré dans la classe.**
Then, he said "hello."	**Puis, il a dit "bonjour".**
Then, he sat down.	**Puis, il s'est assis.**
Then, he opened his notebook.	**Puis, il a ouvert son cahier.**

278

And finally he began the lesson.	**Et enfin il a commencé la leçon.**

The past participle of all *-er* verbs ends in *-é*, of regular *-ir* verbs in *-i*, and regular *-re* verbs in *-u*. *Écoutez et répétez.*

I already served the coffee.	**J'ai déjà servi le café.**
You went to the beach.	**Tu es allé à la plage.**
The student has slept in class.	**L'étudiant a dormi en classe.**
We finished our exams.	**Nous avons fini nos examens.**
You returned the books.	**Vous avez rendu les livres.**

27. B.

Écoutez le dialogue suivant.

LOUIS: *Alors, qu'est-ce qu'ils ont fait hier?*
CLAIRE: *Ils ont visité les musées et ils ont mangé dans un bon restaurant.*
LOUIS: *Et le soir?*
CLAIRE: *Ils ont choisi une pièce de théâtre intéressante.*
LOUIS: *Est-ce qu'ils ont aimé la pièce?*
CLAIRE: *Oui.*
LOUIS: *Et ce matin, à quelle heure ont-ils quitté l'hôtel?*
CLAIRE: *Ils ont commencé leurs activités touristiques à huit heures.*
LOUIS: *Huit heures! Ils n'ont pas dormi, alors?*
CLAIRE: *Marc n'a jamais dormi plus de cinq heures!*

Maintenant, écoutez et répétez.

So, what did they do yesterday?	**Alors, qu'est-ce qu'ils ont fait hier?**
They visited museums, and they ate in a good restaurant.	**Ils ont visité les musées et ils ont mangé dans un bon restaurant.**

279

And at night?	Et le soir?
They chose an interesting play.	Ils ont choisi une pièce de théâtre intéressante.
Did they like the play?	Est-ce qu'ils ont aimé la pièce?
Yes.	Oui.
And this morning, at what time did they leave the hotel?	Et ce matin, à quelle heure ont-ils quitté l'hôtel?
They began their tourist activities at eight o'clock.	Ils ont commencé leurs activités touristiques à huit heures.
Eight o'clock!	Huit heures!
So then, they didn't sleep?	Ils n'ont pas dormi, alors?
Marc has never slept more than five hours!	Marc n'a jamais dormi plus de cinq heures!

27. C.

Answer the following questions using the cues.

Quand as-tu fini ton travail? (je, à six heures)	☞ *J'ai fini à six heures.*
Quand avez-vous commencé l'étude du français? (nous, cette semaine)	☞ *Nous avons commencé cette semaine.*
Quand a-t-il acheté sa maison? (l'année dernière)	☞ *Il a acheté sa maison l'année dernière.*
Est-ce que vous avez bien dormi? (non, je, mal)	☞ *Non, j'ai mal dormi.*
À qui ai-je téléphoné hier? (tu, à Pierre)	☞ *Tu as téléphoné à Pierre.*

LESSON 28. IRREGULAR PAST PARTICIPLES

28. A.

Irregular past participles follow no set pattern and must simply be memorized. Most end with the vowel -*u*. *Écoutez et répétez.*

to be able to	**pouvoir**
We were able to catch the train.	**Nous avons pu prendre le train.**
to want to	**vouloir**
He wanted to meet you now.	**Il a voulu vous rencontrer maintenant.**
to know	**savoir**
They knew how to solve the problem right away.	**Ils ont su résoudre le problème tout de suite.**
to be necessary	**falloir**
It was necessary to call 911.	**Il a fallu appeler police-secours.**
to know	**connaître**
They met on vacation.	**Ils se sont connus en vacances.**
to have	**avoir**
I had a brilliant idea.	**J'ai eu une idée géniale.**

Être, écrire, mettre, and *prendre* are exceptions. *Écoutez et répétez.*

We have been sick.	**Nous avons été malades.**
Did you write this novel?	**Avez-vous écrit ce roman?**
I put the suitcases in the car.	**J'ai mis les bagages dans la voiture.**
We understood him very well.	**Nous l'avons très bien compris.**

28. B.

Écoutez le dialogue suivant.

PAULINE: *Tu as entendu la dernière de Marc et Lisa?*
CHRISTOPHE: *Non, est-ce qu'ils ont eu un problème?*
PAULINE: *Ils ont voulu aller au Bois de Boulogne mais il pleuvait.*
CHRISTOPHE: *Ce n'est pas tragique, non?*
PAULINE: *Non, mais ensuite ils n'ont pas pu trouver de taxi.*
CHRISTOPHE: *Et le métro, alors?*
PAULINE: *Justement, il leur a fallu prendre le métro et ils se sont perdus.*
CHRISTOPHE: *Dans le métro parisien? Avec tous les plans?*

Maintenant écoutez et répétez.

Did you hear the latest Marc and Lisa story?	**Tu as entendu la dernière de Marc et Lisa?**
No, did they have a problem?	**Non, est-ce qu'ils ont eu un problème?**
They wanted to go to the *Bois de Boulogne,* but it rained.	**Ils ont voulu aller au Bois de Boulogne mais il pleuvait.**
Is that tragic?	**Ce n'est pas tragique, non?**
No, but then they could not find a cab.	**Non, mais ensuite ils n'ont pas pu trouver de taxi.**
And what about the subway?	**Et le métro, alors?**
Precisely, they had to take the subway, and they got lost.	**Justement, il leur a fallu prendre le métro et ils se sont perdus.**
In the Paris metro?	**Dans le métro parisien?**
With all those maps?	**Avec tous les plans?**

28. C.

Answer the questions using the cues.

Qu'est-ce que tu as vu? (un bon programme)   ☞J'ai vu un bon programme.

Avez-vous compris la leçon? (oui, nous)   ☞Oui, nous avons compris.

Où as-tu mis les valises? (dans la voiture)   ☞J'ai mis les valises dans la voiture.

A-t-il fallu prendre un taxi? (non, le métro)   ☞Non, il a fallu prendre le métro.

LESSON 29. THE *PASSÉ COMPOSÉ*:
DISTINGUISHING AUXILIARIES

29. A.

Not all verbs use *avoir* to form the *passé composé*. All pronominal verbs and intransitive verbs expressing movement,
except *quitter*, "to leave," use *être*. *Écoutez et répétez.*

I hurried to catch the train.	**Je me suis dépêchée pour prendre le train.**
Why did you use their car?	**Pourquoi t'es-tu servi de leur voiture?**
She washed without hot water.	**Elle s'est lavée sans eau chaude.**
We got up early this morning.	**Nous nous sommes levés tôt ce matin.**
You went to the beach this weekend.	**Vous êtes allé à la plage ce week-end.**
They arrived on time.	**Ils sont arrivés à l'heure.**

Note that when using *être* as the auxiliary, the past participle behaves like an adjective and agrees in gender and
number with the noun. *Écoutez et répétez.*

Pierre sat down, and Olga sat down, too.	**Pierre s'est assis, et Olga s'est assise aussi.**

The *passé composé* of both *être* and *avoir* is formed with
avoir. Écoutez et répétez.

We were in Paris last week.	**Nous avons été à Paris la semaine dernière.**
They had luck.	**Ils ont eu de la chance.**

29. B.

Écoutez le dialogue suivant.

CLAIRE: *Cette exposition était merveilleuse!*
JEAN: *Combien de gens sont venus?*
CLAIRE: *Je ne sais pas, je n'ai pas compté, mais il y en avait beaucoup.*
JEAN: *Est-ce que l'exposition leur a plu?*
CLAIRE: *Oh, oui, ils sont restés très longtemps.*
JEAN: *Où êtes-vous allés ensuite?*
CLAIRE: *Nous sommes allés chez l'artiste où nous avons organisé une fête pour tous ses amis.*

Maintenant, écoutez et répétez.

That exhibit was wonderful!	**Cette exposition était merveilleuse!**
How many people came?	**Combien de gens sont venus?**
I don't know; I didn't count, but there were many.	**Je ne sais pas, je n'ai pas compté, mais il y en avait beaucoup.**
Did the exhibit please them?	**Est-ce que l'exposition leur a plu?**
Oh yes, they stayed a long time.	**Oh, oui, ils sont restés très longtemps.**
Where did you go afterward?	**Où êtes-vous allés ensuite?**
We went to the artist's house where we organized a party for all his friends.	**Nous sommes allés chez l'artiste où nous avons organisé une fête pour tous ses amis.**

29. C.

Answer the following questions in the *passé composé*, choosing *avoir* or *être* as the auxiliary verb. *Écoutez l'exemple.*

Passez-vous des vacances? (non,   Non, nous avons passé des
le mois dernier)   vacances le mois dernier.

Maintenant c'est votre tour.

Avez-vous un examen aujour-   ☞*Non, j'ai eu un examen hier.*
d'hui? (non, je, hier)
Est-ce qu'il sort ce soir? (non,   ☞*Non, il est sorti hier.*
il, hier)
Est-ce que Nadine va à la   ☞*Non, elle est allée à la*
banque? (non, elle, hier)   *banque hier.*
Est-ce que vous lisez le journal?   ☞*Non, j'ai lu le journal hier.*
(non, je, hier)
Est-ce que j'écris la lettre?   ☞*Non, tu as déjà écrit la*
(non, tu, déjà)   *lettre.*
Est-ce qu'Olga et Babacar vont   ☞*Non, ils sont allés à la fête*
à la fête?(non, ils, hier soir)   *hier soir.*

286

LESSON 30. USING THE PAST: CONTRASTING *IMPARFAIT* AND *PASSÉ COMPOSÉ*

30. A.

The *imparfait* and *passé composé* are not interchangeable, even though their translation into English is often the same. In French, they express very distinct moments in the past.

The imperfect is used to describe physical and emotional states, as well as time, weather, and age in the past. It also indicates past repeated or habitual actions without set time limits.

When I was a child, I went to school every day.	**Quand j'étais enfant, j'allais à l'école tous les jours.**
The sun was shining, there were no clouds.	**Le soleil brillait, il n'y avait pas de nuages.**
When I was six years old, I was happy.	**Quand j'avais six ans, j'étais heureux.**

The *passé composé* expresses actions that were sudden, happened only one time, or have definite time limits.

The class began at three o'clock.	**Le cours a commencé à trois heures.**
We arrived at the airport this morning.	**Nous sommes arrivés ce matin à l'aéroport.**
They spoke for four hours.	**Ils ont parlé pendant quatre heures.**

As in English, an action that interrupts another is in the *passé composé*, whereas the interrupted, or background action, is in the imperfect.

It was nice, but now it has begun to rain.	**Il faisait beau mais maintenant il a commencé à pleuvoir.**

| I was working quietly when the telephone rang. | **Je travaillais tranquillement quand le téléphone a sonné.** |

30. B.

Écoutez le dialogue suivant.

LAWRENCE: *Nous ne nous sommes pas vus depuis longtemps!*

ANNE: *C'est vrai, nous étions si impatients de te revoir.*

LAWRENCE: *Quel temps faisait-il à Nice quand vous êtes partis?*

ANNE: *Il faisait beau et chaud. Mais, quand l'avion est arrivé à Paris, il faisait gris.*

LAWRENCE: *Et qu'avez-vous fait à Nice tout ce temps?*

ANNE: *Jacquot et Hélène ont changé d'école.*

LAWRENCE: *Et ton travail?*

ANNE: *Je faisais quelque chose d'ennuyeux, maintenant, j'ai changé et je suis contente.*

Maintenant écoutez et répétez.

We haven't seen each other in a long time!	**Nous ne nous sommes pas vus depuis longtemps!**
It's true, we were so impatient to see you again.	**C'est vrai, nous étions si impatients de te revoir.**
How was the weather in Nice when you left?	**Quel temps faisait-il à Nice quand vous êtes partis?**
It was sunny and warm.	**Il faisait beau et chaud.**
But when the plane arrived in Paris, it was gray.	**Mais, quand l'avion est arrivé à Paris, il faisait gris.**
And what have you done in Nice all this time?	**Et qu'avez-vous fait à Nice tout ce temps?**
Jacquot and Hélène have changed schools.	**Jacquot et Hélène ont changé d'école.**

288

| And your job? | **Et ton travail?** |
| I was doing something boring, but now I changed, and I am happy. | **Je faisais quelque chose d'ennuyeux, maintenant, j'ai changé et je suis contente.** |

30. C.

Change the sentence from the present to the past. Choose the imperfect or the *passé composé*. *Écoutez l'exemple.*

| *À huit heures, Pierre et Olga arrivent.* | *À huit heures, Pierre et Olga sont arrivés.* |

Maintenant, c'est votre tour.

La maison est ancienne.	☞*La maison était ancienne.*
Le professeur entre rapidement dans la classe.	☞*Le professeur est entré rapidement dans la classe.*
Le téléphone sonne pendant que je prépare le dîner.	☞*Le téléphone a sonné pendant que je préparais le dîner.*
Nous sommes furieux de cette interruption.	☞*Nous étions furieux de cette interruption.*
À quelle heure partez-vous pour Zurich?	☞*À quelle heure êtes-vous parti pour Zurich?*
Pendant l'été, tu te sers toujours d'une voiture.	☞*Pendant l'été, tu te servais toujours d'une voiture.*

LESSON 31. USING THE PAST: *IMPARFAIT, PASSÉ COMPOSÉ*, AND *PLUS-QUE-PARFAIT*

31. A.

The *plus-que-parfait* (or pluperfect) is yet another past tense. It is composed of the imperfect of *être* or *avoir*, followed by the past participle of the main verb. *Écoutez et répétez.*

I had gone there in the past.	J'y étais allée dans le passé.
You had seen him at work.	Tu l'avais vu au travail.
She had sent the package ahead of time.	Elle avait envoyé le paquet d'avance.
We had come early to see him.	Nous étions venus tôt pour le voir.
You had heard the news before us.	Vous aviez entendu la nouvelle avant nous.
They had repeated the same mistake.	Ils avaient répété la même erreur.

The *plus-que-parfait* expresses actions that clearly take place before other past actions and usually indicates cause and effect. *Écoutez et répétez.*

We served the cake that you had made.	Nous avons servi le gâteau que vous aviez préparé.
They were happy because the teacher had given an easy exam.	Ils étaient contents parce que le professeur avait donné un examen facile.
You had sent the letter to explain the situation.	Tu avais envoyé la lettre pour expliquer la situation.

31. B.

Écoutez le dialogue suivant.

> DANIEL: *Et votre maison? Pourquoi avez-vous fait tous ces travaux?*

LISA:	*L'agent immobilier ne nous avait pas dit qu'il y avait des problèmes de plomberie! Il n'a pas dit non plus que la cave était souvent inondée.*
DANIEL:	*Avez-vous pris une bonne décision en achetant cette maison?*
LISA:	*Quand les problèmes ont commencé, Paul était furieux.*
DANIEL	*Vous vous étiez peut-être trop dépêchés?*
LISA:	*Peut-être, mais il fallait résoudre le problème.*

Maintenant, écoutez et répétez.

And your house?	**Et votre maison?**
Why did you do all that work?	**Pourquoi avez-vous fait tous ces travaux?**
The real estate agent had not told us that there were plumbing problems!	**L'agent immobilier ne nous avait pas dit qu'il y avait des problèmes de plomberie!**
He also did not say that the cellar was often flooded.	**Il n'a pas dit non plus que la cave était souvent inondée.**
Did you make a good decision in buying this house?	**Avez-vous pris une bonne décision en achetant cette maison?**
When the problems began, Paul was furious.	**Quand les problèmes ont commencé, Paul était furieux.**
Maybe you hurried too much?	**Vous vous étiez peut-être trop dépêchés?**
Maybe, but the problem had to be solved.	**Peut-être, mais il fallait résoudre le problème.**

31. C.

Restate the following sentences in the *plus-que-parfait*.

Ils sont allés à la banque.   ☞*Ils étaient allés à la banque.*

Tu as pris une bonne décision. ☞*Tu avais pris une bonne décision.*

Nous sommes sortis tôt. ☞*Nous étions sortis tôt.*

Vous vous êtes dépêchés. ☞*Vous vous étiez dépêchés.*

Il a mal compris. ☞*Il avait mal compris.*

LESSON 32. THE PAST INFINITIVE

32. A.

The past infinitive is formed with *avoir* or *être* in the infinitive and the past participle of the main verb. It is used when one subject is involved in several actions. *Écoutez et répétez.*

After going to the bank, I went to the post office.	**Après être allé à la banque, je suis allé à la poste.**
Did you leave the office after writing the report?	**As-tu quitté le bureau après avoir écrit le rapport?**
After getting washed, he hurried out.	**Après s'être lavé, il s'est dépêché de sortir.**
After reading the paper, we watched television.	**Après avoir lu le journal, nous avons regardé la télévision.**
Did you go to the movies after eating?	**Êtes-vous allés au cinéma après avoir mangé?**
Olga and Babacar celebrated after taking their exams.	**Olga et Babacar ont fait la fête après avoir passé leurs examens.**

32. B.

Écoutez le dialogue suivant.

> PAULINE: *Alors, qu'avez-vous fait tout ce mois?*
> JEAN: *Nous avons commencé par visiter les monuments.*
> PAULINE: *Tout de suite?*
> JEAN: *Non, après avoir laissé nos valises à l'hôtel!*
> PAULINE: *Et vous avez passé toute la journée à la Tour Eiffel?*
> JEAN: *Non, après avoir monté tous ces étages, nous étions fatigués.*
> PAULINE: *Avez-vous mangé dans un bon restaurant pour fêter votre arrivée?*

JEAN: *Après nous être bien fatigués, nous nous sommes assis dans le Jardin du Luxembourg.*

PAULINE: *Je vois: c'est une mini-visite des monuments!*

Maintenant, écoutez et répétez.

So, what did you do all this month?	**Alors, qu'avez-vous fait tout ce mois?**
We started by visiting the monuments.	**Nous avons commencé par visiter les monuments.**
Right away?	**Tout de suite?**
No, after leaving our suitcases at the hotel!	**Non, après avoir laissé nos valises à l'hôtel!**
And you spent the whole day at the Eiffel Tower?	**Et vous avez passé toute la journée à la Tour Eiffel?**
No, after climbing all those floors, we were tired.	**Non, après avoir monté tous ces étages, nous étions fatigués.**
Did you eat in a good restaurant to celebrate your arrival?	**Avez-vous mangé dans un bon restaurant pour fêter votre arrivée?**
After getting very tired, we sat down in the Luxembourg Gardens.	**Après nous être bien fatigués, nous nous sommes assis dans le Jardin du Luxembourg.**
I see: that's the short version of the monuments!	**Je vois: c'est une mini-visite des monuments!**

32. C.

Please complete the sentences with the past infinitive. *Écoutez l'exemple.*

Pierre est allé à la poste après . . . (écrire une lettre)	*Pierre est allé à la poste après avoir écrit une lettre.*

294

Maintenant, c'est votre tour.

*Hélène est allée à la banque
après . . . (quitter le bureau)*

*Olga a trouvé un appartement
après . . . (arriver à Paris)*

*Les touristes ont mangé au res-
taurant après . . . (visiter les
monuments)*

*Étais-tu fatigué après? . . .
(aller au cinéma)*

☞*Hélène est allée à la banque
après avoir quitté le bureau.*

☞*Olga a trouvé un appartement après être arrivée à
Paris.*

☞*Les touristes ont mangé au
restaurant après avoir visité
les monuments.*

☞*Étais-tu fatigué après être
allé au cinéma?*

PART V. THE CONDITIONAL

LESSON 33. THE PRESENT CONDITIONAL

33. A.

As in English, the conditional is used to express what you would do if a certain condition were fulfilled, what you would like to do, and what you should do. Its formation is simple: add imperfect endings to the future stem. *Écoutez et répétez.*

I would finish the report.	**Je finirais le rapport.**
You would eat better at home.	**Tu mangerais mieux à la maison.**
He would be furious.	**Il serait furieux.**
We would have some free time.	**Nous aurions du temps libre.**
You would come to see us.	**Vous viendriez nous voir.**
They would go to the movies with you.	**Ils iraient au cinéma avec vous.**

As in English, the "if"-clause, expressing the condition to be met, is in the imperfect. *Écoutez et répétez.*

If you wanted to, you could understand.	**Si tu voulais, tu pourrais comprendre.**
If they came, we would go out together.	**S'ils venaient, nous sortirions ensemble.**
If I saw him more often, I would talk to him.	**Si je le voyais plus souvent, je lui parlerais.**

33. B.

Écoutez le dialogue suivant.

> JEFF: *Olga, si tu gagnais la loterie demain, que ferais-tu?*

OLGA: *Moi, je ferais le tour du monde. Et toi, Jeff?*

JEFF: *Moi, je monterais mon propre cabinet d'architectes. Et toi, Paul?*

PAUL: *Je contribuerais à la protection de l'environnement, par exemple. Et toi, Nadine?*

NADINE: *Moi, je me consacrerais à la recherche sur le cancer ou le sida.*

PAULINE: *Est-ce que tu finirais tes études de médecine d'abord?*

NADINE: *Bien sûr, on ne m'écouterait pas, sinon.*

Maintenant écoutez et répétez.

Olga, if you won the lottery tomorrow, what would you do?	**Olga, si tu gagnais la loterie demain, que ferais-tu?**
Me, I would take a trip around the world.	**Moi, je ferais le tour du monde.**
And you, Jeff?	**Et toi, Jeff?**
I would start my own architectural firm.	**Moi, je monterais mon propre cabinet d'architectes.**
And you, Paul?	**Et toi, Paul?**
I would contribute to the protection of the environment, for instance.	**Je contribuerais à la protection de l'environnement, par exemple.**
And you, Nadine?	**Et toi, Nadine?**
I would dedicate myself to research on cancer or AIDS.	**Moi, je me consacrerais à la recherche sur le cancer ou le sida.**
Would you first finish your medical studies?	**Est-ce que tu finirais tes études de médecine d'abord?**
Of course, or nobody would listen to me.	**Bien sûr, on ne m'écouterait pas, sinon.**

33. C.

Ask the following questions. *Écoutez l'exemple.*

Si tu avais le temps ...
   (Pierre, faire)

Si tu avais le temps, que ferais-
   tu, Pierre?

   Votre tour.

Si vous aviez de l'argent ...
   (vous, aller où)

☞ Si vous aviez de l'argent, où
   iriez-vous?

Si les étudiants réussissaient
   leurs examens ... *(ils, être
   satisfaits)*

☞ Si les étudiants réussissaient
   leurs examens, seraient-ils
   satisfaits?

Si les touristes ne réservaient
   pas leur chambre ... *(ils,
   avoir des problèmes)*

☞ Si les touristes ne réservaient
   pas leur chambre, auraient-
   ils des problèmes?

Si vous écoutiez mieux ...
   (vous, comprendre plus)

☞ Si vous écoutiez mieux,
   comprendriez-vous plus?

LESSON 34. THE PAST CONDITIONAL

34. A.

The past conditional is another compound tense. It is formed with the present conditional of *avoir* or *être* and the past participle of the main verb. *Écoutez et répétez.*

I would have come to see you yesterday.	**Je serais venu vous voir hier.**
You would have gone to Paris last week.	**Vous seriez allé à Paris la semaine dernière.**
He would have read your report.	**Il aurait lu votre rapport.**
We would have hurried to go out.	**Nous nous serions dépêchés de sortir.**
You would have studied in the university.	**Vous auriez étudié à l'université.**
They would have understood you better in French.	**Ils vous auraient mieux compris en français.**

The past conditional is introduced by a condition in the *plus-que-parfait. Écoutez et répétez.*

If I had known, I would not have bought that house.	**Si j'avais su, je n'aurais pas acheté cette maison.**
Had he come earlier, he could have gone with us.	**S'il était venu plus tôt, il aurait pu aller avec nous.**

34. B.

Écoutez le dialogue suivant.

THOMAS: *Si nous avions su qu'il était si bruyant, nous ne serions pas restés dans cet hôtel.*
JACQUELINE: *Où seriez-vous allés?*
THOMAS: *Nous aurions choisi un petit hôtel.*
JACQUELINE: *Auriez-vous visité les mêmes monuments?*

THOMAS:	*Oui, mais nous aurions fait moins de choses.*
JACQUELINE:	*Pourquoi?*
THOMAS:	*Parce qu'il aurait été préférable de voir les choses en détail.*
JACQUELINE:	*Vous pourriez revenir une autre fois.*
THOMAS:	*Nous l'espérons bien.*

Maintenant, écoutez et répétez.

Had we known that it was so noisy, we would not have stayed in that hotel.

Si nous avions su qu'il était si bruyant, nous ne serions pas restés dans cet hôtel.

Where would you have gone?

Où seriez-vous allés?

We would have chosen a small hotel.

Nous aurions choisi un petit hôtel.

Would you have visited the same monuments?

Auriez-vous visité les mêmes monuments?

Yes, but we would have done fewer things.

Oui, mais nous aurions fait moins de choses.

Why?

Pourquoi?

Because it would have been preferable to see things in detail.

Parce qu'il aurait été préférable de voir les choses en détail.

You could come back another time.

Vous pourriez revenir une autre fois.

We hope so.

Nous l'espérons bien.

34. C.

Combine these sentences in the conditional past with sentences expressing conditions. Follow the model.

Si j'étais venu plus tôt . . .
    (parler au professeur)

Si j'étais venu plus tôt, j'aurais parlé au professeur.

Votre tour.

S'ils avaient su . . .
   (aller à un autre hôtel)
Si nous avions eu le temps . . .
   (visiter d'autres monuments)

Si tu avais compris . . .
   (répondre correctement)
Si vous étiez sortis . . .
   (apprécier le beau temps)

☞*S'ils avaient su, ils seraient allés à un autre hôtel.*

☞*Si nous avions eu le temps, nous aurions visité d'autres monuments.*

☞*Si tu avais compris, tu aurais répondu correctement.*

☞*Si vous étiez sortis, vous auriez apprécié le beau temps.*

LESSON 35. EXPRESSING A CONDITION
WITH TWO CLAUSES

35. A.

As in English, if a condition seems highly likely, the "if"-clause is in the present indicative, and the main clause in the future. *Écoutez et répétez.*

If I come tomorrow, we will go to the beach.	**Si je viens demain, nous irons à la plage.**
If you call, I will tell you where we are going.	**Si vous téléphonez, je vous dirai où nous allons.**
If we have the time, we will go see Pierre.	**Si nous avons le temps, nous rendrons visite à Pierre.**
If he has a scholarship, he will be able to study in Paris.	**S'il a une bourse, il pourra étudier à Paris.**

If conditions are unlikely to occur or depend on many variables, the "if"-clause should be in the imperfect, and the main clause in the present conditional.

If I had the time, I would go to the movies.	**Si j'avais le temps, j'irais au cinéma.**
If you thought about it, you would see that I am right.	**Si tu réfléchissais, tu verrais que j'ai raison.**
If he hurried up, he would get there on time.	**S'il se dépêchait, il arriverait à temps.**

The conditional of the verbs *pouvoir* and *devoir* express advice or reproach, as in the English "you should" or "could have done something."

You should have hurried.	**Vous auriez dû vous dépêcher.**
We should have known.	**Nous aurions dû savoir.**

302

He should watch his health.	Il devrait faire attention à sa santé.
You could listen to me.	Vous pourriez m'écouter.
They could have been nicer.	Ils auraient pu être plus gentils.

35. B.

Écoutez le dialogue suivant.

LISA: *Marc, si tu oublies encore quelque chose, nous raterons l'avion!*

MARC: *Où sont les valises? Nous aurions dû les compter!*

LISA: *Peut-être, mais si une valise manque maintenant, il faudra la laisser en souvenir.*

MARC: *Ah! je voudrais bien voir ta réaction si c'était la tienne.*

LISA: *Écoute, Marc, tu devrais voyager avec moins de vêtements.*

MARC: *Moi? Et toi, tu aurais pu faire moins de courses à Paris!*

LISA: *Écoute, si nous continuons à nous disputer, le voyage se passera très mal.*

MARC: *C'est vrai, nous devrions nous calmer tous les deux, chérie.*

Maintenant écoutez et répétez.

Marc, if you forget something else, we will miss the plane!	Marc, si tu oublies encore quelque chose, nous raterons l'avion.
Where are the suitcases?	Où sont les valises?
We should have counted them!	Nous aurions dû les compter!
Maybe, but if a suitcase is missing now, we will have to leave it as a souvenir.	Peut-être, mais si une valise manque maintenant, il faudra la laisser en souvenir.

Ah! I would like to see your reaction if it were yours.	**Ah! je voudrais bien voir ta réaction si c'était la tienne.**
Listen, Marc, you should travel with less clothing.	**Écoute, Marc, tu devrais voyager avec moins de vêtements.**
Me?	**Moi?**
And you, you could have done less shopping in Paris!	**Et toi, tu aurais pu faire moins de courses à Paris!**
Listen, if we continue to argue the trip will go very badly.	**Écoute, si nous continuons à nous disputer, le voyage se passera très mal.**
It's true, we should both calm down, dear.	**C'est vrai, nous devrions nous calmer tous les deux, chérie.**

35. C.

Complete the sentences with the proper tense: future or present conditional. *Écoutez l'exemple.*

Si tu as le temps, tu me ... *(téléphoner)*	*Si tu as le temps, tu me téléphoneras.*

Votre tour.

Si vous étiez en France, vous nous ... (rendre visite)	☞*Si vous étiez en France, vous nous rendriez visite.*
Si je rends ces livres, je ... (en sortir d'autres)	☞*Si je rends ces livres, j'en sortirai d'autres.*
S'il pleuvait, nous ... (rester à l'hôtel)	☞*S'il pleuvait, nous resterions à l'hôtel.*

Do the following.

Tell Pierre he should have hurried.	☞*Pierre, tu aurais dû te dépêcher.*

304

Tell Jeff he should learn to cook.

Tell your friends they should listen to you.

☞ *Jeff, tu devrais apprendre à faire la cuisine.*

☞ *Vous devriez m'écouter.*

PART VI. THE SUBJUNCTIVE

LESSON 36. THE PRESENT SUBJUNCTIVE OF REGULAR VERBS

36. A.

The subjunctive is used to express impressions, feelings, emotions, and desires. It is not used by itself but follows another verb in the indicative or a verbal expression. The regular present subjunctive is formed using the stem of the first person plural form and the subjunctive endings: *-e*, *-es*, *-e*, *-ions*, *-iez*, and *-ent*. *Écoutez et répétez.*

I must finish this job.	**Il faut que je finisse ce travail.**
You must find a solution.	**Il faut que tu trouves une solution.**
She must leave the country.	**Il faut qu'elle quitte le pays.**
We must return the books.	**Il faut que nous rendions les livres.**
You must sleep more.	**Il faut que vous dormiez plus.**
They must interrupt the program.	**Il faut qu'ils interrompent le programme.**

And some more examples:

I must lose some weight.	**Il faut que je maigrisse un peu.**
We must think more about this question.	**Il faut que nous réfléchissions plus à la question.**
You must go out more often.	**Il faut que vous sortiez plus souvent.**

36. B.

Écoutez le dialogue suivant.

> JEFF: *Emmanuel revient la semaine prochaine. Il faut que nous nous réunissions pour fêter son retour.*
>
> ANNE: *Oui, Jeff, mais il faut aussi qu'il se repose. Il faut qu'il s'occupe de son bureau en rentrant.*
>
> JEFF: *Justement, il faut que je lui explique les projets pour mon entreprise.*
>
> ANNE: *Enfin, Jeff, tu n'écoutes pas! Il faut qu'Emmanuel finisse d'abord son travail ...*

Maintenant, écoutez et répétez.

Emmanuel returns next week.	**Emmanuel revient la semaine prochaine.**
We must meet to celebrate his return.	**Il faut que nous nous réunissions pour fêter son retour.**
Yes, Jeff, but he must rest.	**Oui, Jeff, mais il faut aussi qu'il se repose.**
He has to take care of his office when he comes back.	**Il faut qu'il s'occupe de son bureau en rentrant.**
Precisely, I have to explain my plans for my firm to him.	**Justement, il faut que je lui explique les projets pour mon entreprise.**
Good grief, Jeff, you don't listen!	**Enfin, Jeff, tu n'écoutes pas!**
Emmanuel must first finish his work.	**Il faut qu'Emmanuel finisse d'abord son travail.**

36. C.

Answer these sentences in the present subjunctive. *Écoutez l'exemple.*

*Faut-il que vous arriviez
aujourd'hui? (oui, je)*

*Oui, il faut que j'arrive
aujourd'hui.*

Votre tour.

*Faut-il qu'il réfléchisse à la
question? (oui, Emmanuel)*

☞*Oui, il faut qu'Emmanuel
réfléchisse à la question.*

*Faut-il que les étudiants
écoutent la leçon? (oui, ils)*

☞*Oui, il faut qu'ils écoutent la
leçon.*

*Faut-il que vous étudiiez le
français? (oui, nous)*

☞*Oui, il faut que nous étudiions le français.*

*Faut-il que je choisisse un
hôtel? (oui, tu)*

☞*Oui, il faut que tu choisisses
un hôtel.*

LESSON 37. THE PRESENT SUBJUNCTIVE OF IRREGULAR VERBS

37. A.

The present subjunctive forms of *prendre, aller, venir, être, avoir, savoir, pouvoir,* and *vouloir* have irregular stems. *Écoutez et répétez.*

I have to take my time.	**Il faut que je prenne mon temps.**
You have to go to the library.	**Il faut que tu ailles à la bibliothèque.**
He has to be willing to help you.	**Il faut qu'il veuille bien vous aider.**
We have to be in London tomorrow.	**Il faut que nous soyons à Londres demain.**
They have to come to Paris.	**Il faut qu'ils viennent à Paris.**
You have to be able to rest.	**Il faut que tu puisses te reposer.**
You have to have patience.	**Il faut que vous ayez de la patience.**
I have to know your name.	**Il faut que je sache votre nom.**

37. B.

Écoutez le dialogue suivant.

> NADINE: *Regarde, Olga! Un accrochage!*
> OLGA: *Pourvu que ce ne soit pas grave!*
> NADINE: *Il ne semble pas qu'ils aient grand mal. Écoute-les se disputer!*
> ROBERT: *Vous ne savez pas conduire! Il faudrait qu'on retire le permis à des automobilistes de votre éspèce! Regardez le devant de ma voiture.*

PIERRE: *Elle n'a rien! Il vaudrait mieux que vous ayez une bonne assurance!*

OLGA: *Aïe, Nadine! Faut-il que nous soyons témoins? Ils sont fous tous les deux!*

Maintenant écoutez et répétez.

Look, Olga!	**Regarde, Olga!**
A fender bender!	**Un accrochage!**
Let's hope it's not serious!	**Pourvu que ce ne soit pas grave!**
It doesn't seem that they are too hurt.	**Il ne semble pas qu'ils aient grand mal.**
Listen to them argue!	**Écoute-les se disputer!**
You don't know how to drive! They should take licenses away from drivers like you!	**Vous ne savez pas conduire! Il faudrait qu'on retire le permis à des automobilistes de votre éspèce!**
Look at the front end of my car!	**Regardez le devant de ma voiture!**
There is nothing wrong with it!	**Elle n'a rien!**
You'd better have good insurance!	**Il vaudrait mieux que vous ayez une bonne assurance!**
Oh, Nadine!	**Aïe, Nadine!**
Do we have to be witnesses?	**Faut-il que nous soyons témoins?**
They are both crazy!	**Ils sont fous tous les deux!**

37. C.

Make full sentences, please.

Il faut (nous, aller à la banque)	☞*Il faut que nous allions à la banque.*
Il faut (tu, savoir son adresse)	☞*Il faut que tu saches son adresse.*

Il faut (il, revenir tout de suite)　　☞*Il faut qu'il revienne tout de suite.*

Il faut (nous, avoir le temps)　　☞*Il faut que nous ayons le temps.*

Il faut (tu, prendre un manteau)　　☞*Il faut que tu prennes un manteau.*

LESSON 38. THE PAST SUBJUNCTIVE

38. A.

The past subjunctive is a compound tense formed with
avoir or *être* in the present subjunctive and the past participle of the main verb. Let's practice a few examples of the
past subjunctive with two simple introductory phrases: *je
regrette que*, "I am sorry that," and *il aurait fallu que*, "It
would have been necessary to." *Écoutez et répétez.*

You would have had to have had more luck.	**Il aurait fallu que tu aies eu plus de chance.**
I am sorry that he has been sick.	**Je regrette qu'il ait été malade.**
We're sorry that you were not able to come.	**Nous regrettons que vous n'ayez pas pu venir.**
It would have been necessary for us to have read the report.	**Il aurait fallu que nous ayons lu le rapport.**
I am sorry that you have had problems.	**Je regrette que vous ayez eu des problèmes.**

38. B.

Écoutez le dialogue suivant.

ATTENDANT: *Mesdames et messieurs, il faut qu'on se
dépêche de partir! L'avion part dans qua-
tre heures.*

PASSAGER: *Il est dommage que vous ne nous ayez pas
prévenus plus tôt!*

ATTENDANT: *Je regrette que vous n'ayez pas entendu les
instructions.*

PASSAGER: *Nous regrettons que vous ne les ayez pas
données plus tôt.*

312

Maintenant, écoutez et répétez.

Ladies and gentlemen, we have to hurry up and leave!	**Mesdames et messieurs, il faut qu'on se dépêche de partir!**
The plane is leaving in four hours.	**L'avion part dans quatre heures.**
It's too bad you didn't warn us earlier!	**Il est dommage que vous ne nous ayez pas prévenus plus tôt!**
I am sorry that you did not hear the instructions.	**Je regrette que vous n'ayez pas entendu les instructions.**
We regret that you didn't give them earlier.	**Nous regrettons que vous ne les ayez pas données plus tôt.**

38. C.

Combine these sentences into one. *Écoutez l'exemple.*

Nous sommes arrivés en retard. (je regrette, vous)

Je regrette que vous soyez arrivés en retard.

Votre tour.

Ils n'ont pas fait les valises. (je regrette, ils)

☞*Je regrette qu'ils n'aient pas fait les valises.*

Je n'ai pas pu venir. (vous regrettez, je)

☞*Vous regrettez que je n'aie pas pu venir.*

Il ne s'est pas préparé pour son examen. (il est regrettable, il)

☞*Il est regrettable qu'il ne se soit pas préparé pour son examen.*

Vous vous êtes levés très tôt. (je regrette, vous)

☞*Je regrette que vous vous soyez levés si tôt.*

LESSON 39. USING THE SUBJUNCTIVE, PART I

39. A.

There are many verbal structures in French that require the subjunctive. To make things easier we will divide them into two sections. In this lesson we will focus on necessities, commands, restrictions, and opinions. *Écoutez et répétez.*

He demands that you show your passport.	**Il exige que vous montriez votre passeport.**
I ask that the reservation be made.	**Je demande que la réservation soit faite.**
The city orders that garbage be recycled.	**La ville ordonne que les ordures soient recyclées.**
It forbids that cars be parked on the square.	**Elle interdit que les voitures soient garées sur la place.**
The tourists have to take a cab to go to the airport.	**Il est nécessaire que les touristes prennent un taxi pour aller à l'aéroport.**
Ask that the coffee be served.	**Demandez qu'on serve le café.**
You are the only one who has understood my position.	**Tu es la seule qui ait compris ma position.**
I do not think that it will be possible.	**Je ne pense pas que ce soit possible.**
They do not believe that you can drive that old car.	**Ils ne croient pas que vous puissiez conduire cette vieille voiture.**

39. B.

Écoutez le dialogue suivant.

> OLGA: *Il faut que vous fassiez attention, maintenant!*
> JEFF: *Nous t'écoutons, Olga, mais il faut que nous attendions Pierre!*

OLGA: *Où est-il?*

JEFF: *Il faut que quelqu'un lui téléphone.*

OLGA: *Bon, en attendant, il faut que nous vérifiions les costumes.*

JEFF: *Il est impossible que je porte ce costume ridicule!*

OLGA: *Voyons, Jeff, il faut que tu fasses un effort. Quand on travaille ensemble, il est nécessaire que la collaboration soit harmonieuse!*

Maintenant écoutez et répétez.

You must pay attention, now!	**Il faut que vous fassiez attention, maintenant!**
We're listening to you Olga, but we have to wait for Pierre!	**Nous t'écoutons Olga, mais il faut que nous attendions Pierre!**
Where is he?	**Où est-il?**
Someone has to call him.	**Il faut que quelqu'un lui téléphone.**
Fine, while waiting, we have to check the costumes.	**Bon, en attendant, il faut que nous vérifiions les costumes.**
There's no way that I will wear this ridiculous costume!	**Il est impossible que je porte ce costume ridicule!**
Come now, Jeff, you have to make an effort.	**Voyons, Jeff, il faut que tu fasses un effort.**
When you work in a group, it is necessary for the collaboration to be harmonious!	**Quand on travaille ensemble, il est nécessaire que la collaboration soit harmonieuse!**

39. C.

Écoutez l'exemple.

Est-il possible que . . . (vous pouvez nous écrire)	*Est-il possible que vous puissiez nous écrire?*

Votre tour.

Nous demandons que . . .
  (tu mets de l'argent à la
  banque)
Il est indispensable que . . .
  (vous êtes patient)
Il est inacceptable que . . . (le
  guide ne revient pas)
Demandez que . . . (on vous
  offre une visite guidée)
Il demande que . . . (vous
  prenez le train)

☞*Nous demandons que tu
  mettes de l'argent à la
  banque*
☞*Il est indispensable que vous
  soyez patient.*
☞*Il est inacceptable que le
  guide ne revienne pas.*
☞*Demandez qu'on vous offre
  une visite guidée.*
☞*Il demande que vous preniez
  le train.*

LESSON 40. USING THE SUBJUNCTIVE, PART II

40. A.

In this section, we will concentrate on expressions that connote feelings or impressions and require the subjunctive. *Écoutez et répétez.*

I am sorry that you did not come.	**Je regrette que vous ne soyez pas venu.**
He is happy that the exhibit was a success.	**Il est content que l'exposition ait eu du succès.**
We are very sorry that you are sick.	**Nous sommes désolés que tu sois malade.**
You are sad that your friends are leaving.	**Vous êtes tristes que vos amis partent.**
They are delighted that you know their work.	**Elles sont ravies que vous connaissiez leur travail.**
It is a pity that the trains are always late.	**Il est regrettable que les trains soient toujours en retard.**
It is a scandal that pollution keeps getting worse.	**Il est scandaleux que la pollution continue d'empirer.**
It is impossible for you to win the lottery.	**Il est impossible que tu gagnes la loterie.**

40. B.

This is the last dialogue in the course. Listen to a group of tired actors after their last performance.

JEANNE: *Je suis si contente que ce soit terminé!*

ERIC: *Moi, je trouve formidable qu'une femme mette une pièce en scène aussi bien.*

OLGA: *Oh là là! Eric, il semble que tu aies des idées un peu vieux-jeu, non?*

JEANNE: *Je trouve regrettable qu'Eric fasse cette remarque après tout ce travail ensemble!*

317

ERIC: *Je suis désolé que vous ayez mal pris ma remarque. Je plaisantais.*

JEFF: *Moi, je suis heureux que la pièce ait eu du succès et que nous puissions être ensemble.*

Maintenant écoutez et répétez.

I am so happy that this is over!	**Je suis si contente que ce soit terminé!**
I think it's great that a woman directed a play so well!	**Moi, je trouve formidable qu'une femme mette une pièce en scène aussi bien.**
Goodness! Eric, it seems that you have some antiquated ideas, don't you?	**Oh là là! Eric, il semble que tu aies des idées un peu vieux-jeu, non?**
I think that it's regrettable that Eric would make such a remark after all our work together!	**Je trouve regrettable qu'Eric fasse cette remarque après tout ce travail ensemble!**
I am sorry that you took my remark badly. I was joking.	**Je suis désolé que vous ayez mal pris ma remarque. Je plaisantais.**
For my part, I am happy that the play was a success and that we can be together.	**Moi, je suis heureux que la pièce ait eu du succès et que nous puissions être ensemble.**

40. C.

Complete the sentences with the subjunctive. *Écoutez l'exemple.*

Il est dommage que . . . (le temps est mauvais)	☞*Il est dommage que le temps soit mauvais.*

Votre tour.

Il est regrettable que . . . (les billets sont chers)	☞*Il est regrettable que les billets soient chers.*

318

Nous sommes tristes que . . .
(vous devez partir)

☞*Nous sommes tristes que vous deviez partir.*

Est-il content que . . . (vous pouvez nous écrire)?

☞*Est-il content que vous puissiez nous écrire?*

Je suis triste que . . . (tu as des problèmes)

☞*Je suis triste que tu aies des problèmes.*

Nous sommes désolés que . . . (vous ne savez pas son adresse)

☞*Nous sommes désolés que vous ne sachiez pas son adresse.*

Congratulations! You have mastered the treacherous essentials of French verbs. And more! You know how to use them in everyday conversations. Practice your French as often as possible. Review your Living Language™ French, watch French movies, read French magazines, and talk to French-speaking friends as often as possible in order to reinforce what you have learned with Living Language™ French.

Index

courir	*to run*	C25, M8, M21
couvrir	*to cover*	C26, M9, M19
croire	*to think, to believe*	C27, M15, M19, M39
débarrasser	*to clear, to rid*	C28
décider	*to decide, to settle*	C29, M12, M20
décrocher	*to unhook, to lift, to pick up*	C30, M26
se dépêcher	*to hurry*	C31, M5, M20, M29, M31, M32, M34, M35, M38
descendre	*to descend, to go down*	C32
désirer	*to desire, to wish*	C33, M4, M10
détester	*to hate, to detest*	C34, M4, M10, M22
devoir	*to have to, must*	C35, M11, M12, M21, M35
dîner	*to have dinner*	C36, M10, M25
dire	*to say, to tell*	C37, M16, M17, M20, M21, M27, M35
discuter	*to discuss*	C38
disputer	*to dispute, to scold*	C39, M26, M35, M37
donner	*to give*	C40, M10, M16, M20, M38, M39
dormir	*to sleep*	C41, M8, M18, M21, M22, M25, M26, M27, M36
écouter	*to listen*	C42, M4, M10, M11, M18, M19, M22, M33, M35, M36, M37, M39
écrire	*to write*	C43, M16, M17, M28, M29, M32, M39, M40
effectuer	*to perform*	C44
embrasser	*to kiss, to embrace*	C45
enlever	*to remove, to take off*	C46
entendre	*to hear, to understand*	C47, M28, M31, M38
entrer	*to enter, to go in*	C48, M27, M30
envoyer	*to send*	C49, M6, M24, M31
espérer	*to hope*	C50, M34
essayer	*to try*	C51, M26
être	*to be*	C52, M1, M10, M19, M21, M23, M26, M28, M29, M30, M31, M33, M34, M37, M38, M39, M40
étudier	*to study*	C53, M6, M12, M26, M34, M35, M36
exiger	*to demand*	C54, M39
expliquer	*to explain*	C55, M31, M36
fabriquer	*to make, to fabricate*	C56

faire	*to make, to do*	C57, M3, M9, M10, M11, M12, M14, M17, M19, M21, M23, M26, M27, M30, M31, M32, M34, M37, M38, M39
falloir	*it is necessary to, that . . .*	C58, M11, M16, M26, M31, M36, M37, M38, M39
féliciter	*to congratulate*	C59, M11, M23
fermer	*to close, to shut*	C60, M9
finir	*to finish, to end*	C61, M27
frapper	*to hit, to knock*	C62, M7, M18, M19, M22, M27, M33, M36
fumer	*to smoke*	C63
gagner	*to win, to earn*	C64
garer	*to park*	C65, M33, M40
grossir	*to get fat*	C66, M39
s'habiller	*to get dressed, to dress oneself*	C67, M5, M17, M20, M21
interdire	*to forbid*	C68, M39
interrompre	*to interrupt*	C69, M13, M36
inventer	*to invent, to make up*	C70
inviter	*to invite*	C71
jaunir	*to turn yellow*	C72, M7, M22, M27
joindre	*to join, to bring together*	C73
jouer	*to play, to gamble*	C74, M12
lancer	*to throw, to launch*	C75
se laver	*to wash (oneself)*	C76, M5, M21, M22, M25, M29, M32
se lever	*to get up, to rise, to stand up*	C77, M17, M20, M26, M29, M38
lire	*to read*	C78, M11, M13, M14, M22, M29, M32, M34, M38
maigrir	*to lose weight*	C79, M7, M18, M36
manger	*to eat*	C80, M4, M7, M10, M17, M18, M21, M22, M25, M27, M32, M33
mettre	*to put, to place*	C81, M11, M13, M19, M20, M22, M28, M40
monter	*to rise, to go up*	C82, M25, M33
montrer	*to show*	C83, M39
mourir	*to die*	C84
nager	*to swim*	C85, M4, M10, M12
naître	*to be born*	C86, M14
nettoyer	*to clean*	C87
occuper	*to occupy*	C88, M17, M20, M36, M37

offrir	*to offer*	C89, M9, M10, M19, M39
organiser	*to organize*	C90, M17, M29
ouvrir	*to open*	C91, M9, M21
pâlir	*to turn white*	C92, M7
paraître	*to seem, to appear*	C93, M14
parler	*to speak, to talk*	C94, M4, M10, M14, M17, M21, M24, M26, M30, M33
partager	*to share*	C95
partir	*to leave, to depart*	C96, M8, M10, M12, M18, M22, M30, M38, M40
passer	*to pass*	C97, M22, M32
payer	*to pay*	C98, M6
penser	*to think*	C99, M7, M39
peser	*to weigh*	C100, M5
placer	*to place*	C101
plaire	*to be pleasing*	C102, M13
plaisanter	*to jest, to joke*	C103, M40
pleurer	*to cry, to mourn*	C104
pleuvoir	*to rain*	C105, M15
plier	*to fold, to bend*	C106
plonger	*to plunge, to dive*	C107
porter	*to carry, to wear*	C108, M39
pouvoir	*to be able to, can*	C109, M12, M24, M25, M28, M35, M37
prendre	*to take*	C110, M15, M19, M21, M22, M24, M25, M26, M28, M29, M33, M35, M37, M39
préparer	*to prepare*	C111, M8, M10, M12, M17, M22, M25, M30, M31, M38
présenter	*to introduce, to present*	C112, M5
prévenir	*to prevent, to warn*	C113, M38
quitter	*to leave, to quit*	C114, M27, M29, M32, M36
raconter	*to tell*	C115, M21
rater	*to miss, to fail*	C116, M35
recevoir	*to receive*	C117, M11
réfléchir	*to think about, to reflect upon*	C118, M35, M36
refuser	*to refuse, to turn down*	C119
regarder	*to look at, to watch*	C120, M4, M18, M22, M32, M37
régler	*to pay, to sort*	C121, M5, M6
regretter	*to regret*	C122, M38, M40
rencontrer	*to meet*	C123, M21, M24, M28

324

rendre	*to return, to give back*	C124, M13, M18, M20, M27, M35, M36
renoncer	*to renounce*	C125
renverser	*to knock over*	C126
répéter	*to repeat*	C127, M18, M25, M31
répondre	*to answer, to respond*	C128, M13, M18, M19, M24
se reposer	*to rest*	C129, M11, M17, M25, M36, M37
réserver	*to reserve*	C130, M11, M24
résoudre	*to resolve*	C131, M28, M31
réussir	*to succeed, to pass*	C132, M7, M8, M10, M12, M18, M40
revenir	*to return, to come back*	C133, M17, M34, M36, M37
rêver	*to dream*	C134
rire	*to laugh*	C135
rougir	*to blush*	C136, M7
savoir	*to know*	C137, M12, M14, M19, M21, M24, M25, M28, M35, M37
sentir	*to feel, to smell*	C138, M8
servir	*to serve*	C139, M8, M18
sonner	*to ring*	C140
sortir	*to go out, to exit*	C141, M8, M10, M18, M21, M22, M25, M31, M32, M33, M34, M36
souffler	*to blow*	C142
suivre	*to follow, to pursue*	C143
téléphoner	*to phone, to call*	C144, M4, M10, M12, M17, M20, M21, M24, M25, M35, M39
tenir	*to hold*	C145, M9
terminer	*to finish, to terminate*	C146, M14, M17, M28, M36, M40
trouver	*to find*	C147, M11, M14, M17, M28, M36, M40
valoir	*to be worth*	C148, M12
venir	*to come*	C149, M9, M10, M19, M24, M26, M33, M34, M37, M40
verdir	*to turn green*	C150, M7
vérifier	*to verify*	C151, M39
visiter	*to visit*	C152, M22, M27, M32, M34
vivre	*to live*	C153
voir	*to see*	C154, M11, M12, M19, M21, M24, M31, M35
vouloir	*to want*	C155, M12, M17, M24, M26, M28, M33, M35, M37

NOTES

NOTES

NOTES

NOTES

NOTES